U0053361

戰國風雲人物

惜秋 著

三民書局

四版說明

本書作者惜秋，以史地學者以及政論家的身分，同時享譽於政界與文壇。彼時的世界局勢詭譎難測，與中國歷史上戰國時期的國際氛圍有許多相似之處。

本書立基於當時的時代環境，以《史記》與《戰國策》為本，透過銳利的文字，詳盡而生動的書寫出活躍於戰國時代的軍事家及外交家，如何在歷史的激流中，運用自己的才能、創意以及謀略，於各國間競相奔走，替自己創造機會，並進一步締造時代的過程。即便本書寫作時間距今已逾數十載，其字裡行間所描繪出的，於亂世間熠熠生輝的人性，橫亙於時間之上，至今讀來仍得以發人深思。

編輯部謹識

戰國風雲人物

【目 次】

壹、孫　臏——偉大的軍略家

一、時代風尚

筆者曾對我國歷史的戰國時代的風氣，加以極簡單的介紹，稱之為功利主義的時代。也就是說那個時代的人物，其共同的要求，是修養自己的人格和能力，希望在治國平天下的大事業中，能夠一顯其身手。其中，有的是通才，就是從人格修養到治國平天下的能力，都兼收並蓄的進行的，儒家的孟子、荀卿，就是顯明的例子；有的是專門重視農業的，如許行之流便是；有的是專門行俠仗義，往來於國際之間，做他們反戰運動或非戰運動的，如墨家之流便是；有的是專門研究法律，用法律萬能的觀點來治國平天下的，如商鞅、韓非等便是；有的專門研究外交上的縱橫捭闔的技術，以達成平天下的目的的，如蘇秦、張儀等是；有的專門研究軍事知識和戰略戰術，從戰爭上求取勝利，以達到平天下的目的的，如孫臏、吳起等是。我們試把《史記》一書的戰國時代的人物，加以分類，則軍功方面的成功人物較任何一派為多；但在國際上興風作浪的人物，則以縱橫家即外交家最有威力。戰國時代兵家，除了孫臏、吳起外，齊國還有司馬穰苴、田單等，秦國有白起、王翦父子、蒙驁父子、桓齮、王齕、甘茂等，趙國有廉頗、趙奢父子、李牧等，魏國有樂羊子及其裔孫樂毅、樂乘、樂閒等，魏國則有龐涓等。混亂時代，在軍事方面求取功名，固然是建功立業的捷徑，為大家所樂於從事；但是，我國古代，自周初起，就講究文武合一的教育和兵農合一的政治，所以文人可以帶兵作戰的很多，而軍人可以勝任政治事務者也很多。管仲和商鞅，他們都對於治國平天下有獨到的見解；但對於軍事作戰，也極有心得。管仲，傅公子糾兩路返齊，一路趕返齊都臨淄，一路抵禦公子小白自莒返國的歸路，這是很周密的戰略部署；而管仲更親自發箭，射小白，中其鉤，足證他對戰爭的技術，造詣也很深。如商鞅，把秦國政治改革成功以後，兩次伐魏，都是他的統帥，而且都有很大的成功。這便是我國歷史上文武合一教育成功的地方。我們溫故知新，對戰國這個偉大時代中軍事大家，作一了解，也許特有其意義吧！

在戰國時代的許多軍事家中，作者先要特別介紹齊國的偉大軍略家孫臏，不但是因為他的故事非常的感人，同時更因為他的軍略，對我們當前的時代，有其密切關係之故。作者認為孫臏這一號軍略家的軍略，有許多值得參考之處。

孫臏，這個名字，讀者諸君，應該並不陌生。凡是略有國史常識的人，都知道我國有一位權威性的軍事學家，所謂權威，不但是在他的時代是權威，就是在整個的中國史上，即使到了現代，仍然不失其權威的地位，即全世界的兵學史上，也有其極其崇高的地位。這位兵學名家是春秋晚期的齊人，姓孫名武，一般人尊稱之為孫子，他著有《孫子兵法》十三篇，是兵學上的最高成就。他曾以兵法向吳王闔閭游說，為了使吳王相信他的兵法的部勒，在吳王面前試以宮女為部隊，而以吳王的兩位寵姬為隊長。在三令五申之後，寵姬仍然若無其事的譁笑言語，不從命令。孫武便要把這兩位寵姬斬首，吳王即傳話下去，以這兩位寵姬對吳王生活的密切關係為理由，謂非此二人不歡，請求孫武饒恕她們。孫武卻以「將在外、君命有所不受」為理由，竟把這兩位寵姬殺了。於是所有的女兵，盡皆失色，唯孫武之命是從，進退旋轉，無不合度。從此孫武之名大著，被吳王闔閭拜為軍事統帥。他把吳兵加以組訓，使成為勁旅，打敗了吳國的世仇越國，又打敗了伍子胥的深仇楚國，使吳國成為春秋晚期的盟主。

二、孫武與孫臏和兵法的問題

可是孫武這個人，實在是富有神祕性的人物。在他為吳國建了如此大功以後，照例他應在吳國享受高官厚祿；但孫武則不然，他悄然離開吳國，以後便沒有任何有關孫武的消息，他把這個紛亂擾攘的時代，全部忘懷了。由此，我們可以知道孫武是在他的兵學研究成功之後，到吳國去做一番實驗；在他實驗成功之後，他便飄然引退，使後人對他發生無限的欽敬與懷念。他那種神龍見首不見尾的高超人格，我們如果尊之為兵聖，應該不算過分吧。孫武自己說：善戰者服上刑；

又說：善戰者無赫赫之功；他在他建立不世的赫赫之功以後，為了保持他的令譽，為了保持他生命的安全，他不再在名利場中追奔逐北了。他這種進退有節，適可而止，不貪戀祿位的精神，比起與他同時的吳國名臣伍子胥來，不知道要高出多少倍；比起後世的名將貪戀祿位而有進無退，卒至身首異處，如秦的白起和漢初的韓信等，更不知道要高出多少倍了，作者現在所要介紹的孫臏，就是孫武的裔孫。

太史公為孫武孫臏立傳，與吳起相合，而總稱這兩位兵學名家為「孫子」而不著其名，足知史公對他們尊敬之意。史公在敘述孫武的事蹟以後，便接著說：「孫武既死，後百餘歲，有孫臏，臏生阿、甄之間，亦孫武之後世子孫也」（《史記．孫子吳起列傳》）。由此可知孫臏是孫武以後的第四或第五代的後人，「生於阿、甄之間」，也就是現今山東省西部人。孫武所著的《孫子兵法》十三篇，是舉世聞名的作品；那麼孫臏有沒有有關兵法的作品呢？根據太史公的說法是有的。史公說：「孫子臏腳，而論《兵法》」，這個「論」字，應該是著書立說的意思。因為孫臏原來是學兵法的，原來是想對澄清世局作一番建功立業的努力的；可是他不幸而被他的同學龐涓所害，雙足被刖，成為一殘廢之人，亦即所謂刑餘之人，把滿腔抱負，化為消散的雲霧，於是只好著書立說，以便垂諸後世。我們看史公把孫子臏腳的事，和其他被難而有著述的人，連在一起，其意自明。史公說：

「昔西伯（周文王）拘羑里，演《周易》，孔子戹陳蔡，作《春秋》；屈原放逐，著〈離騷〉；左丘失明，厥有《國語》；孫子臏腳，而論《兵法》；不韋遷蜀，世傳《呂覽》；韓非囚秦，〈說難〉、〈孤憤〉；《詩》三百篇，大抵聖賢發憤之所為作也。此人皆意有所鬱結，不得通其道也。故述往事，思來者。」（《史記‧太史公自序》）

我們細繹史公原文，雖然其中有許多是文人的話，有著相當問題的；但是史公認為孫子在臏腳以後，因心胸之間有所鬱結而著《兵法》，其意至為顯然。由此，我們可以認定孫臏是著過《兵法》的，而且這部兵法可能被史公所見過。可是這一部書，我們現在看不到了，我們現在所看到的是孫武的《孫子兵法》十三篇。但是這一部兵法，是否是孫武所著抑即為孫臏所著，是有問題的。讓我們先來談一談孫臏的名字，叫做臏是很奇怪的事。臏是一種刑罰，就是所謂刖刑，這是一種很不仁道的割了雙腳的肉刑。由此，可知他叫做「臏」，一定是在他受到臏刑以後；在他未被割去雙腳之前，決沒有被名為「臏」的道理。那麼他原來的名字叫什麼呢？那就無從查考了。奇怪得很，他不以原來的名字傳世，而被後人所熟知的是他被刑之名。這大概是因為他沒有雙腳，被人慝稱為「臏」的關係吧？可是，從這一點，使後世的疑古學者，竟誤以為孫臏即孫武，武是名，臏是號，試問一個人怎樣會以他所受的刑名來作號的呢？

關於《孫子兵法》這一部書，我們細味史公的原作，是孫武一部兵法，孫臏也有一部兵法。現在所傳的《孫子兵法》十三篇，大家都知道是孫武著的，而孫臏的兵法，不傳於後世。諸家有以為此書確為孫武所著者，如明宋濂有關孫子的話，便有這樣一段：

「《孫子》一卷，吳孫武撰，魏武帝注。自始計至用間，凡十三篇。武齊人，闔閭用以為將，西破強楚，入郢，揚威齊、晉，顯名諸侯。葉適以為不見載於《左傳》，疑其書乃春秋末戰國初山林處士之所為，予獨不敢謂然。春秋時，列國之事，赴告者則書之於策，不然則否。二百四十二年之間，大國若秦、楚，小國若越、燕，其行事不見於經傳者有矣，豈獨武哉！」

《諸子辨》

宋濂這一段話是確認《兵法》是孫武所撰，不以葉適的懷疑為然。那麼葉適是怎樣懷疑的呢？他說：

「自周之盛，至春秋，凡將兵者必預問國政，未有特將於外者，六國時此制始改。吳越蠻夷，而孫武為大將，乃不為命卿；而《左傳》無傳焉，可乎？故凡謂穰苴孫武者，皆辯士妄相據指，非事實。」（《習學記言》）

水心先生這一段話的問題，是在不了解吳國的歷史與中原諸國不同，它是吸收人才來推進國是的，如伍子胥之任用，既非吳國公子、公孫，也並未命卿，便是一例，其言被有識之士宋濂所不滿，是必然的。此外主張《兵法》為孫武所作的，還有《四庫提要》與孫星衍二家：

「《史記・孫子列傳》載武之書十三篇，而《漢書・藝文志》乃載《孫子兵法》八十二篇，圖九卷。故張守節《史記正義》以十三篇為上卷，又有中、下二卷。杜牧亦謂武書本數十萬言，皆曹操削其繁剩，筆其精粹，以成此書，然《史記》稱十三篇在《漢志》之前，不得以後來附益者為本書。……武書為百代談兵之祖，葉適以其人不見於《左傳》，疑其書乃春秋末戰國初山林處士之所為。然《史記》謂闔閭謂武曰：『子之十三篇，吾盡讀之矣。』則確為武所自著，非後人嫁名於武也。」（《四庫全書總目提要・孫子》）

「諸子之文，皆出沒世之後，門人小子撰述成書，惟此是其手定，且在《列》、《莊》、《孟》、《荀》之前，真古書也。」（孫星衍〈孫子略解敘〉）

最離奇的，是日本齋藤拙堂的《孫子辨》。他還是根據葉適的意見而懷疑的，他又以孫武見吳王在伐楚之前，其時吳王已得見武之十三篇。他認為作書之時越國尚小，其兵不應多於吳，而《孫子・虛實篇》說：「以吾度之，越人之兵雖多亦奚益於勝哉」，證明孫子見吳王乃在越強之後。他又根據《左傳・昭公三十二年》吳伐越，認為吳越相讎之始，《孫子・九戰篇》有：「吳人與越人相惡」的話，用以證明孫武見闔閭是在吳越相讎之後，其結論則認為，今之孫子乃臏著，武與臏乃一人，武其名，臏其號。齋藤拙堂的說法，錢穆先生也同此主張。齋藤蓋不知吳越之仇，早在闔閭之前，而且越國常占優勢之故。而且孫子言「越兵雖多」，何以見得越兵實較吳兵為多？所以他的說法是有問題的。（參看江俠庵編譯《先秦經籍考》）

日本武內義雄，則從孫子的內容與孫臏的言論作一比較，認為今之孫子，非孫武所著，其證有四：（一）《戰國策》孫臏之言，兵法「百里而趨利者，蹶上將；五十里走者，兵半至，」與今孫子「五十里而趨利者蹶上將」同；（二）孫臏言馬陵道狹，而旁多險阻，可伏兵」；與《孫子・

行軍篇》「軍旁有險阻，……與伏姦之所藏處」同意。（三）孫臏謂「攻其懈怠、出其不意」；與《孫子．始計篇》「攻其無備、出其不意」大同小異。（四）《呂氏春秋．不二篇》：「孫臏貴勢」，高誘注「孫臏楚人，為齊臣，作謀八十九篇，權之勢也。」孫子有貴勢篇，與呂氏春秋所注孫臏之說相似。他的結論，孫武與孫臏各有兵法，但今之孫子似係曹操由孫武之書錄出者。

他並且解釋說：當時兵亂之際，古書多已佚，既不得吳孫子之書，遂以齊孫子誤作吳孫子，後世襲其誤，遂相沿武之書歟？（參考《先秦經籍考》）武內既以今《孫子》十三篇為孫臏所作，又以為今之《孫子》由魏武自孫武原書錄出，豈不自相矛盾！《漢書．藝文志》有吳《孫子兵法》及齊《孫子》，《呂氏春秋》的高誘注復有齊《孫子》八十九篇，則齊孫子與吳孫子各有兵法，自已甚明。作者很同意孫星衍之說，而孫臏之書今已不傳，實為我國兵學上的重大損失了。為什麼孫星衍之說值得注意而武內義雄的說法不值得重視呢？試想吳孫子既然早於齊孫子一百多年，那麼齊孫子讀到了吳孫子的兵法，在行軍作戰的時候，採用他的理論來作為戰爭的指導原則，那豈不是十分平常的事情嗎？以這些相似或相同的文字來斷定孫武的《兵法》就是孫臏所著，豈不是缺乏充分根據的武斷嗎？

孫臏的軍事學識是不是直接從孫武的《兵法》得來？還是另有師承？這是一個很難解決的問題。這裡，我們要涉及一個神祕人物鬼谷子。據一般的傳言，鬼谷子是戰國時代設帳傳徒的一位教書先生，也就是秦時所謂「私學」的便是。春秋戰國之世，知識分子周遊列國，游說諸侯，想要一試他們治國平天下的身手，達不到目的，退而設帳授徒，這是極普通的事。孔、孟、荀等都是如此。鬼谷子如有其人，設帳授徒，不足為奇。據說這位鬼谷子有經天緯地之才，但無用世之心，只是設帳授徒而已。他的弟子中，對戰國的局勢發生重大作用的，有孫臏、龐涓、蘇秦、張儀等。如果這種傳說與事實相符的話，那麼孫臏的兵學，得自鬼谷子；雖然這種傳說是否可信，還是問題，即鬼谷子有無其人，也是問題。可是，孫臏和龐涓是同學，那大概是沒有問題的。根據《東周列國志》的這部小說所載，孫臏與龐涓共同受教於鬼谷子，孫臏才氣高，心得深，龐涓不如孫臏。龐涓是魏人，魏王（按即孟子所見的梁惠王）需才孔亟，把龐涓召回，當大將。龐涓在魏宦途得意後，不忘老同學孫臏，要他也到魏國，共事魏王。孫臏辭師而去，鬼谷子臨行時授以孫武的《兵法》一書，謂係其祖上的作品。孫臏既到魏國，魏王深喜之，龐涓恐孫臏被魏王重用，位在龐涓之上，乃假借孫臏違反軍法的名義，予以刖刑的處分，而且還把他囚禁起來。孫臏至此，始悟龐涓不是誠意援引他，而是要設法陷害他。他在氣憤之餘，設法先要自己保全自己，然後尋找機會，逃出天羅地網。於是裝作瘋癲的模樣，蓬首垢面，不飲不食，有時候飲些尿，吃些屎。龐涓所派監視孫臏的人，把這種情況向龐涓提出報告，龐涓以為孫臏既被刖，又以氣憤而成神經病，料想已經沒有作為，於是把他放出牢籠，讓他去沿街乞討，但仍予監視；而孫臏之「詐瘋魔」如故，而且越來越無人性。監視人又提報告，龐涓也就信以為真，而隨他去在街頭跪爬了。當時墨家者流，專門在國際之間行走，見到某些國家受到了侵害，他們自動的替這個國家出力防

《史記集解》引徐廣之言：「潁川陽城，有鬼谷，蓋是其人所居，因以為號。」《史記．索隱》則說：「鬼谷，地名也，扶風池陽，潁川陽城，並有鬼谷城。」《鬼谷子》一書也說：「周有處士，居鬼谷，號為鬼谷先生，蘇秦張儀往見之，擇日而學。」《風俗通》也說：「鬼谷先生，六國時縱橫家也。」《漢書．藝文志》：「陰陽家有鬼谷區」，顏師古註：「即鬼臾區也。」王應麟曾予考證說：「《史記．封禪書》，有鬼臾區，號大鴻，谷臾音近。楊用修以為即鬼谷」。又《仙傳拾遺》「鬼谷子姓王名利（一作誗），晉平公時人」。《寧波府志》則謂「鬼谷子姓王名詡，西周時人。」《錄異記》謂「鬼谷子姓王氏，自軒轅歷商周，隨老君西遊流沙，周末復號，居漢濱鬼谷，弟子百餘人，惟蘇秦張儀不慕神仙，從學縱橫之術。」由上述種種來看，鬼谷子確有其人，但是他是怎樣一個人？後來的傳說，越來越完備，愈說愈神奇，因而把本來具有神祕性的人物，逐漸牽扯到神仙方面去了。那是不可信的傳說了。至於鬼谷子那部書，既不見於《漢書．藝文志》，至《隋書》與《唐書》始有《鬼谷子》一書出現，這一部書是後人假借其名而作，這大概是不會成問題了。

孫臏既回齊國，被田忌所延攬，住在田忌家中為客，深受田忌的敬重。田忌是齊國王族。那個時候的齊國，已經不是太公之後，而是陳的宗族逃至齊國的陳完之後。陳完逃至齊國，是在桓公十四年的時候。齊桓公時正積極地發展他霸諸侯的事業，以興滅繼絕為號召，所以陳完至齊，桓公為他成家，並且以「田」的地方封給他，於是陳完改姓田，是為齊國有田氏之始。陳完之後，五傳而至田乞，對收攬人心，頗為努力。他在齊景公帳下為臣，收進賦稅的粟米，用小斗量進，但是貸給百姓的卻用大斗。由此，齊人深德田氏，田氏成為齊國強有力的宗族了。國際有識之士，如晉國的著名大夫叔向，便已有「齊國之政，將歸田氏」的看法。在景公之後，田乞果然突然冒了出來，把齊國的世臣高氏（昭子）與國氏（惠子）打敗，立他所相善的公子陽生為齊王，而由田乞為相，田氏遂專齊政。田乞死，其子田常代其位，對於齊君齊臣，廢立殺戮，隨心所欲，這便是著稱於我國歷史的所謂田常之禍。田常死，其子田襄子代其位，專橫一如其父。其時，晉已紛亂，智伯已被殺，漸由六卿專權而演變成為三家分立；田氏在齊，也就躍躍欲試了。及田襄子之孫太公和立，卒由魏文侯請於周室而進位為諸侯，雖然仍是齊國，但其國君已不復為太公望的子孫了。

三、戰國時代的齊國

三家分晉，而戰國時代開始，其時姓姬的諸侯，只留下一些弱小國家如衛國與燕國等了。田太公和只做了兩年的齊侯便死了，由他的兒子田午繼位，是為桓公，桓公在位六年而卒，由其子因齊繼位，是為威王，田忌在桓公與威王的時代，在田家宗室的地位，已經相當的重要。威王是田氏第三代的齊王，也是有相當作為的齊君，齊君之稱王，即自威王始。

當時的齊國，西方的鄰國是魏國，北方的鄰國是趙和燕，與韓國也連到一點點。當時的強國，魏稱第一，趙、韓都不如魏；西方的秦國正在向富強之途發展，尚不能對中原發生影響；南方的楚國，地域最大，也稱富強，但其兵雖多，訓練似不甚精，作戰能力似不如從晉分出的魏、趙、韓，位居諸國的中央，天下有事，他們必被波及，但是這三個國家卻是相攻不已，以致削弱了自己的力量，使西方的秦和東方的齊，得到逐漸強大的機會來駕臨三晉。威王嗣位之初，發生了兩件大事：一件是原來齊國的康公死了，無後，此後姜姓的齊國，連一個空名義的國君都沒有了。另一件事，是三晉把微弱得僅僅是一個象徵性的國君之采邑，作了一次最後的瓜分，自此，「天下莫強焉」的晉國連名義也不存在了。這是齊威王初期的國際情勢。齊威王這個人，在他的初期，大概有點兒公子哥兒，少不更事的樣子，所以一切國事都不經意，自顧自的玩樂，以致在他接位後的九年中，齊國的政治不上軌道，所以常常遭到他國的攻掠，齊國在國際上的聲譽一落千丈。威王至此，始幡然悔悟，力圖振足。他首先對兩個地方的大夫整頓起。這兩個大夫，一個是即墨大夫，一個是阿大夫。即墨大夫是威王左右都說他不好的，阿大夫是威王左右都說他好話的。威王對此起了懷疑，派人到即墨境內去加以調查，所見到的是「田野廣闢、民人給、官無留事、東方以寧」。（《史記．田敬仲世家》）；另又派人到阿境去調查，所見到的是：「田野不闢、民貧苦，昔日趙攻甄，勿能救，衛攻薛陵，勿知。」（《史記．田敬仲世家》）於是，威王召即墨大夫，面加鼓勵與安慰，並且嘉許他只知道盡他的責任，做好他應該做的事，而不肯虛費光陰和金錢巴結威派樂羊子伐中山，他的兒子在中山為官，因此他的同僚都向魏文侯上書說樂羊子不可用；而中山國王也利用樂羊子的兒子，以殺害為威脅，要求樂羊子退兵，樂羊子不理，中山國王以其兒子之肉，作成羹湯，送給樂羊子，樂羊子毫不在乎喝了一碗，卒滅中山。及樂羊子還，文侯將所有謗書送給樂羊子，這些謗書，文侯連拆都沒有拆過。其用人之專如此。文侯以孔子高足卜子夏為師，受經藝；以段干木為客，每過其門，必然行禮；任西門豹為鄴守，興水利，地方稱富；任吳起守西河，秦不敢犯；善用李克之言，以魏成子為相，重德行。在位三十八年，魏國大治，富強甲於諸侯。文侯卒，子擊繼位，是即魏武侯，武侯在位十六年而卒，由其子罃繼位，是即魏惠王，也就是後來的梁惠王。梁惠王是一個急功好利的庸人，他仗著父、祖的遺業，到處挑釁。（參考《史記．魏世家》與《戰國策》）魏惠王東遷大梁以後，與齊國的關係更為密切，而魏的君臣，都不把齊國放在心上，不知道威王九年以後的齊國，已大非昔比。尤其是孫臏回齊以後的齊國，在軍事部署方面，已經有了驚人的進步，因而造成魏國的慘敗。

四、小試智慧的勝利

孫臏所主的田忌，也不是等閒之輩，對軍略和戰略，也有相當高的見解。如齊桓公（田午）五年，秦魏合攻韓國，韓求救於齊。齊桓公集齊國的大臣會商如何應付這個問題？桓公首先提出問題：「蚤救？孰與晚救之？」騶忌主張不救。段干朋主張應該救，他認為如果不救，則韓國必將成為魏的附庸。只有田成思認為都不對，他主張允許救韓，而遲遲不予實行，俟雙方都疲乏了，然後伐燕以廣齊國的領地，增強齊國的國力。請看《史記》的那一段話：

「田成思曰：『過矣，君之謀也！秦魏攻韓，楚趙必救之，是天以燕予齊也。』桓公曰：『善。』乃陰告韓使者而遣之。韓自以為得齊之救，因與秦魏戰，楚趙聞之，果起兵而救之。齊因起兵襲燕國，取桑丘。」（《史記・齊世家》）

佯允救韓而實際攻燕，是田成思的主張，那麼田成思是什麼人呢？這個人古本《戰國策》作田期思，記年稱之為徐州子期，實際上就是田忌，由此可知田忌也是一個富於謀略的兵家。惟有富於謀略的人，才會了解孫臏對兵學的造詣之深。田忌在威王和宣王時代，都是大將，威王時似乎一度擔任過首相的職務，而被騶忌所排擠了。這些經過，暫且不談，等後面補行說明。

孫臏在田忌幕中，初露頭角，是在一次賽馬之中出了一個新鮮的主意，使田忌得到了從來沒有得到過的勝利。原來，當時齊王和齊公子都歡喜養馬和賽馬，而且還有賭注，田忌在賽馬中，從來沒有贏過。孫臏知道了以後，要求看一場比賽的實際情況。於是，田忌帶了孫臏，參觀比賽的過程。孫臏回去以後，告訴田忌有致勝的方法。田忌信之，要求另作一次比賽，賭注多達千金。及賽，孫臏向田忌說：我看你們的馬的腳程，相錯都不太遠，假使「以君下駟，抵彼上駟；以君中駟，抵彼下駟；以君上駟，抵彼中駟。君縱有一敗，猶有二勝。」田忌固然以下駟出場，與齊王及諸公子的上駟相馳逐，田忌之馬，落後甚遠，諸公子皆大笑。未幾，第二場第三場進行了，田忌之馬，都跑到前面得勝了。於是齊王和諸公子都大為奇怪，急問田忌：怎麼會得到這樣勝利的？田忌也坦白的告訴他們：「是臣之客孫臏所教也！」由此，齊王與諸公子也都知道了孫臏的才能，認為是齊國軍事方面的權威，齊王在詢問了孫臏兵法以後，尊以為師。這大概已是齊威王二十多年的事了（可能是二十五年）。

五、桂陵之戰

——圍魏救趙之計的勝利

這個時候，魏國的惠王，正在攻趙甚急，趙國則請求齊國發兵相救，威王對這個問題，無計可施，因而召集諸重臣商討如何應付的辦法？

魏為什麼要攻趙國的首都邯鄲呢？《史記．魏世家》和〈趙世家〉都記載此事，但都語焉不詳。〈趙世家〉說：

「二十一年（按時為趙成侯在位），魏圍我邯鄲，二十二年魏惠王拔我邯鄲，齊亦敗魏於桂陵。」（《史記．趙世家》）

〈魏世家〉也說：

「十七年（按其時梁惠王在位），圍趙邯鄲，十八年拔趙邯鄲。趙請救於齊，齊使田忌、孫臏為將，敗魏桂陵。十九年諸侯圍我襄陵，築長城，塞固陽。二十年歸趙邯鄲。」（《史記・魏世家》）

從這些簡單的記載中，我們可以知道魏對西方的秦，漸漸抵擋不住，企圖在東北樹立權威，惠王所選的目標是趙國，當時的趙國是三晉中位於北方且力量較弱的一個邦。但看他的首都在被圍一年以後，便被魏國攻破，足證惠王中期的魏國國力，抗秦不足，攻趙有餘，是魏國已向東遷移以避強秦了。

趙國首都被圍，形勢危殆，其求救於齊，已有急於星火的迫切，可是齊國還在商討救與不救的原則。威王在御前會議提出來的問題，也是兩可之間的意見。騶忌時已為相，發言的效果很大，他是很乾脆的主張不救。段干朋主張要救，他認為「不救則不義，且不利」；他解釋他的理由：「夫魏氏並邯鄲，於齊何利哉！且夫救趙而軍其郊，是趙不伐而魏全也，故不如南攻襄陵以弊魏，邯鄲拔而乘魏之弊」，齊威王已有聽從段干朋建議的意思，騶忌忽作一百八十度的轉變，也主張救趙。不過他的大轉變是要嫁禍田忌，因為騶忌與田忌不睦，其客公孫閱獻計：齊如「伐魏，田忌必將；戰勝有功，則公之謀中也；戰不勝，非前死則後北，而在公矣。」公孫閱好惡毒的陰謀！騶忌乃力請以田忌為將而伐魏。威王之意是要拜孫臏為統帥的，可是孫臏不肯接受，他自認為「刑餘之人」，不足以當國家的大命，因以田忌為將，而以孫臏為師（參謀長），以輜車為指揮所，坐於其中，為田忌策劃指揮。田忌是一個相當直心腸的人，他認為既然是救趙，齊兵應該向趙境急進，以與圍趙之魏決戰。孫臏不同意他的見解，他說出一番軍略上的道理來，使田忌不能不信服他。他說：

「夫解雜亂糾紛者不控捲，救鬥不搏撠，批亢擣虛，形格勢禁，則自為解耳。今梁趙相攻，輕兵銳卒，必竭於外，老弱罷（同疲或敝）於內；君不若引兵疾走大梁，據其街路，衝其方虛，彼必釋趙而自救，是我一舉解趙之圍，而收弊於魏也。」（《史記・孫子吳起列傳》）

孫臏這一段話，最不容易了解的，是前面這幾句。《史記索隱》對第一句「謂事之雜亂糾紛者，當善以手解之，不可控捲而擊之，捲即拳也。」從司馬貞的解釋，使我想起日常生活中遇到一根結了許多結的繩子，我們是尋找這許多結的結成的原因，一個個解開來呢？還是不管三七二十一的握著拳頭，予這些結子以痛擊呢？當然後者絕不是解決問題的辦法。

第二句「救鬥者不搏撠」，《索隱》說：「謂救鬥者，當善撝解之，無以手助相搏撠，則其怒益甚矣，按：撠，謂以手戟刺人。」我們用現代的話翻譯，相當於救鬥人不可以自己捲入戰鬥的漩渦中，應該想法子把戰爭消滅於無形。「批亢擣虛」，是孫臏對這場戰爭所使用的原則。《索隱》說批的意思是排批，亢的意思是抗拒，擣的意思是衝突，用現代的話翻譯，相當於抗拒魏國對趙的攻擊，只有衝擊魏國的弱點，使它「形格勢禁」不得不釋趙而去。這是他的理論，在實際上的運用，則是把齊兵不向北而向西，「疾走大梁」，攻其重地，使魏兵不能不回師自救，因在半路上以逸待勞的襲擊魏軍。我們從「梁趙相攻」一句話來看，魏其時已遷都於大梁，即今之開封，而齊都則在臨淄。魏兵懸軍北上，將漫長的補給線，暴露在齊軍攻擊之下，而齊魏國交，並不怎樣輯睦，救趙以防魏之過強而侵凌齊國，這也是意中之事。而魏兵不把齊放在心上，其故大略有二：其一、即輕視齊軍，認為齊軍之力，不足以威脅魏軍的後方，魏軍破邯鄲而回師抗齊，仍綽有餘力；其二、孫臏在魏失蹤以後，行蹤詭祕，龐涓還不信他不是瘋魔，而尚在人世，也不信其已在齊國，真的掌握了齊軍的實際指揮權。有此二因，而魏兵輕舉妄動，懸軍北上，卒在桂陵道上，遭遇齊軍的奇襲，被殺得大敗虧輸。這便是著稱於我國歷史的所謂圍魏救趙之計了。這是孫臏與龐涓的第一次對壘作戰，孫臏才能遠出於龐涓之上，由此可知了。此戰的勝利，在孫臏固然稍洩了胸中的積憤，而在田忌則更為重要。這一戰，田忌只許勝，不許敗。如果失敗，那他的命運，立刻在騶忌的掌握中了；幸而戰爭勝利，騶忌不過忝人之功以為己功，自然在齊王面前的發言效力可以更大一些，但對田忌只好再行設法對付了。田忌、孫臏大敗魏軍於桂陵，是威王二十六年的事，威王即於是年稱王，桂陵之役的勝利，對齊國來說，其重要性由此可知。可是對騶忌和田忌的關係來說，僅僅減少了田忌的危殆，並不能使田忌的職位安定下去。騶忌之客公孫閱仍是處心積慮的要謀害田忌。九年以後，問題終於爆發了。

六、騶忌與田忌交惡

這裡，我們要補說一下騶忌究竟是怎樣一個人？就〈田敬仲完世家〉中所載騶忌的事蹟來看，那是一個聰明極頂而善於揣摩別人心理的知識分子。騶忌游說齊威王，是靠他彈琴的技術，威王對於此道造詣甚深，騶忌的彈琴技術，被威王所賞識，因而留他住在威王起居的右室。一日，威王鼓瑟，騶忌冒冒失失的排闥而入，大聲稱善。威王大怒，去琴按劍，問他：好在什麼地方？騶忌乃從從容容的告訴威王：

「夫大弦濁以春溫者，君也；小弦廉折以清者，相也；攫之深，醳之愉者，政令也；鈞諧以鳴，大小相益，回邪而不相害者，四時也。吾是以知其善也。」（《史記卷四十六・田敬仲完世家》）

音樂的聲音，足以表達一個人的內心思想，而其理則通於政治，足證齊威王與騶忌的琴藝都很可觀。本來盛怒的齊威王，至此怒解，更稱騶忌為「善語音」。騶忌見有機可乘，乃向威王下以說詞：

「何獨語音，夫治國家而弭人民，皆在其中」。（《史記・田敬仲完世家》）

威王對此，又復生氣，認為他對琴音的認識，有道理；但對鼓琴和政治有關係，則大不謂然。

騶忌則加以解釋，他除了重述上面的音樂與政治相關的原理外，續作說明：

「夫復而不亂者，所以治昌也；連而徑者，所以存亡也。故曰：琴音調而天下治。夫治國家而弭人民者，無若乎五音者。」（《史記・田敬仲完世家》）

威王於是稱善，歷三個月而授以相印。這大概也是威王二十二年的事。騶忌以前的齊相是誰？史無明文，但就各種事實來看，可能就是田忌。騶忌奪相印於田忌，而田忌在齊國仍有重要的地位，騶忌深恐其捲土重來，奪回相位，騶忌對田忌的嫌隙可能由此而生，而在救趙的御前會議上，田忌意見又與騶忌不合，因而加深了騶忌對田忌的疑忌。就威王對騶、田二人的關係來說，田忌是宗親，不過是鬥馬比賽的同好；而對騶忌則是鼓瑟的同好，而且騶忌的瑟藝與琴理，似乎又在威王之上。因此，威王對騶忌的信任在田忌之上，這也是人之常情。何況騶忌以琴理施之於政治，以及對人情政治，都有他一套。《戰國策》載著這樣的一段：

「騶忌修八尺有餘，身體昳（同逸）麗，朝服衣冠，窺鏡，謂其妻曰：『我孰與城北徐公美？』其妻曰：『君美甚，徐公何能及也！』城北徐公，齊之美麗者也，忌不自信；而復問其妾曰：『吾孰與徐公美？』妾曰：『徐公不若君之美也！』旦日客從外來，與坐談，問之客曰：『吾與徐公孰美？』客曰：『徐公不若君之美也！』明日，徐公來，孰（同熟）視之，自以為不如；窺鏡而自視，又弗如遠甚。暮，寢而思之，曰：『吾妻之美我者，私我也；妾之美我者，畏我也；客之美我者，欲有求於我也！』於是入朝見威王曰：『臣誠不如徐公美，臣之妻私臣，臣之妾畏臣，臣之客欲有求於臣，皆以為美於徐公。今齊地方千里，百二十城，宮婦左右，莫不私王；朝廷之臣，莫不畏王；四境之內，莫不有求於王，由此觀之，王之蔽甚矣！』威王曰：『善！』乃下令『群臣吏民，能面刺寡人之過者，受上賞；上書諫寡人者，受中賞；能謗議於市朝，聞寡人之耳者，受下賞。』令初下，群臣進諫，門庭若市；數月之後，時時而間進；期年之後，雖欲言而無可進者。」（《戰國策卷八・齊一》）

《史記》在騶忌受相印以後，淳于髡和他有一段應答：

「淳于髡見之（騶忌）曰：『善說哉！髡有愚志，願陳諸前！』騶忌子曰：『謹受教。』淳于髡曰：『得全全昌，失全全亡。』騶忌子曰：『謹受令，請謹毋離前。』淳于髡曰：『狶（豬）膏（油）棘軸，所以為滑也，然而不能運方穿。』騶忌子：『謹受令，請謹事左右。』淳于髡曰：『弓膠昔幹，所以為合也，然而不能傅合疏罅！』騶忌子曰：『謹受令，請謹自附於萬民！』淳于髡曰：『狐裘雖敝，不可補以黃狗之皮。』騶忌子曰：『謹受令，請謹擇君子，毋雜小人其閒！』淳于髡曰：『大車不較，不能載其常任；琴瑟不較，不能成其五音。』騶忌子曰：『謹受令，請謹修法律而督奸吏。』淳于髡說畢，趨而出，至門而面其僕曰：『是人者，吾語之微言五，其應我，若響之應聲。是人必封不久矣。』居期年，封以下邳，號曰成侯。」（《史記・田敬仲完世家》）

從這兩則故事來看，可知騶忌對於政治，的確是隨時留心，隨時設法改善，其對齊王更隨時設法弼諫，氣氛並不嚴肅，而使齊王樂於接受他的意見，一點也不勉強。淳于髡是一個突梯滑稽而言不離正的人，他善於諷諫，所提問題，有如猜謎語，而騶忌應答如流，都能合於淳于髡的諷言之旨。所以他能博得威王的信任，實非偶然之事；而淳于髡斷言他即將封侯，的確是有所見而云然。

但是騶忌對田忌的猜嫌，確是偏狹而惡毒，有失政治家的風度。按偏狹惡毒，似為戰國時代臣屬相對的一般風氣之一，前述龐涓之對孫臏，以後李斯之對韓非，都是例子，所以騶忌之對田忌，不是無獨有偶的事，我們也不必深怪。試看公孫閱怎樣害田忌呢？他向騶忌建議，用重金買通一個市肆的卜者，要他造田忌的謠言，說田家有人問卜，問的是田忌「三戰三勝，聲威天下，欲為大事，亦吉乎？不吉乎？」謠言一出，騶忌乃使人逮捕卜者，交到齊威王那裡，對證田忌的問卜之詞。

這不是無中生有的說田忌要造反嗎？那是殺頭滅家的罪名，騶忌與公孫閱對田忌惡毒的程度，由此可知了。田忌知道了這個消息，氣得不得了，便率其部屬，進攻臨淄，目的在逮捕騶忌，不勝，遂出奔於外。偏狹哉，騶忌！小人哉，公孫閱！政治上的患得患失，置國家安危於不顧，甚而至於把自己的生命作為賭注，而作孤注之一擲。此與廉頗與藺相如之始隙而終和以共濟國事者，相去何可以道里計哉！騶忌之不能被視為政治家，這是最主要的因素了。所以政治家不但要有才能，而且還要有品！孫臏依田忌而重要，田忌既在齊不能安於其位，而出奔在外，孫臏即使不跟著出奔，在齊國的重要性，自然也跟著喪失，那是必然的事了。

七、馬陵之役的大勝利
——襲魏救韓的卓越戰略

可是，像孫臏那樣的將才，像田忌那樣能夠御將統兵的大將，在齊國能有幾人？何況田忌攻臨淄，目的在對付騶忌，並不是真正的造反。所以當齊國復有對外戰爭的時候，田忌便被召回來，恢復他原來的職位了，孫臏當然也跟著受到重用。田忌之召回，是在齊宣王田辟疆繼位後的第二年。齊威王在位三十六年，孫臏的桂陵大捷是在二十六年，田忌出奔是在威王三十二年，田忌、孫臏出奔在外，一共是五個年頭。那個時候，騶忌仍任齊相。

齊宣王召回田忌，仍是為了對付魏國，那個時候，魏又伐趙，趙與韓親，韓趙相伐魏，但仍被魏所擊敗，韓乃請救於齊。於是又有另一次的圍魏軍事。田忌之奉召回國，就是為了對付魏國的軍事。田忌既回國，孫臏自然也跟著出現於齊國了。

齊宣王為了這件事，仍是特別召開一次御前會議，首相騶忌、大將田忌、參謀長孫臏等都出席了。齊宣王提出問題：對於救韓，是早救好？還是遲救好？此在齊宣王，救韓的原則已經確定了，問題是在遲救與早救；騶忌以首相的資格，提出原則的反對，他說：「不如勿救！」田忌還是爽直的性格，與騶忌的意見完全相反，而且主張早救。孫臏對他們的意見，都不表贊成，他是綜合主戰方面的主張，而加以最好的運用。他說：

「夫韓、魏之兵未弊而救之，是吾代韓受魏之命，顧反聽命於韓也。且魏有破國之志，韓見亡，必東而愬於齊矣。吾因深結韓之親而晚承魏之弊，則可重利而得尊名也。」（《史記・田敬仲完世家》）

齊宣王對於孫臏這個建議，認為妥善，立即召見韓使，很機密的保證援韓。韓得齊國的保證，一如孫臏之所料，全力抵抗魏兵；可是韓國那裡是魏國的對手，五戰五敗，弊疲不堪；而魏國經過韓國的火拚，實力亦大受影響。韓國在屢戰屢敗之後，乃不得不再派特使，向齊求救，一切惟齊國之命是從。這一經過，孫臏的設想，完全正確。於是齊宣王以田忌、田嬰（一作倸）為大將，以孫臏為師，大舉興兵，伐魏以救韓。所以這一次齊魏之戰，可以說是「圍魏救韓」。

魏國主將仍是龐涓，魏惠王為了鼓勵軍心士氣，以求必勝，特別派太子申為上將軍，以備齊軍之來攻。實際上，魏惠王這一措施是大有問題的。太子就是嗣王，太子引軍出征，如果得到勝利，那他的地位還能夠有什麼增加呢？萬一失敗了，則對太子的聲譽，必大有虧損，對於將來治理國家，勢必大有影響；何況太子的安危，有和本國直接影響；縱使魏強而韓齊均弱，太子也不可深入險地；而且桂陵之役，魏軍是吃過敗仗的。此次攻韓，不能不警戒齊兵之復出，更不能不警戒桂陵之覆轍。所以魏惠王以太子為上將軍，是一種錯誤的措施。當時魏太子的門客，便有這種顧慮。這位門客，說話非常技巧，他說：

「臣有百戰百勝之術！」太子曰：「可得聞乎？」客曰：「固願效之。」曰：「太子自將攻齊，大勝併莒，則富不過有魏，貴不益為王，若戰不勝，則萬世無魏矣。此臣百戰百勝之術也！」（《史記・魏世家》）

這位魏太子的確非常靈敏，立刻了解門客的意思，要回到魏國去。但是那位門客又告訴他，恐怕回不去了。他說：

「彼勸太子戰攻，欲啜汁者眾，太子雖欲還，恐不得矣。」（《史記・魏世家》）

那位門客的見解，的確很高，因為魏惠王之派太子申為上將軍，其背後似乎有一種陰謀。請看《戰國策卷二十三．魏二》中的一段：

「魏惠王起境內眾，將太子申而攻齊。客謂公子理之傅曰：『何不令公子泣王太后，止太子之行？事成則樹德，不成則為王矣。太子年少，不習於兵，田盼宿將也，而孫子善用兵，戰必不勝。不勝必禽（同擒）。公子爭之於王，王聽公子，公子不封；不聽公子，太子必敗；敗，公子必立；立，必為王也。」（《戰國策卷二十三・魏二》）

我們從《戰國策》這段文字和〈魏世家〉那段，聯合起來加以研究，可以了解兩項史實：其一、攻韓之役，龐涓獨當一面，齊軍攻魏，魏以太子申為上將軍，以抗齊軍；其二、以太子申為上將軍，領軍出征，其中雜有王位繼承的鬥爭。這一戰，太子申被俘，他真的永不能回魏，而魏的王位，則改由襄王繼位。襄王這個人，庸俗不堪，孟子的印象，是「望之不如人君，就之不見所畏」，魏之衰落的迅速，當和魏惠王的好戰與措置失當有直接關係。

齊軍既出，孫臏仍把大軍直趨魏都大梁，攻魏軍之所必救，以解韓圍。龐涓知齊軍復出，乃急引圍韓之軍以自救。孫臏乃向田忌建議一個新的部署，使魏軍墮入他的圈套。他要田忌把部隊煮飯吃的灶，一路行去，一路減少，讓龐涓產生一個錯覺，以為齊兵進入魏境，不過數日，逃走者已過半數，從一路減灶中，證實了他向來輕視齊兵為怯懦的假想。他那裡知道這是孫臏設計的陷阱，讓龐涓輕敵而自趨絕境。我們且看孫臏這一段精彩的建議。他說：

「彼三晉之兵素悍勇而輕齊，齊號為怯。善戰者因其勢而利導之。兵法，百里而趣利者蹶上將，五十里而趣利者軍半至。使齊軍入魏地為十萬灶，明日為五萬灶，又明日為三萬灶。」

《史記・孫子吳起列傳》

龐涓急急忙忙從韓國軍前趕回，躡於齊軍之後，他發現齊軍灶數越來越少，不過三日，已少了三分之二以上，於是他非常高興的說：「我固知齊軍怯，入吾地三日，士卒亡者過半矣」。這位龐涓先生真是聰明反被聰明誤，他已中孫臏「減灶添兵」之計而不自知。他們兩個人的才能之高下，由此可知了。龐涓有此發現，乃親率其輕兵銳卒，加速度的追擊孫臏指揮的齊軍，他的步兵便遠遠的落在後面，前後不能相顧了。孫臏預料龐涓的追兵，當在暮夜，抵達馬陵。馬陵是一個隘道，路面甚狹，而兩旁樹木很多，地勢非常險阻。齊兵乃伏於險阻之處，選擇一棵高大的樹，把樹皮剝去，露出白色的樹幹，上面還寫了幾個黑字。龐涓至馬陵道中，時已昏黑不辨途徑，但見前面有一條白物，不知道是什麼？乃親自點燈察看，讀其所書之字：「龐涓死於此樹之下」。龐涓尚未讀畢，而齊伏軍強弩齊發，龐涓乃知中計，自刎而死。蓋孫臏已與伏兵約定暗號，以燈火為信號而發矢，妙在這個為孫臏點燈舉信號火的人，就是龐涓自己。

八、田忌與孫臏的歸宿與孫臏戰略的現代運用

孫臏之知彼知己，善於因勢利導而以奇計勝敵，真令人拍案叫絕。龐涓臨死，還不服氣的說：「遂使豎子成名」，而不知道使孫臏成名的，就是心胸狹隘、善嫉善妒而急圖功利的龐涓自己。假使龐涓有大將風度，同孫臏共仕於魏，魏未必敗落得如此迅速，孫臏依然可以成名，而龐涓未必慘死。所以妒賢嫉能，其結果往往自己害自己，龐涓便是一個顯著的例。龐涓這一敗，他自己死了，固然咎有應得，可是他率領的部隊，尤其是那位相當有識見的太子申，也連帶的受到災害，太子申做了齊軍的俘虜，魏軍則全部遭擊潰。魏自此國勢孱弱，孫臏自此名揚於國際，他的料敵如神和行軍之法，並為後世所稱道。史公傳孫臏的最後一句話也說「世多傳其兵法」，其在太史公曰只說《孫子兵法》十三篇，可知孫臏的兵法不如孫武的兵法來得受人重視。但其作戰部署，雖孫武亦不過如此，孫臏實不愧為兵聖之後了。史公對孫臏智計，甚為讚賞，但對他不能自全其足，

則有微詞。我們平心而論，孫臏雖然是一位智慧高而研究不厭其詐的兵學家，但是他還是具有人格的人，對朋友仍然重信義的人，萬想不到他的那位援引他的老同學竟是人面獸心、妒賢嫉能的殘暴不仁之人，我們不能因為孫臏之未能預防龐涓的謀害，而對他的智能作不必要的懷疑。

田忌重用孫臏之計，建立了如此的大功，他在齊國的地位，是不是比以前要鞏固些呢？不，絕對的不。田忌建功愈大，孫臏智計愈高，相形之下，騶忌自慚形穢，為了保持祿位，不得不格外的想方法要排拒田忌，實際上也就是排拒孫臏。田忌、孫臏之第二次被排拒，史無明文。但是《戰國策》卻有一段田忌出亡至楚的記載，大概田忌第二次出亡以後，便未再回齊國了。《戰國策》的原文如下：

「田忌亡齊而之楚，騶忌代之相齊，恐田忌欲以楚權復於齊。杜赫曰：『臣請為留楚。』謂楚王曰：『騶忌所以不善楚者，恐田忌之以楚權復於齊也。王不如封田忌於江南，以示田忌之不返齊也。騶忌以齊厚事楚，田忌亡人也，而得封，必德王，若復於齊，必以齊事楚，此用二忌之道也。』楚固封之江南。」（《戰國策卷八・齊一》）

這個田忌亡齊至楚說，如果從騶忌代之為相的一句話來看，那可能是指威王時代的事，亦即在桂陵之戰以後的事。桂陵之戰以後，田忌遭忌出奔，奔到什麼地方？我們無法知道。可是，在馬陵之戰以前，田忌又被召回國，是不是騶忌把相位讓給田忌？我們也無法知道。可是從「騶忌恐田忌欲以楚權復於齊」的一句話來看，似乎田忌在回國以後，取代了騶忌的相位；因此，在他又出奔以後，尤其奔在強有力的楚國，騶忌就很害怕田忌將藉楚國的力量，重新返國，奪取相位。田忌既奉召而返國，又出奔至楚，所以他至楚國，是第二次的出奔。我們在馬陵戰前的御前會議中，騶忌與田忌對援韓問題的意見之尖銳化的對立來看，兩人的衝突，必然不可避免；而騶忌幕中多陰險的政客，不是爽直的田忌所可對付，也不是對軍事料敵如神的孫臏所可對付。田忌功愈高，騶忌忌之愈深，其被擠而出奔，絕非意外。可是，這次田忌的出奔，似乎沒有返國的機會。政客居心惡毒，從騶忌之對付田忌，更可獲得清楚的證明。田忌出奔，孫臏當然也跟著出奔，田忌封於江南以後，《史記》不再有什麼記載，孫臏亦然。有人說，馬陵勝利以後，孫臏勸田忌不再勒兵返國，田忌不從，此說似無史實可證。從孫臏的事蹟看，此人只談兵略，不談政治，他未必作此建議；從田忌率兵攻成侯騶忌一事看，田忌或有此種想法，亦未可知；但終未實現，或為孫臏所勸阻耳。

孫臏的圍魏救趙與圍魏救韓二策，自是兵家的上乘策略。以今日的世界局勢來觀察，如果孫臏而在決大策定大計的地位，那他一定有最有利的途徑，可以制服敵人，贏取勝利。我們姑置民主集團對共產集團的環球戰略而不談；但論越戰。越戰的盟國策略，擁著強大的現代化的、完全機械的部隊，統計數字上又完全占著絕對的優勢；但是盟軍完全等著敵人來進攻，這便是孫臏所謂「受命於韓」。我們觀孫臏救趙救韓的兩次戰役，他完全不採取與敵人追奔逐北、作正面的火拼；而是用巧計，攻敵人的要害，要害到不能不救的地區，使前方的敵人部隊，不能不回師救援其根本之地的神經中樞。

如果越南戰事，孫臏負責決策，負責指揮，那他絕不用現在這種完全被動的辦法。根據孫臏的兩次作戰計劃，他至少採取下列兩種策略：其一、登陸海防、亞龍，襲擊河內，使敵人的神經中樞受到嚴重的打擊，補給系統受到徹底的破壞；因而迫使它撤出侵入南越的部隊，以自救其危亡。這是美國在越戰中應有的比較積極的策略。但是這個策略，從解決越戰的基本問題來看，還不是基本的，所以其積極性仍有其限度。彷諸孫臏的對魏作戰，那還不過是桂陵之役的圍魏救趙之計。因為桂陵之役，魏國雖然失敗了，但其主力尚存，仍可在國際之間興風作浪。固然，後來又有侵韓之役，而齊乃有第二次的圍魏，在這次戰役中，魏的主將被殺，魏的太子被俘，魏的主力徹底打垮，以後的魏國，便再也沒有力量去惹是生非了。

我們從孫臏破魏之策來看越戰，盟軍登陸北越，可以摧毀北越的神經中樞，但是不能解開越戰的癥結。因為在越戰或整個的中南半島的侵略戰爭中，北越不過是打先鋒的傀儡，北越另有其發縱指使的後臺老闆，這個後臺老闆便是共產國際。所以盟軍摧毀北越傀儡的神經中樞，而不摧毀它的補給來源，越戰是不會結束的。所以結束越戰的基本策略，就是要採用孫臏圍魏救韓之計。越戰中的圍魏救韓之計，便是運用中華民國在臺灣基地的有形力量和散布在大陸各角落的反共勢力，裡應外合的掀起反共的大風潮。我們深信只有極小一撮的共軍，必然在這樣的大風潮中淹沒盡斃。中共滅了，越共自然也就不攻自垮了。我們非常惋惜美國軍政當局，對孫臏的軍略毫無研究，也許連知道的人都很少。他們只知道增兵支援，增經費支援，五十多萬精兵，還擁有天下無敵的海空軍，花了三千多億的軍政費用，只是在南越境內跟共軍分子捉迷藏，最後還要季辛吉向北平搭橋，由尼克森總統以自由民主世界領袖之尊，親向北平偽政權叩頭求饒，其結果是被共軍所利用，陽示緩和，陰則加緊援助，而在美共勾搭的過程中，蘇俄便以北平出賣北越的說詞，使河內轉入莫斯科的懷抱，以優於美國裝備越軍的裝備，裝備北越軍，因而有一九七二年三月三十日的傾巢南攻越南。美軍如果毫無顧慮的撤出越南，那三千多億經費是白丟了，這裡死傷了的近二十萬的美國子弟的血也白流了，豈不是可惜之至。假使美國軍政當局中有一位像孫臏那樣智計高遠的謀略家，他一定會建議，以一千億美元來裝備中華民國的反共國軍，以三分之一增援越南的陸上部隊，海空部隊對我國軍作後勤補給的支援，我們國軍便可以登陸反攻；這個反攻運動一經開始，大陸的反共運動，立即從地下轉到地面，風起雲湧的對共軍作殊死的鬥爭，那種反共運動發生以後，大陸的陸上交通路線，必然柔腸寸斷，運輸系統全部癱瘓，脅從的匪軍與匪幹亦必紛紛反正，我們的勝利，真有如破竹之勢；而敵人的崩潰，那簡直是土崩瓦解。這種預先可以看得到的趨勢，美國軍政當局竟毫無所知，做出最浪費而最無代價，最拙笨而最無效果的傻事來，以致騎虎難下，窘態畢露。

我們留心研究近代的美國軍略家，自以麥克阿瑟為翹楚。馬歇爾捨巴爾幹登陸而採取諾曼第登陸，那不過是會計原理運用到軍事方面的軍略家而已。麥帥獨力擔任太平洋的反攻，自逐島進攻而越島遠攻，而下塞班、琉磺，而下禮智（雷伊泰）與整個菲律賓，最後則下琉球，迫使日本作無條件投降。此種軍略，足與孫臏之圍魏以救韓趙，先後輝映，照耀於歷史。韓戰初期，麥帥僅以一師之眾，以漢江拒敵，且戰且退而最後拒敵於秋楓嶺上，別的銳師逕於仁川登陸，切斷敵軍的歸路，而漢江以南的敵軍乃不得不氣急敗壞的晝夜奔逃，以免被殲。使韓戰的指揮者不是麥帥而採用的戰略是正面坐守，隨匪共之狼奔豕突而轉動，則越戰的僵局，先生韓國已扮演過一陣了。美國政府的決策，使後期的麥帥也發揮不出威力，聞鼙鼓而思良將，我們鑒於當前盟軍的政略與戰略之錯誤重重，僵局愈陷愈深，因而對麥帥懷念不已，對我二千年以前以軍略見長而善用較弱之師徹底擊潰強敵的孫子，更是懷念不已。作者特為介紹孫臏的故事，是要喚醒民主國家注意，孫臏的戰略與戰術，是戰勝中共最有參考意義的大原則。

貳、田 單——以少勝多的復國英雄

一、孫臏與田單的建功之比較

田單，在國人的心目中，比起孫臏來，應該要熟悉得多。這是由於戲劇的關係。關於孫臏的戲劇，好像只有孫龐鬥智一齣國劇，而且並不熱門，作者就只知道戲目，而沒有看到過，而有關田單的戲劇，無論國劇、話劇與電影，都有經常演出的劇本。黃金臺也叫做田單救主，迄今仍時見演出；二城復國記，現在好久沒有看到了，演的也是田單救國的故事。至於電影，則有所謂「還我河山」的一部片子，也曾鬨動一時。部隊裡面實行的毋忘在莒運動，也把田單復國的故事，普遍地向軍中推行。田單，可以說是歷史的熱門人物。作者現在要把田單的真實故事，向讀者介紹，讓大家知道這位民族英雄的真面目。他真的是一位智計多端、以少勝多的民族英雄。田單的智計與勳業如與孫臏相較，那一位對齊國的貢獻大？讀者心目中，也許急切要了解這個問題。異代不同功，這個問題的難於解答，便是在此。可是從大原則上，我們也可以得到幾個概念：其一、孫臏時代的齊國是力圖振作的時代，齊軍的戰鬥力雖弱於魏國，但在欣欣向榮之下，又有孫臏為之調理，士氣似乎並不低落；而田單時代的齊國，整個七十多座城池，實際上恐怕有一百多座城市，都被燕軍占領，只餘兩座聲氣很難相通的孤立城市，尚在殘餘的齊軍手中。田單就靠著兩座孤立城市的一個，把強敵打敗，盡復齊國的失地。由此言之，孫臏建功的條件，遠比田單為佳，而田單完成復國的勳業，誠屬難之又難，其可貴當在孫臏之上。其二、從另一個角度看，孫臏所遇的敵兵，戰鬥力遠高於齊軍，而其統帥也深通軍事學識，不過其程度稍低於孫子罷了；而田單的對手，則是一個脾氣暴躁的草包，對敵方所使的陰謀詭計，完全認識不清，幾乎完全依照田單預期的目標去做，作完全有利於田單的行動；不僅是田單對手的統帥如此，即齊國敵國的國君，也是多疑善忌，既不識人，又不知兵，且對敵我之間的利害關係，也一點兒辨別不清，他的一舉一動，幾乎完全依照田單所派的間諜的謠言攻勢所左右，所作所為，幾乎全部對齊國有利。我們可以說田單的勝利，完全建築在敵人的愚蠢之上。孫臏、龐涓相對壘，旗鼓尚勉強可以說相當，而田單對騎劫，其智愚何啻霄壤之別。由此言之，田單之勝，或較孫臏為易。其三、在對齊國的關係來說，那田單的貢獻，卻比孫子大得多。孫子之勝，使齊國強大，使齊威稱王，固然極其重要；但是田單的勝利，卻使齊國亡而復存，而且又逐漸恢復其強大。所以從這一觀點來比較孫臏與田單，其功績的效果是不可相提並論的。但是，無論如何，孫臏與田單，都是齊國的名將，都是照耀於我國歷史的名將。

齊國與燕國，是鄰國，燕在北而齊在南。燕國在現今河北省的北部，其首都是在今河北西北的易縣，依著易水而建立的一個都市。荊軻刺秦王時所賦的詩：「風蕭蕭兮易水寒」，正是即景之作。這個國家的始封的國君，是召公奭，召公與周公、太公同為周初的重臣。但其所封之國，國土不廣，百姓不多，而且地方接近北邊，東方與東胡為鄰，北方與匈奴為鄰，時時受到這兩方面的遊牧民族的壓迫，始終是一個弱小的國家。齊桓公時曾受胡人的攻擊，幾於無法生存，由齊桓公出兵相救，對燕君頗加勗勉，勸其重修召公之業。可是，環境關係，始終振作不起，而燕齊的關係，卻是相當良好的。可是到了姜姓的齊被田氏所纂，田氏雄心勃勃，漸有侵併燕國領土的企圖。如威王時的田忌，曾因魏韓火拚而趙楚相救，趁著許多國家都陷於敝乏的困境，而建議出兵侵燕，取了燕南的部分領土。是為齊燕交惡之始，威王以後的齊宣王，野心比威王更大，燕國適有內亂，授齊國以可乘之隙。那一回，燕國幾乎亡了國。

二、燕國的內亂與外患

燕國的那次內亂，說起來也真是一件非常可笑的事，齊國威王在位的時侯，燕國是釐公、桓公、文公在位。燕文公二十八年，齊威王卒。燕文公二十八年，蘇秦始以合縱說燕文公。燕文公二十九年卒，太子立，是為易王。齊宣王乘燕易王初立，伐取燕國的十城，是為燕齊第二次結怨。

雖然由於蘇秦使齊向齊宣王游說之故，齊把奪自燕國的十個城，還給燕國，但其間的不愉快，自可想見。燕易王在位十二年而卒，他的寶貝兒子噲繼位。時蘇秦在齊，被齊人所殺，足證齊人對還燕十城之懷恨於蘇秦了。不過蘇秦之子則尚在燕國，而且與燕相子之為婚；而蘇秦之兄蘇代又與子之非常友善。齊宣王雖殺蘇秦，反而重用蘇代，以謀燕國。燕王噲大概是一個好大喜功的書呆子型的國王。燕國力弱，怎樣可以參加那時的國際戰爭？可是，他自不量力，與三晉及楚相約，向秦國進攻。其結果，自然是大敗而回。燕王噲這一敗，對他的權位，卻發生了重大影響；原來子之這個傢伙，卻是一個野心家，他看到燕王噲這樣舉措失常，便獨斷專行起來。其時，齊宣王卻派蘇代為使，向燕王噲為子之下說詞。蘇代至燕以後，燕王噲予以接見，他們之間的問答，真是可笑達於極點。請看《史記》關於他們兩人的問答：

「燕王問曰：『齊王奚如？』對曰：『必不霸！』燕王曰：『何也？』對曰：『不信其臣。』」（《史記・燕召公世家》，《戰國策卷二十九・燕一》）

蘇代熟悉燕王噲好大喜功的性格，所以用齊宣王不信其臣不能成霸的結論來激發燕王噲的圖霸途徑，格外的信任其首相子之。其實子之已經非常專橫跋扈了，但燕王噲並未感到大權旁落的危機，更加重其信任，那豈不是等把君權拱手授給子之了嗎？如果燕王噲真的這樣做了，那是他自絕燕祀；而蘇代的諷示主旨，也是要燕王噲這樣做，使子之的權力更大，做實際上的燕王，而為齊宣王的外臣。所以蘇代至燕而向燕王噲下以此等說詞，是在替齊國做間諜，要燕王噲上當。

可憐燕王噲這個連好歹都不知道的國王，竟深信蘇代之言，賜以百金為酬，由此更加信任子之，子之竟然成為實際上的燕王了。燕王噲下面還有一個叫做鹿毛壽的臣子，是子之的同黨，而是以蘇代的代表身分，留在燕國。鹿毛壽更以堯讓舜有天下，舜讓禹有天下的故事，講給燕王噲聽，諷示燕王噲應該效法堯舜的禪讓，把燕國的王位，讓給子之。這位鹿毛壽先生像騙小孩子一樣的哄燕王噲說：

「人之謂堯賢者，以其讓天下於許由，許由不受；有讓天下名，而實不失天下。今王以國讓子之，子之必不敢受，是王與堯同行也。」（《史記・燕召公世家》）

鹿毛壽以讓賢而不失天下的高帽子帶在燕王噲頭上，好名的燕王噲絲毫沒有發現鹿毛壽的陰謀，竟然以燕國的統治大權，讓給子之。鹿毛壽原說子之必不敢受，但子之卻老實不客氣的接受了。燕王噲的幼稚可笑且易於受騙，由此可知了。

當時的燕太子深得人望，燕臣之不黨於子之者，都以太子為中心而形成一種反子之的勢力。子之及其黨羽，仍然感到很大的不安，企圖利用這個愚昧無智的燕退王噲攘奪太子的權。他們仍然用歪曲歷史事實的方法來欺騙他。他們向燕王噲所下的說詞，是這樣的：

「禹授益，而以啟為吏。及老，而以啟為不足任天下，傳之益也。啟與支黨攻益而奪之天下。是禹名傳天下於益，其實令啟自取之。今王言屬國子之，而吏無非太子人者，是名屬子之，而太子用事。」（《戰國策卷二十九・燕一》，《史記・燕召公世家》與此大同小異）

燕噲聽了這些含有毒素的無稽之談，為了表示他對子之讓國的愚誠，把所有三百名官吏的印都收起來，讓子之重行任命。於是子之毫無恐懼，大膽地南面為王，燕噲反居臣位，以聽命於子之。這裡，我們要說一句公平話，如果子之的確是一個賢能公正的有為之人，燕王噲把王位讓給他，我們也無須責備燕王噲的這種讓位舉動；無奈子之是與齊國間諜相勾結，旨在裡應外合的滅亡燕國，那燕王噲便是燕國社稷宗廟的罪人了。

我們從子之執政三年而「燕國大亂」的一點來看，子之也是一個蠢材。也惟有子之也是蠢才，所以燕王噲的太子平才有復國的機會。太子平的復國，必然要和子之作一番鬥爭。這一番鬥爭，便是燕國的內亂。此在齊國來說，子之能安於其位地把燕王做下去，齊國將不戰而獲燕國；子之被掀下臺，燕國發生內亂，這也是齊國併吞燕國的好機會。

燕王噲這個笑話鬧得幾乎把燕國亡了，可是太子平接位以後，便是歷史上著名的燕昭王，他勵精圖治，吸收天下的英雄豪傑之士，組織五國聯軍以伐齊，也幾乎把齊國滅了。這大概是所謂報應昭彰了吧！沒有燕王噲鬧的笑話，不會有燕齊第三次的結怨，也不會有齊幾滅燕，也不會有燕幾滅齊，更不會有二城復國的故事發生了。所以這一大笑話，串演許多重要的歷史，也串演了許多重要的歷史人物。匡章之成為齊國的名將，樂毅之成為燕國的名將，田單之成為齊國的復國英雄，都是這個大笑話引發出來的。

子之當國三年，燕國大亂，百姓都怨恨子之。於是忠於原來的燕國王家的人，起來作復燕運動，如燕將市被便是顯著的一個例。市被的反子之運動，是以原來的燕太子平為中心，潛謀發動對子之的攻擊。齊宣王在位十九年而死，由其子湣王繼位。湣王的野心，猶大於宣王。齊人知燕有內亂的危機，有儲子者向齊王建議，與太子通信使，促成燕國的內戰，齊國可便在內亂中取利。這裡有一個問題，需要略作說明。這個問題便是促成燕國內戰的齊王，是齊宣王還是齊湣王？《戰國策》明說是齊宣王，其詞如次：

「儲子謂齊宣王，因而仆之，破燕必矣。」

又說：

「孟軻謂齊宣王曰：『今伐燕，此文、武之時，不可失也。』」

可是《史記．燕召公世家》則說：

「諸將謂齊湣王曰：『因而赴之，破燕必矣。』」

關於孟子建議伐燕的話，《史記》也說：

「孟軻謂齊王曰：『今伐燕，此文、武之時，不可失之。』」

這兩部書裡所記伐燕的話，大部分相同，所不同者就是關於齊王方面，《戰國策》兩處都用齊宣王，而《史記》一處用齊湣王，一處則但稱齊王。兩部書的成書時間，《戰國策》在前，《史記》在後，《史記》的史料來源，根據《戰國策》，這是不會有問題的。史公博覽群書，於此處採用《戰國策》的原文之外，把齊宣王改用齊湣王，後面又但稱齊王，必有所本，我們今天已經不容易對此作了解了。

但是這次伐燕的建議，是出於孟子，則當以孟子在齊的那段時間為可能。孟子是在齊宣王的時代在齊，時間似乎不久。《孟子》一書中，也提到齊人伐燕之事，也提到齊打勝仗之事，而且還提到齊宣王請教孟子：占領它好？還是退出來好？孟子的答覆是取之而燕人悅則取之，取之而燕人不悅則不取。從孟子在齊的時間來看，《史記》齊湣王之說非是。齊宣王既然同意儲子和諸將的話，於是派代表和燕太子平聯絡，下以說詞：

「寡人聞太子之義，將廢私而立公，飭君臣之義，正父子之位。寡人之國小，不足先後，雖然則唯太子所以令之。」（《戰國策卷二十九・燕一》）

齊王的話很漂亮，他說國小力量弱，不能主動聲明大義，致討逆臣，但願在太子討逆運動發展之後，等候太子的命令，支援太子。這那裡是支援太子，分明是鼓動太子與子之間的戰爭，在他們兩疲之時，出兵伐燕，以收漁人之利而已。這裡，我們對孟子有一點意見，儒家的孟子，游說諸侯，必稱仁義，舉古證今，必稱堯舜，但對齊的危燕建議，卻認為伐燕是「文、武之事不可失也」；但在《孟子》本書中，既無伐燕的建議，對齊軍占燕與否？以民心為依歸，不作肯定性的表示。這種相互矛盾之處，值得我們注意。孟子豈非也是戰國時代的權略家嗎？不過孟子的建議是在燕國內亂數個月之後，不是與儲子等建議的同時，儲子等建議，充滿著陰謀，而孟子的建議，是本於因時乘勢的原則，以救燕國百姓的苦難，此或為儒家與權略家的不同之處吧？

市被這個人，實際上也是莫名其妙的人，他既然擁護燕太子平而發動反子之運動。在太子聚合群眾和反子之的臣屬，向子之發動攻擊的時候，市被還親自率眾攻圍子之於燕宮，但不能勝，於是軍心民氣不穩，市被反率眾攻太子平，市被在亂軍之中被殺，構難數月，死者數萬人，燕人對這種亂糟糟的局面，大為怨恨。孟子建議伐燕，就是在這個時候。齊宣王所任用的大將，便是和孟子很有來往的匡章。匡章這個人，在《孟子》一書中所見的記載，也非常的奇特。儒家最重孝行，而匡章在齊國人的心目中是一個不孝的怪人。他是因為他父親對他責善太過，所以他們父子之間都不很諒解；匡章由於得不到父親歡心，所以他懲罰自己，拋妻別子，自己一個人過著單獨孤寂的生活。因此，齊人都以匡章為不孝，而孟子則以為匡章尚有可取之處。因為孟子的教育原則，是「父子之間不責善，責善則離，離則不祥莫大」，所以他主張「易子而教」。他認為匡章的父子之間不相得，由於責善，而匡章還自己知過，以孤寂生活來向父親謝過；與普通不孝之人，畢竟有其不同之處。由匡章是孟子之友而任伐燕大將的一點來看，孟子建議伐燕是可能的。由此，可知孟子建議伐燕是為了解救燕民的痛苦；可是齊軍何愛於燕民？當匡章奉命以五部之兵與北地之眾以伐燕之後，燕人嫌惡子之與市被之亂，對齊軍不作抵禦，士卒不戰，城門不閉，齊軍長趨直進，如入無人之境；於是燕王噲死，子之亡，齊軍盡取燕國的重寶，占燕者二年，燕民被齊軍統治，所受的苦楚，比子之統治時代還深。燕人的反齊運動，跟著起來。齊宣王左右因而有繼續占領與撤軍回國的兩種爭論，我們從孟子對燕民所處的環境「視水益深，視火益熱」的話來看，

者至。先趨而後息，先問而後嘿，則什己者至。人趨己趨，則若己者至。馮（同憑）几據杖，眄視指使，則廝役之人至。若恣睢奮擊，呴籍叱咄，則徒隸之人至矣。此古服道致士之法也。王誠博選國中之賢者，而朝其門下，天下聞王朝其賢臣，天下之士必趨於燕矣。」（《戰國策卷三十九・燕一》）

燕昭王對郭隗這一套理論，十分賞識，但他卻有一個無法自己解答的問題：他將朝國中那一位賢士之門呢？不得已，他再度請教郭隗先生。其實昭王已經發現郭隗的賢與才，而且從他的談論中，了解這位先生絕不是浪得虛名之人，他應該知道「朝其門的人」便在面前了，他這一問豈不多餘？假使郭隗稍存謙遜之心，不肯毛遂自薦，那豈不是又要大費周章了嗎？但是那一個時代的風氣，卻並非如此，以修養工夫如此深的孟子，他還有「當今之世，舍我其誰哉」的自負之語，挺身而出，以天下為己任，這是那個時代的知識分子對時代負責的積極精神，賢如郭隗，並不例外，所以對燕昭王這個問題的答覆，非常切實，誠懇而饒有風趣，他說：

「臣聞古之君人，有以千金求千里馬者，三年不能得。涓人言於君曰：『請求之。』君遣之。三月得千里馬，馬已死，買其首五百金，反以報君。君大怒曰：『所求者生馬，安事死馬而捐五百金？』涓人對曰：『死馬且買之五百金，況生馬乎？天下必以為王能市馬，馬今至矣。』於是不能期年，千里之馬至者三。今王誠欲致士，先從隗始；隗且見事，況賢於隗者乎？豈遠千里哉？」（《戰國策卷二十九・燕一》）

郭隗這個風趣而具有深意的故事，把自己自然的代入其中，而且仍然具有謙遜之意，而「請自隗始」，也就成為我國文章家常常應用的典故了。

燕昭王聽了郭隗這一番話，立刻將郭隗奉為座上賓，特別為他建立了一所宮院，請他安居其中，奉以為師，尊禮備至。這個消息，一經傳出，四方賢士，都知道燕昭王尊賢禮士，紛紛到燕國去，為燕昭王策劃建國富國、強民強兵的工作。這些著名的知識分子中，有齊國的鄒衍，有魏國的樂毅，有趙國的劇辛等等，其中最值得注意的是樂毅，他就是後來統五國之兵攻齊，幾乎把齊國滅亡的聯軍統帥。這個歷史性的偉人，我們將另作介紹。這裡，我們要對〈黃金臺〉這齣國劇，作一個簡單的討論。

歷史上無論是《戰國策》或《史記》都說燕昭王尊郭隗為師，是就他的居所築為宮庭式的院落，小說家誇大其詞，變為築黃金臺以尊郭隗。所以根據小說家言，黃金臺是燕昭王尊事郭隗的故事，與齊無關。但是現在國劇常常演出的黃金臺，卻是田單救東宮太子田法章的故事。其內容，大概是說齊湣王好酒貪色，寵愛一個姓鄒的妃子，鄒妃和太監伊立都妒嫉太子的賢明，處心積慮的要害他。有一天，鄒妃趁齊湣王酒醉的時候，誣告太子對她調戲，湣王大怒，立刻下令搜捕太子，要伊立到東宮去執行。幸而東宮事先得到消息，逃離東宮，至田單家中避難。未幾伊立率警衛軍至，田單不得已，乃將太子扮作其妹，總算把伊立應付過去了。但恐事情仍要敗露，乃於第二日仍以太子扮作其妹，假稱出城燒香拜佛。時各城門都已接到截捕太子的命令，田單是用紅包賄通監門人混出城去的。（參考《戲考大全》）我們從這齣戲的劇情來看，與〈黃金臺〉的故事，毫不相干。意或這是一齣幅度極寬的戲，從燕昭王築黃金臺尊郭隗起，至樂毅破齊，田單復國止；現在所演的只是其中一段，稱為田單救主，尚與內容相合。不過戲中的人，都不是杜撰的，而故事則出於想像的編造。

田單是齊國王家的疏屬，在復國戰爭以前，身分等於平民，在齊政府中並無地位，如果真的發生太子被害事件，他的機智，是有救護能力的；他的地位，卻未必有此能力。齊湣王行為不大規正，但是有無鄒妃及伊立其人？史書無從證明，至於田法章這個人，風流的故事是有的，至於說調戲他的庶母，那又是小說家庸俗手法的照抄老文章罷了。田法章的風流故事，發生在樂毅破齊之後，時齊湣王被楚將淖齒所殺，法章變姓改名，逃至莒城，在莒太史敫的家中，做一名工人，聊圖糊口。太史敫的女兒對田法章的形貌甚為奇異，以為必非常人，對他非常同情，常常偷著給他一些衣服和食物，而且和他相通。所以這一風流故事，並未出於田法章的主動；而且法章後來立為襄王以後，太史敫的女兒便正式立為王后，患難之交，始終不變，也不能算是田法章的不規行為。倒是那位太史敫，卻是非常堅強地不承認他女兒的婚事，認為她未奉父母之命，自己出嫁，終身不與君王后（齊國人對齊襄王后之尊稱）來往，但君王后毫不介意，對父母始終不失人子之禮。這是那個亂世時代婚姻佳話，特別值得我們在此一提的。

燕昭王既銳意謀國，又得到郭隗和許多國際知名知識分子的協助，昭王對老百姓更是非常的關切，不僅親自弔祭死者，慰問生者，更與百姓同甘共苦者達二十八年之久。於是燕國社會便為一個殷實富足的社會，燕國的部隊也成戰鬥力很強的部隊，士氣尤其旺盛，對參加復仇戰爭躍躍欲試。燕昭王怕力量還不夠，不足以伐齊，乃使游說之士，說動了三晉秦楚，合五國之兵與燕兵共伐齊國。小說家與戲劇家說齊湣王昏聵糊塗，不理國政，這裡倒可以看到他們不是毫無根據的。我們知道燕齊是鄰國，而且過去已經結過三次深仇，燕昭王接位之後，又如此的禮賢下士，發奮圖彊，豈是無所謂而為的？這個有心的敵人，處心積慮準備了二十八年，目的是在向齊國報仇，而齊湣王不是毫不知道，便是把燕昭王的積極準備毫不在意，豈不是昏聵糊塗達於極點！六個國家的聯合部隊由著名軍事家樂毅統率攻齊，齊國完全處於孤立地位，縱使孫臏尚在，亦將何以抵禦這一支強大的聯合部隊？何況其中還有積怨二十餘年志在必勝的哀兵！齊軍之大敗，是無庸多疑的。

四、燕齊之戰與田單的復國之役

樂毅統率強大的聯軍攻入齊國連下了七十餘城。這七十餘城，作者認為有問題的。鄒忌在威、宣時代為相，曾言齊城一百二十，而在樂毅下齊七十餘城後，齊人能控制的只有莒、即墨二城，如果聊也在內的話（《史記》作此說），也不過三個城，那豈不是齊城只有八十上下嗎？三十年以後的齊城，沒有增加，反而減少三分之一，此乃必無之事。所以作者假定樂毅所下之城，不止七十多，或尚有兩國力量都管不到的邊遠城市。不過那一次齊國的失敗，可以說非常的徹底，首都臨淄被燕軍攻破，所有重寶都被燕軍席捲而去，齊湣王逃至莒，齊的疏族田單則率其家人逃至即墨。田單之逃至即墨，那是普通百姓的逃難性質，也就等於是一支難民隊伍的領導人，不料齊湣王逃至莒，不久喪失了生命，而齊國復國的大責重任，完全靠著這王室疏族的難民領隊田單的機智，有人才而不知用，湣王的昏聵，於此更可得到具體的證明了。

六國聯軍伐齊，實在是齊湣王自己促成的。原來，游士蘇代，向秦齊兩國游說，欲使秦為西帝而齊為東帝，即使各不稱帝，也當相與合作，即所謂連橫，以擴展勢力。齊湣王不知有強燕之躡其後，自以為強，於是齊遂伐宋，宋王出奔，死於溫，並割楚之淮北地，西侵三晉，欲併周室，以創統一的局面。於是三晉與楚，都與齊有隙。秦素與宋善，宋被伐，宋君出亡而死，故秦亦怨齊。這大概是齊湣王三十六年以後的事。齊湣王對內荒淫無度，對外到處樹敵，於是久欲興兵復仇的燕昭王，就很順利的聯合了五國，向齊國進兵。其餘諸國之兵，打勝了齊國以後，停止不前，獨燕軍長趨直入，占了齊都臨淄，搬取齊國重寶以外，並促使齊國的殘餘勢力，集結於莒與即墨（一說還有聊），企圖殲滅齊軍，覆亡齊國。這是齊湣王三十九年，燕昭王二十九年的事。

齊湣王之出亡至莒，是一件很曲折的事。他是先到鄒、魯，想借外力復國。在如此敗殘奔逃的過程中，他一點不知道虛心慚愧，反而仍以驕矜對人，所以鄒魯之君不讓他住下去，不得已只好走回莒城，向楚求援。楚與齊相鄰，其與燕伐齊，原為報仇，但並無滅齊之意；反之，燕滅齊國，國勢強大，必然威脅楚國的安全；所以對齊湣王的處境，反予同情，因派淖齒率兵援齊。齊湣王為了向楚國示好，以淖齒為相，希望多得楚援。那裡知道淖齒也是一個野心家，他竟把齊湣王殺了，準備和燕談判，瓜分齊地。這個昏瞶糊塗的齊湣王，至此始結束了生命。上述田法章之變姓易名而逃亡就是在那個時候。淖齒也被齊人所殺，毀滅了他的齊王幻夢。齊湣王既死，淖齒既亦被殺，齊人求湣王之後立以為王，以資號召；法章躲在太史敫家，初以為齊人要加害於他，不敢自承；久之，知無他意，乃自承為太子，莒人乃共擁立為王，那便是齊襄王了。襄王頗得人心，齊大夫也漸漸集合於莒城，共謀固守，與燕軍相持了五年，等到田單以即墨為基地的反攻勝利，才回到臨淄做真正的齊王。

田單，說起來是二城復國的英雄，實際上他的復國基礎，只有一個城，就是即墨城，當時的莒，只是壯壯聲勢而已，並沒有實際的實力援助。當強大的燕軍攻入齊國的時候，田單是臨淄市政府中的一個幕僚，所謂「臨淄市椽」便是。他雖然是田氏的貴族，但是已經疏遠，實際上是一個平民了。齊湣王出奔，臨淄百姓紛紛逃難，田單也和他的宗人逃離臨淄，奔向安平。田單預料在逃難途中，人與車一定是擁擠混亂，行動非常不便；因此，他要他的宗人把大車之軸的長出的部分，先行鋸去，使與轂齊，而裹以鐵籠，使車軸鞏固而不至散開。於是田氏宗人的車身較狹，活動靈便，路上得到很多的便利。及燕軍攻安平城，逃難的人車更亂，車上的軸也折了，車也壞了，只有田氏宗人的車，完好如故，得脫走即墨。齊人因此知田單之能，這是田單首次見知於人。

燕軍攻莒，莒人堅守不下，乃轉攻即墨。即墨大夫出城應戰，兵敗被難，城中無主。齊人在途中知道了田單的能耐，於是大家推田單為將，主持即墨城的防守事宜。樂毅對殘餘的齊國兩個城，採取緩攻的策略，使齊民漸與燕兵相習，逐漸化除畛域之見，使二城不戰而下。這一策略，從併齊目的來看，是正確的，燕昭王在日，了解樂毅的政策，所以能夠相安無事。燕昭王在位三十三年而卒，其子惠王繼位，燕國又出了一個草包式的國王。這位國王在做太子的時候，便與樂毅有隙。他全沒有他父親尊賢下士的遺風，反而神氣活現，一朝權在手、便把令來行的氣慨，而對為燕雪恥復仇的大將樂毅，不但不感激他、尊重他，反而牢記舊日嫌隙，對樂毅起重重的疑心，想藉機會剝奪樂毅的統帥權。燕惠王與樂毅之間的嫌隙，田單是知道的。田單是何等機靈的人物，他自然要利用這個機會來挑撥樂毅與燕惠王之間的關係，使樂毅脫離燕軍統帥的地位，因為樂毅的軍事才能實在是不好對付，而且燕軍又是占有壓倒性的優勢！所以除去樂毅，是田單當前最重要的工作。

田單除去樂毅的方法，說起來極其簡單，那就是派間諜到燕國去散布謠言，破壞樂毅的名譽，田單散布的謠言是這樣的：

「齊王已死，城之不拔者二耳。樂毅畏誅而不敢歸，以伐齊為名，實欲連兵南面而王齊。齊人未附，故且緩攻即墨以待其事。齊人所懼，惟恐他將之來，即墨殘矣。」。（《史記・田單列傳》）

這個謠言攻勢的巧妙之處，是誣陷樂毅緩攻齊之二城，是怕回國受誅，這是道著燕王心中的癢處；而樂毅之留二城而緩攻，旨在收齊人之心，以便自己稱王，這又道著燕王心中的疑懼處；謠言的主旨，本是要使樂毅離開燕軍的指揮地位，但是謠言卻是說的反話，似乎齊人尤其是即墨人已經相當的喜歡樂毅，一若唯恐燕王易去樂毅而使即墨遭殃似的。這種反面的宣傳，很有力的促成燕王免除樂毅統帥職務的決心，這是一種高度的宣傳技巧，效果最佳。就宣傳的效果來說，正面的聲明與正面的駁斥，除國際間必要的正式文件外，最好少用，而尤以喊空洞的口號使用得越少越好。事實的宣傳，說明道理的宣傳，已略勝一籌；而側面的宣傳與反面的宣傳，這是我們在宣傳上最應注意的技巧。我們一讀田單在燕國所散放的謠言攻勢，略可知反面宣傳的妙用。宣傳戰一稱心理戰，了解對方心理上的弱點是一個重要的條件。田單的謠言攻勢，完全是根據燕惠王的心理弱點而出發的。不由燕惠王不相信此項謠言攻勢，而墮入田單的圈套。

田單在燕方首都散布了這種謠言，燕惠王聽到了，深以為然，因而免除樂毅的職務，樂毅在功敗垂成的怨憤之中，離開燕軍統帥的地位，逃至趙國避難，在齊的燕軍統帥，由騎劫繼任。騎劫是一個火爆性、直腸子的大草包，對於軍事謀略，可以說是一竅不通。燕王去了能幹的樂毅代以大草包的騎劫，田單的初步工作，完全達到目的，所以田單的復國成功，一半是他的能力，另一半卻是敵人愚蠢所造成的機會。如果燕昭王的壽命延長數年，樂毅能始終指揮著燕軍，則齊之復國運動，究竟怎樣能夠發展，怎樣能夠成功？那豈不是大成問題嗎？如果燕惠王能繼承父志，以國為重，不修小嫌，重視人才，則樂毅亦必能繼續指揮燕軍，那齊的復國運動也就未可預料了。所以田單的復國運動的基礎，是敵人的愚蠢與錯誤，是重要因素之一。將來我們反攻復國的成功，和田單所憑藉的，大抵相似。

樂毅之被免除職務，引起了燕軍士卒的忿憤，騎劫本來只是一個酒囊飯袋，不知兵，不知將，更不知敵而輕敵。燕軍士卒對這次統帥的更迭，又如此的不滿意。這都是燕軍的弱點，而是田單的有利條件。可是，田單儘管有了這些有利條件，而雙方的實力，相去實在太遠，田單默察民心士氣，都尚不足以和燕軍相抗。他當前的問題，是要使老百姓和部隊士卒，都相信田單的才能，他的一舉一動，都有神助。讓他們對田單具有這樣的信心，他才有指揮他們出死力的可能。於是他想出一個神道設教的辦法。他下令即墨城內的齊人，每次進食，必須祭祖。祭祖必陳食品於庭院，空中烏鴉見地面有食物，相繼飛下就食，於是即墨城中，烏鴉亂飛，燕軍見之，頗以為怪。田單因乘機揚言，此乃有神人下凡相教的象徵，不久必有神來為師。有一個士卒，偷偷地告訴田單：「臣可以為師乎？」此人說了這句話以後，反身而走，田單乃引之還，使其東向，侍為神師。士卒以實相告：「臣欺君，臣實無能也。」田單告誡他：切弗言破，師事如故。自此，每出令，必託神意。即墨軍民，對田單的信心漸堅；但對燕軍之強大，仍然不免有些怯懦，田單不能不另想辦法，激起即墨齊人同仇敵愾、同心協力的堅守即墨城的情緒。

田單激勵即墨人的辦法，仍然是用反宣傳的方法。他使人向燕軍揚言：齊人最怕的是將投降被割去鼻子的齊軍置之軍陣前，燕軍如果這樣做，那即墨城就守不住了。直腸子的燕將騎劫，誤信此項反宣傳為真實的，就真的把投降齊軍鼻子割了。置之燕軍的陣前。即墨守城士卒看到了這種情形，大家都咬牙切齒的痛恨燕軍的殘暴，誓守即墨，與燕軍相抗。這一反宣傳的成功，使即墨的堅守，已不成問題。假使田單對即墨的固守，只是用說明的方法，那任何強有力的演說，效果都不會有這樣大。但他之所以能夠收這樣的效果，完全是燕將的無知。

田單既已得到即墨軍民的信心，有把握堅守即墨；但是仍然是一個消耗實力的僵局，戰局仍將難以解決；反之，小小的即墨城，被燕軍緊緊的包圍著，局勢的發展，仍然是對齊軍不利。田單要挽回這個不利的局面，必須進一步的激勵軍心民氣，使他們大家怒從心起，群欲與燕軍一戰！田單的反宣傳又來了，他又派人向燕軍揚言，齊人最怕的是祖墳被挖，祖骨被焚；如果燕軍這樣做了，齊人必然為了保全祖宗的墳墓與屍骨而投降了。燕將知道了這個反宣傳的攻勢，又信以為真，真的派兵挖齊人的祖墳，焚齊人的祖骨，火燄上昇，腥臭遙覺，齊人知道了祖墳與祖骨的慘遭挖掘焚毀，無不號泣傷心，要求與殘暴的燕軍一戰。齊軍的士氣，由消極的固守，轉變到積極的反攻，這是田單又一次反宣傳的成功，更是燕將又一次愚蠢地中計的結果。可是，田單雖然是著著成功，但在燕齊兩軍的實力對比上，直接的反攻，勝利的把握，還是沒有；仍需要使用巧計。

田單的巧計，真可以說得心應手。他第一件事，讓士卒們對這位為天神傳達命令的代表，也是有人情味的人，他和他的家人包括妻妾在內，都參加在行伍中，他自己同士卒一樣，親操板築，構築防禦工程，與士卒分勞苦；他的妻妾也編列在行伍中，親把飲食品分給士兵。軍心民氣，因而較前十、百倍的奮發。田單在軍中，更下一道命令，把壯丁都掩藏起來，使老兵弱卒及婦孺等在城牆上巡邏，表示即墨城的防守已至非常艱苦而即將崩潰的樣子。田單更在民間收集金銀財寶，派富豪送到燕將的軍營，作為賄賂，希望降城之日，對他們的家屬與財產，予以保護。燕將與燕軍得到這樣的消息，更高興得了不得，滿口答應即墨士紳的要求，防務因而益為鬆懈，只等即墨自己來降了。

田單至此，乃作最後的反攻準備，他收集了即墨城中的耕牛，得千餘頭，把絳繒等衣料，披於牛身，再畫上五彩的龍紋，在牛角上縛著兩把利刀，在牛尾上縛著葦草等引火之物，一面在城牆下鑿洞數十，乘夜燃火縱牛出洞，隨以壯士五千人。牛尾著火焚燒，牛痛而狂奔，燕軍在牛尾的火光中，看到五色斑爛的具有神祕性的怪物，驚惶不知所措，而怒火快刀，猛衝而至，跟著還有如虎如狼的五千丁壯，燕軍在這種情形之下，有如砍瓜切果一般的被殺著，一下子就死傷了很多，五千精兵銜枚直擊，城中復鼓噪助勢，燕軍大亂，燕軍統帥騎劫在亂軍中被殺，燕軍大潰，所占齊城，齊人盡起反燕，田單軍愈戰愈多，七十餘城盡為田單所復。這便是我國歷史上著名的火牛陣了。

五、田單的新處境

田單在即墨與燕軍相持了五年而得勝利，那麼齊襄王在莒怎樣呢？他僅能保持殘莒，不令燕軍攻入罷了。所以齊的復國工作，雖然說是兩城，實際上只是即墨一個城的力量，也是田單一個人的功勞。田單既敗燕軍，迎齊襄王還都臨淄，照一般的情形，襄王對於田單，應該如何的嘉勉，如何的感激！可是，田法章的心裡，竟是酸溜溜的，惟恐田單搶他的王位。請看《戰國策》的一段：

「燕攻齊，齊破，閔王（按即湣王）奔莒。淖齒殺閔王。田單守即墨之城，破燕兵，復齊地。襄王為太子，徵齊以破燕，田單之立，疑齊國之眾，皆以田單為自立也。襄王立，田單相之，過淄水，有老人涉淄而寒，出不能行，坐於沙中。田單見其寒，欲使後車分衣，無可以分者，單解裘而衣之。襄王惡之曰：『田單之施，將欲以取我國乎？不早圖，恐後之！』左右顧，無人，岩下有貫珠者，襄王呼而問之曰：『女（同汝）聞吾言乎？』對曰：『聞之。』襄王曰：『女以為何若？』對曰：『王不如因以為己善！王嘉單之善，下令曰：「寡人憂民之飢也，單收而食之；寡人憂民之寒也，單解裘而衣之；寡人憂勞百姓，而單亦憂之，稱寡人之意。」單有是善，而王嘉之，善單之善，亦王之善也。』王曰：『善！』乃賜單牛酒，嘉其

行。」《戰國策卷十三・齊六》

從這一則故事，我們可以知道齊襄王心胸的狹小和猜嫌之重。他是飽經憂患的人，凡是飽經憂患的人，很容易起疑心，無緣無故以為有人要害他。齊襄王之多疑，我們不必深怪；我們所深怪的，是他沒有知人之明，沒有處事之能。他並不想一想：田單以一個人的力量，擊潰了燕軍，盡復齊國的失地，已經成為齊人心目中的英雄，如果他在功成之後，不迎襄王，襄王又將如之何？他之所以迎襄王，是表示了對齊襄王的忠心不二，他之愛齊民，是為了要使齊君齊民合為一體，政治上軌道，齊國能富強，和齊襄王的祖先收租稅時兩次以小斗進、大斗出的收買齊國人的用意，是完全不同的。襄王不加考察，本能地產生疑心，而且還要及早對付田單，豈不是自摧齊國的棟梁！我們從整個的故事看，他處事的能力，還不如那串珠的手工藝人。襄王照串珠工人所說的辦法，加以實行，得到的結果，固然十分良好。試看《戰國策》的另一段：

「後數日，貫珠者復見王，曰：『王至朝日，宜召田單而揖之於庭，口勞之，乃布令求百姓之飢寒者，收穀之。』乃使人聽於閭里，聞丈夫之相與語：『田單之愛人，嗟，乃王之教澤也』。」《戰國策卷十三・齊六》

這個故事，表示了當時齊國的教育水準很高，連一個串珠的平民，對國家大事，有如此的應付能力；同時，更表示了田單和齊國相當的幸運。因為當時的田單，不僅是功高震主，而且妒嫉他、謀害他、挑撥他和襄王之間的關係的人，都不在少數。當齊襄王自言自語的要想方法及早對付田單的時候，倘被妒嫉田單的人聽到了，豈不是又要惹是生非，風潮擴大，那末齊國、襄王、田單和齊人，都要遭災殃了。幸而被那個串珠人聽到，他自有一番調停之法，真是齊國的大幸了。

猜忌田單的人不少，其中有一個極重要的人，叫做貂勃的，可能是反田單派的領導人，他經常在人前人後公然的罵田單：「安平君，小人也。」安平是田單在逃難時，首次表現其智慧而為齊人信服的地方，故田單在抗燕成功後，齊襄王封為安平君。反田單的人，在背後罵他，在向齊襄王進讒言，田單慢慢地知道了。於是他特別邀請反對派領袖貂勃，設酒食款待，酬酢之間，田單問他：「單何以得罪於先生？故常見舉（一作惡）於朝？」貂勃之所以反田單，似乎對田單的人格不很了解，也對田單懷疑，以為他對襄王不忠，此可以在他的答覆詞中得到消息。他說：

「跖（盜）之狗吠堯，非貴跖而賤堯也，狗固吠非其主也。今且使公孫子賢，而徐子不肖。然而使公孫子與徐子鬥，徐子之狗，猶時攫公孫子之腓而噬之也。若乃得去不肖者，而為賢者狗，豈特攫其腓而噬之耳哉？」（戰國策卷十三・齊六）

這便是「跖犬吠堯，各為其主」的典故之來源了。田單對貂勃的意思了解以後，把貂勃向齊襄王推介，任以官職。這裡，可以見到田單的胸襟寬廣，相忍為國的那種態度。他本是忠於齊襄王的，所以他對忠於齊襄王的人，即使對他懷疑，他也毫不介意，反而向襄王舉薦，因而得到化敵為友的結果。

反對田單的人，除了貂勃外，還有齊襄王的幸臣九人，在襄王面前說話頗有力量。這九個人原是貂勃的同黨，貂勃後來出使到楚國去，就是出自這九個人的贊助。貂勃至楚久而未歸，而貂勃之被襄王所任用，是出於田單的舉介。這九個反田單的人於是在齊襄王前造謠言，說田單有不臣之意，收買齊國的人心，暗中勾結外國，圖謀不軌：所謂勾結外國，暗中便指貂勃使楚不還而言。齊襄王對於這等讒言，偏偏聽得進去。一日上朝，襄王忽然宣布：「召田單來！」田單聞此消息，「免冠徒跣，肉袒而進」，襄王也沒有申斥，田單惶恐而退，仍「請死罪」。五日之後，襄王淡然加以解釋：「子無罪於寡人，子為子之臣禮，吾為吾之王禮而已矣！」讀者諸君，試想以田單這樣有功於國家，且謹敬忠事襄王的人，襄王聽信讒言，不察事實真相，隨時隨地有加害之意，我們真為田單提心吊膽。功高之人，忠事庸碌的國王，亦戛戛乎其難哉！這五日之內的田單，大概有著如坐針氈一般的難過吧！

貂勃之稽留於楚，不知何故，但絕不是為田單拉關係，而且最後仍是回到齊國了。襄王特別賜以酒飯，半酣，襄王忽然又想起了田單，急道：「召相田單來！」貂勃聽到了這句話，站起來，走到筵席的旁邊，跪下來，叩著頭說：

「王惡得此亡國之言乎？王，上者，孰與周文王？」王曰：「吾不若也。」貂勃曰：「然，臣固知王不若也。下者，孰與齊桓公？」王曰：「吾不若也。」貂勃曰：「然，臣固知王不若也。然則周文王得呂尚以為太公，齊桓公得管夷吾以為仲父，今王得安平君，而獨曰『單』且自天地之闢，民人之治，為人臣之功者，誰有厚於安平君者哉？而王曰『單，單！』惡得此亡國之言乎？且王不能守先王之社稷，燕人興師而襲齊墟，王走而至城陽之山中。安平君以惴惴之即墨，三里之城，五里之郭，敝卒七千，禽其司馬，而反（同返）千里之齊，安平君之功也。當是時也，闔城陽而王城陽，天下莫之能止；然而計之於道，歸之以義，以為不可，故為棧道木閣，而迎王與后於城陽山中，王乃得反，子臨百姓。今國已定，民已安矣，王乃曰『單』，且嬰兒之計不為此。王不亟殺此九子者以謝安平君，不然，國危矣！」（《戰國策卷十三・齊六）

這位貂勃先生本來是反對田單的領導人，似乎是九人小組的首要分子；可是當他了解田單的忠心為國的實際情形後，他不但不反田單，而且在齊襄王面前竭力譽揚田單，稱許他對齊國和襄王的貢獻；認為這個反田單的九個人，如果不予除去，將對田單有害，亦即對齊國不利，所以他率直地向齊襄王建議，應該把這九個人殺了，向安平君謝過，襄王本人也應該像周文王之尊太公望、齊桓公之尊管仲父，來尊重安平君；他坦白地說襄王那樣對田單的態度，「單」阿「單」的對田單不尊敬，是一種亡國之言。齊襄王聽了貂勃那一番諫言之後，想通了。真的，如果田單當時讓田法章在城陽山中做他的齊襄王，試問他怎樣會有君臨整個齊國的局面？因此，他立刻遵照貂勃的意見，把他左右九個反對田單的人殺了，還把他們的家都驅逐出去，以夜邑的萬戶，加封安平君。田單的地位，至此始得穩定。從這些故事來看，田單不但知兵，而且還懂得做人、做事和做官的道理。我們中國歷史上許多名人名吏，做人與做官的道理，往往不能兩全。清代名臣于成龍，奉命到廣西去做羅成縣令，親友皆阻之，于氏不聽，寫信給他的兒子說：「從今而後，我為官，不顧汝；汝為人，不顧我！」官格與人格不能兩全之處，于成龍之言，可謂深得其中三昧的甘苦之談。至若從來沒有做過官的亞聖孟子，倒是深得官僚主義的三昧，他的「為政不難、不得罪於臣室」，那才是不顧人格而只顧官格的環境適應論者了。但是，田單並不如此，他忠於國王，忠於齊國，忠於他的責任，一切依理依法辦事，對反對他的，有理可喻的如貂勃之流，他虛心下氣的給他說明，而齊君左右的九個恃勢驕惡的小人，他寧可冒危險而不肯假以詞色，這就是田單官格與人格合一的高風亮節之處。由此言之，貂勃卻也是一個有心人，他不是盲目的擁護齊襄王，也不是盲目的反對田單，在他了解田單忠心為國的事實，他反而覺得九人小組的反田單，和齊襄王的不尊重田單，都不對，因而對齊襄王加以勸諫，協調了他們君臣之間的關係，也成全了田單對君對國的名節。作者曾稱戰國時代的精神方面的特質，是對理性的服從，這裡又是一個具體的例子，貂勃、齊襄王都是能夠服從理性的人。

六、田單的晚節

田單在齊的地位鞏固以後，他是不是得意忘形，胡作非為了呢？不，田單絕對不是那樣的人。這裡，又有兩件具體的事實，足以說明田單是服從理性的人。這兩件事情；一件是發生在燕齊之戰最後一個城池的攻戰的時候，一件事情是發生在君臣和好以後攻狄軍事的時候。

讓我們先來了解第一件事情的經過。原來，田單以火牛陣擊敗燕軍，長趨北上，進攻燕軍占領的最後一個齊城聊城。守聊的燕將，遭受到燕君左右的讒言，不敢歸去，堅守聊城。田單引得勝之師，圍攻經年，士卒頗多傷亡，而聊城不下。處士魯仲連乃建議採取攻心戰術，給燕將寫了一封信，用箭射了進去，曉以利害，向燕將作上下二策的建議，建議書在陳述一番形勢之後，說出兩點結論：

「故為公計者，不如罷兵休士，全車甲歸報燕王，燕王必喜。士民見公，如見父母，交游攘臂而議於世，功業可明矣。上輔孤主，以制群臣，下養百姓，以資說士，矯國革俗於天下功名可立也。意者亦捐燕棄世，東游於齊乎？請裂地定封，富比陶、衛，世世稱孤寡，與齊久存，此亦一計也。二者顯名厚實也，願公熟計而審處一也。」（《戰國策卷十三・齊六》）

田單圍攻聊城的時候，他已經建立了復國的功勳，同時也是一個心理戰能手，但對此戰竟無巧計可施；魯仲的建議，他採取了。這一事件，證明他依然非常的虛心，他一點驕矜之氣都沒有。魯仲連這一信射進聊城以後，燕將果然被魯仲連所提醒，隨即罷兵而去，聊城得以收回，聊城的百姓得獲保全，這都是田單能夠虛心接受好的建議的結果。

攻狄之役。田單在出發之前，特別往訪魯仲子，向他請教。這位魯仲子先生大概就是名望很高的處士魯仲連。魯仲子很不客氣的告訴田單：「將軍攻狄，不能下也！」田單對於魯仲子的這盆冷水，有點兒不服氣。他說：「臣以五里之城，七里之郭，破亡餘卒，破萬乘之燕，復齊墟，攻狄而不下，何也？」他說了他的不服氣的話以後，他不等魯仲子的解釋，匆匆離去，連謝都不謝一聲，足證他心裡很生氣。可是他攻狄三個月，竟一如魯仲子的預言不能拿下。而齊國境內則流行一種童謠，對田單有所譏刺。童謠說：

「大冠若箕，脩劍拄頤，攻狄不能，下壘枯丘。」（《戰國策卷十三・齊六》）。

這首童謠，是描寫攻狄的田單軍之士氣低落和軍容的狼狽。田單聽到了以後，心生恐懼，於是更去請教魯仲子先生，請他解釋為什麼他攻不下狄？魯仲子把他先前能勝和此次不能勝的因素，分析給田單聽。他說：

「將軍之在即墨，坐而織蕢，立則丈插，為士卒倡曰：『可往矣，宗廟亡矣，云日尚矣，歸於何黨矣！』當此之時，將軍有死之心，而士卒無生之氣；聞若言，莫不揮泣奮臂而欲戰，此所以破燕也！當今將軍東有夜邑之奉，西有淄上之虞，黃金橫帶，而馳乎淄、澠之間，有生之樂，無死之心，所以不勝者也。』」（《戰國策・卷數而上》）

田單聽了魯仲子這一番解釋，恍然大悟，到了明天，便親自循視狄城，鼓舞軍心士氣，他自己也親立於矢石之下，親自援枹擊鼓，士氣大振，狄城遂下。從這一則故事中，我們可以知道田單在獲得齊襄王的完全信任以後，不免有點兒驕氣，不能虛心靜聽魯仲子說明他何以有此見解的理由，但他終於在不能達成任務中，重新想到魯仲子，再去向他請教，終於領教了魯仲子的見解，改正了自己的缺點，完成了伐狄的任務。他之沒有耐心聽完魯仲子持此見解的理由，是有悖於理性主義的，他之重新請教魯仲子，接受他的指教，過而能改，這便是回復了他的理性的常態了。我們必須注意，理性是一個人人格修養與事業成功的重要因素，少有差池，便將影響功業。田單的攻狄之役，是一個最能發人深省的榜樣。

七、毋忘在莒的意義

最後，我們要研究一個問題，就是總統在金門所題的「毋忘在莒」的訓詞的來源。莒，在齊國桓公的時代，是一個土著性的封建諸侯，其性質略有類於日月潭的毛王爺，但是這個諸侯似乎就在桓公的時代，併入齊國的版圖。可是，莒對桓公，實有救命的深恩，並且還有復國的貢獻。因為桓公兄弟三人，都是庶出，長兄接位時，齊國國內已經不安定了，所以鮑叔傅公子小白奔莒，管仲召忽傅公子糾奔魯。莒收留了桓公，而且在君位繼承之爭中，莒似乎對桓公還有若干的幫助。因此，桓公在莒，是一種避難的性質。後來桓公返國繼位，行動時時軼出規範，賴管仲鮑叔等幾個勳舊重臣的弼諫，總算勉強能夠建立他九合諸侯一匡天下的霸業。關於桓公奔莒返齊以及種種軼軌的行動，以及管仲如何諫勸桓公聽從其的建議等等的歷史事實，《管子》〈大匡〉、〈中匡〉、〈小匡〉三篇記載得十分清楚。齊桓公返國以後種種得意忘形的樣子，似乎把在莒時所受的苦難都忘懷了。「毋忘在莒」，如以齊桓公在莒的故事作為根據，那就是勉勵我們今天的處境，有如齊桓公在莒一樣，我們是在苦難之中，我們不可忘卻反攻復國的大目標。所以「毋忘在莒」這一句訓詞，含有警惕我們奮發有為的意義。桓公在莒的目的，就是為了復國，所以這句訓詞如果以桓公在莒作為典故的出處，其積極性是顯然可見的。

另外一個在莒的故事，就是齊襄王的歷史。襄王如何奔莒避難，如何在湣王被殺以後隱姓埋名在宦家為工，我們在本文已經有過簡要的敘述。他的避難在莒，雖然未嘗不希望復國，但他僻處城陽山中，僅足自保，並無復國的能力。襄王之能復國，完全靠田單以即墨為基地的反攻準備與反攻實施。所以襄王復國的成功，完全是田單的功勞。如果「毋忘在莒」的典故的出處，看作齊襄王復國的故事，雖然同樣是「在莒」，同樣不應該忘記這個苦難；但是一定要和田單復國的故事聯起來，才有積極的意義，才更合乎時代的要求。齊襄王的在莒與田單的在即墨，是一件歷史事實的兩面，但是復國的重心不在齊襄王而在田單，田單這樣的人，才是我們今天應該崇拜和取法的人。就作者個人來看「毋忘在莒」，以桓公在莒為出處，毋寧以襄王在莒與田單在即墨為出處，來得更有意義，但是無論是那個出處，訓誡我們目前是在苦難之中，勉勵我們要克難復國，其主要意義是相同的。

我們綜合田單這個復國英雄的一生經過和勳業，下列幾個特色，值得我們的注意：

第一、這個人的智慧非常高，處事的方法非常正確，但是他從不炫耀他的才能，他做小小的臨淄椽，也自得其樂的在那裡盡他的責任，不以為不稱其才而有不滿的表示。實際上，我們照他以後的才智表現來看，他做臨淄椽，真是大才小用了。可是他不在乎這些，做好他本身的工作，才是他所關切的。這一點，最值得我們取法，作者常見有許多公職人員，依次而升職，他總覺大才小用、委屈無比，以致牢騷滿腹。請看看田單，你們才具比田單如何？田單做臨淄椽，他還自得其樂，作為一個公職人員，應該滿足本來職位，盡力做好本身的工作，才是報效國家最適當的途徑。說句老實話，才不足以當大任，而自以為了不起，那真是要誤己誤國的。

第二、積極的精神。我們綜合田單一生的事實，發現他只知道想法去克服困難，解決問題，從來不怕困難，而且常能出於主動，所謂有「先見之明」便是。

例如，棄城空國的逃難，誰也沒有這種經驗。可是田單卻能預先想像路上人車必多，擁擠不堪，他便預先把車軸的長出部分鋸了，以鐵籠裹好，使車的寬度減少，占路面較狹而易於通過，這是一個例。即墨大夫出戰而亡，城中無主，亂鬨鬨的樣子，群龍無首的情形，我們可以想像得到的，而且即墨只有「五里之城七里之郭」，實在小得可憐，而所有兵力，只是幾千個殘兵敗卒，何以抵當在樂毅指揮下的燕國強兵？這真是一個非常困難的問題。田單原無守土之責，齊政府又未賦他以任務，他知難而退，不負其責，自然也不會有人責怪他。可是，這和田單積極對國家負責的精神是不合的，和他只知道想辦法解決問題而不知道困難的意志，更是不合的。我們但看他受推以後的種種設計，託神意以發揮他的指揮權，散謠言以離間樂毅君臣，而使燕惠王以火爆殘虐的騎劫為代，利用燕將的暴虐來鼓勵軍民守城的決心，利用燕將的殘酷與無知以激勵軍民誓除燕兵的決心，最後故意示弱於敵，由即墨士紳暗示城中即將投降的消息，使敵軍戰鬥意志完全鬆懈，然後出以乘夜的神祕性的奇兵突襲，處處都可以看到他只知道想辦法解決困難和不知有不能克服的困難。這一點精神，最值得我們稱道，也最值得我們取法，我們不妨稱之為田單精神，作者在此，竭力期望我們的同胞，重視田單，取法田單精神。

第三、愛國精神。上面我們所說田單一路逃難，由臨淄而安平，而即墨，而受推守即墨，無一而非田單愛國精神的表現。不過，我們還得注意，古人所謂愛國，必連帶的要忠君，這是一件事的兩面，田單都做到了，他在即墨受推擔任城防指揮，他便向齊王報告，害得不了解田單的齊襄王，反以田單自立為王而對他嫌隙橫生。可是，田單對於這種枝節，毫不在乎，他心懷坦蕩，無所用其解釋，將來的事實證明，比任何解釋都有力量。當他把燕軍擊敗以後，他立刻迎齊襄王於城陽山中。齊襄王至此，應該對田單的忠心，澈底明白了。可是，他反而懷疑愈深，反而要想方法及早對付田單。他對田單，雖任以為相，但是絕無禮貌，隨時都給他死亡的威脅。可是，田單忠愛齊國，忠心襄王，對齊襄王對他所加的無禮與惡謔，完全忍受，還是用事實來化解襄王的疑慮和謀害。

第四、田單不敷衍小人的屹立不搖人格。他以王家疏族的平民小吏，以建立拒燕復國的不世勳業，位至丞相，遭忌之深，自不待言。田單對於反對他的人，有理性、有格調而對齊國和齊君忠心耿耿的人，他是樂於解釋而相忍為國的；可是對於諂媚小人，惟以好惡來逢迎齊君，以遂其爭權奪利的目的，這些人他毫不假以詞色，如他對貂勃是加以解釋的，對齊君左右完全逢君之惡的九個小人，他毫不理睬，便是顯著的例子。因此，我們可以說田單是一位風骨嶙峋的軍事家和政治家。他的不向惡勢力低頭，正是他完善人格的表現，這一點，和優良政風的樹立大有關係，而在今天是尤其應該注意的地方。

最後，我們對於田單的政治作為，也應該特別的予以注意。田單在政治上表現出來的，除了忠於齊國和齊君之外，他的政治的重心，便是在愛民，民饑民寒，猶己饑自寒，賑濟唯恐或後。雖然由此而引起齊襄王的妒嫉，甚而至於引起他自己在政治上的危機，他也在所不惜。他這種憑良心，替國家辦事，為國君效命，為百姓謀福利的精神，真足為後世政治家的模範。所以田單不僅是一個偉大的軍事家，同時也是一個偉大的政治家。在反攻復國運動中，田單是最值得我們取法的人。

參、樂 毅——兼通政治文學的軍事家

一、樂毅的家世與環境

作者介紹田單復國的故事中，曾經提到過樂毅，他那時是燕昭王的亞卿，燕軍和秦楚三晉的聯軍統帥，號為上將軍。我們從他率弱燕之軍，長趨入齊，破其七十餘城的事實來看，可知樂毅是當時的軍事大家。所謂五國聯軍的促成者，也是樂毅，可知他不但是軍事家，同時也是縱橫家，也就是外交家；他下齊七十餘城後，獨留二城不下，企圖以政治攻勢來瓦解局部齊人的抵抗力，足證他更懂得政治戰和心理戰，樂毅可以說是當時軍事、政治、外交的全才人物，值得我們作特別的介紹。

樂毅，這個偉大的歷史人物，我們民間知道的人，也許不太多。一般歷史書籍提到樂毅伐齊的故事的未必很多，《東周．列國志》這部歷史小說的普遍性不太大，關於樂毅的故事書或小說戲劇，以田單為中心的作品，往往以騎劫為對方的代表，很少涉及樂毅的。不過，看過《三國演義》

這部小說的人，可以從諸葛亮的口中，知道樂毅這個人的名字。因為諸葛亮在高臥隆中的時候，常常以管仲與樂毅自比。諸葛亮自比於管仲、樂毅，明載於《三國蜀志．諸葛亮傳》，是有歷史根據的。以諸葛亮的高尚人格和傑出才能，尚以樂毅做他擬議中的理想的人物，樂毅之為我國歷史上的突出人才，我們由此可以想見了。

樂毅，實為將門之後。我們曾經提到戰國初期，魏文侯改革魏國政治而使魏國成為戰國初期最強的國家。文侯曾想吞太行山東麓交通要道的「中山」小諸侯（今河北定縣），派樂羊子為將，統大兵往攻這個城小而堅的封建國家。《戰國策》關於樂羊子攻中山，有過兩段的記載：

「樂羊為魏將而攻中山，其子在中山。中山君烹其子而遺之羹。樂羊坐於幕下而啜之，盡一杯。文侯謂睹師贊曰：『樂羊以我之故，食其子之肉。』贊對曰：『其子之肉尚食之，誰不食？』樂羊既罷中山，文侯賞其功而疑其心。」（《戰國策卷二十三．魏一》）

「樂羊為魏將，攻中山。其子時在中山，中山君烹之，作羹，致於樂羊。樂羊食子以自信，明害父以求法。」（《戰國策卷三十三．中山》）

這兩段記載，都說樂羊子吃他兒子的肉所作的羹，但是看法卻有三種：（一）魏文侯認為這是樂羊對他所表示的忠信；（二）師贊認為樂羊太殘忍，子肉尚可食，還有那個人的肉不能吃呢？（三）中山人則以為樂羊子殘害父子天倫，對國家明信，對軍事明法，大家佩服他果敢的決心。這些看法，以師贊所說的最不明瞭歷史的主潮。我們試看吳起殺妻求將的故事。吳起為了要得到

喪地於秦七百里」的敗局，到了魏襄王那就更差勁了，真使人有一代不如一代之感。而趙則不然，趙自簡子、襄子以來，代有明君，奮發圖強，以處強秦、強魏與北胡、東胡之間，卓然有所成就，那真是一種苦鬥出來的局面。襄子之子趙浣為趙獻子，在位十五年而卒，子趙籍立，是為趙烈侯，趙的封建諸侯的地位，被各國所承認。趙烈侯以公仲連為相，烈侯頗能從善，公仲連也很能夠諫君之過而輔君為善。如侍君以「仁義」的牛畜，如侍君以「節財儉用、察度功德」的徐越，勸君以「選練舉賢、任官」的荀欣，都因公仲連的關係，而列於烈侯的政府，烈侯本好音樂，曾以萬人之田的賞格，聘請歌者，以娛視聽，及公仲連把這些賢能的知識分子薦舉於朝，乃停止名歌者的賞格，官牛畜為師，荀欣為中尉，徐越為內史，賜公仲連衣二襲，以示酬報，烈侯之奮發為國，正與魏文侯同時。魏文侯後繼乏人，而烈侯之子敬侯，頗能承繼父志，遷都於邯鄲，敗齊於靈邱，救魏於廩邱而又大敗齊師，並伐齊以救燕。趙雖偏居於北方而為小國，但由於烈侯、敬侯兩代的經營，已嶄露頭角，能與中原諸侯一較短長了。敬侯以後的成侯，成侯以後的肅侯，都能夠兢兢業業的治國，但是趙國與中原諸侯的爭霸，究竟因為國力不濟，曾被魏惠王所大敗，連首都邯鄲都被攻破。這是趙成侯二十一、二年間的事，孫臏圍魏救趙，大敗龐涓於桂陵，就是和這件事有關。成侯的時代，秦正是孝公的時代，商鞅用事，秦國逐漸富強的時代。所以戰國之初，各封建諸侯，都在奮發圖強，都想稱霸諸侯，統一全國，已逐漸形成一個時代的主流了。趙肅侯在成侯對魏戰爭的敗殘之後繼位，國力未增，而雄心不減，參加戰爭的次數仍多，勝利的機會仍少，在位二十四年而卒，子武靈王繼位，為趙國的國力帶來了新發展與新希望。樂毅的青年時代，就是在武靈王力謀富強的時代。

趙久與北方的匈奴相處，知道匈奴騎兵的厲害，所以使趙國強有力的途徑，是發展騎兵。騎兵是人和馬合一而作戰，要練騎兵，首先須練騎馬。中原文物之邦的衣服，寬大而長的袍服，是不適宜於騎馬的。所以武靈王決心練騎兵，先要從改變服裝著手。可是中原是所謂衣冠文物之邦。衣裝的式樣，顯示文明與野蠻的區別，已經成為普遍的風氣，改變衣著的文明生活方式，這是輿論所不許可的。孟子（也在這個時代）曾經說過：「吾聞用夏變夷者，未聞變於夷者」；又說「夷狄之變於諸夏者，諸夏之；諸夏之變於夷狄者，夷狄之」。這正是當時各國知識分子與一般百姓對夷夏之辨的看法。「微管仲，吾其披髮左衽矣」，由此，可知中原自視為文明地區的人，對其服裝方式與夷狄不同，是如何表示其尊重的看法。所以趙武靈王訓練騎兵，要使百姓穿胡人的服裝來騎馬射箭，是一件有類大逆不道、冒犯眾怒的大事情。可是，武靈王有此大決心，來改造他的武裝部隊，他把這個問題提出於御前會議，這是武靈王十九年的事。

二、趙國變法與樂毅歸趙

武靈王十九年正月大朝，他和他的親信肥義討論國事與天下大事，一連研究了五日，然後北出中山而至代，召樓緩，和他商議改造部隊的計劃。武靈王提出趙國所處的環境及其危機的問題。他說：

「我先王因世之變，以長南藩之地，屬阻漳、滏之險，立長城，又取藺、郭狼，敗林人（均為匈奴人）於荏，而功未遂。今中山在我腹心，北有燕，東有胡，西有林胡、樓煩、秦、韓之邊，而無彊兵之救，是亡社稷，奈何？夫有高世之名，必有遺俗之累。吾欲胡服。」（《史記・趙世家》）

武靈王這個意見，樓緩是贊成的，但是其他的臣子都不贊成，大臣只有肥義也和武靈王的意見相同。於是武靈王召集群臣，舉行會議，正式提出這個問題，和大家商討。其實武靈王已經決定要實行，商討不過是一種形式罷了。他說：

「簡、襄王之烈，計胡、翟之利，為人臣者，寵有孝悌長幼順明之節，通有補民益立之業，此兩者臣之分也。今吾欲繼襄王之跡，開於胡、翟之鄉，而卒世不見也。為敵弱，用力少而功多，可以毋盡百姓之勞，而序往古之勳。夫有高世之功者，負遺族之累；有獨智之慮者，任驁民之怨。今吾將胡服騎射以教百姓；而世必議寡人，奈何？」（《史記・趙世家》）

肥義對武靈王的意見，表示贊成與支持，他說：「疑事無功，疑行無成」；「至德不和於俗，成大功者不謀於眾」；他認為，王既定「負遺俗之慮」，就不必顧慮「天下之議」。於是武靈王決心實行教民胡服騎射的政策，他一定要擁有胡地與中山。他從自己開始胡服，他要所有的貴族大臣都穿胡服，以資提倡。但是到了他的叔父公子成便發生問題了，他不接受胡服，更不穿胡服上朝。武靈王派人說公子成以大義，他說：

「家聽於親，而國聽於君，古今之公行也。子不反親，臣不逆君，兄弟之通義也。今寡人作教易服，而叔不服，吾恐天下議之也。制國有常，利民為本；從政有經，令行為上；明德先論於賤，而行政先信於貴。今胡服之意，非以養欲而樂志也；事有所止，而功有所出，事成功立，然後善也。今寡人恐叔之逆從政之經，以輔叔之議。且寡人聞之，事利國者行無邪，因貴戚者名不累，故願慕公叔之義，以成胡服之功。」（《史記・趙世家》）

這樣往復說了兩次，公子成總算接受了趙武靈王的胡服騎射。這不過是改變服裝而已，但所遇阻力仍如此之大。不過在戰國初期，這的確是一種革新。這種革新與原有服裝的風俗習慣大不相同，所以引起的反感非常普遍。但是趙武靈王非常有決心，而且實行的時候非常有技巧，他自己以身作則，要他的叔父也非執行不可。由於他的目標是為了使國家強大，並沒有任何的私心，所以一下便行通了。趙的強，實際是從武靈王實行胡服騎射開始。趙國強有力以後，第一個對付的目標，便是中山。中山雖被魏滅，但受齊國的援助，又得復國，而且還對趙國稱強用兵，以水圍鄗，鄗幾於不守。武靈王因而下定決心，誓雪此恥。趙施行胡服騎射是武靈王十七年的事，到了二十年，便開始對中山用兵，二十一年又攻中山，以後一連四、五年都攻中山，終於把中山收為趙地。魏文侯封樂羊於中山的靈壽，大概這時候的靈壽已割歸魏，至趙滅中山，趙勢方盛，而魏已衰落。樂毅本是功名利祿中人，他與其在衰落中的魏國謀出路，不如在強盛中的趙國圖出身。所以有人向武靈王推荐樂毅，他便至趙國出士。

武靈王對樂毅如何重用他，讓他發揮才能？史籍並沒有多少記載。如武靈王二十一年的攻中山，是使趙祒為右軍，許鈞為左軍，公子章為中軍，而由武靈王親總各軍進攻，其重要將領中並無樂毅，此後的許多戰役中，也沒有樂毅的名義。以各種情形來揣論，樂毅之歸趙，似在趙滅中山之後。樂毅到了趙國以後，似乎很受趙王的禮遇與重視，不過他並不是直接帶兵作戰的統帥，而是武靈王左右的獻謀定計之人，君臣之間相得甚深。怎樣知道他們君臣之間相得甚深呢？請看下列〈樂毅傳〉中幾句話：

「魏文侯封樂羊以靈壽，樂羊死，葬於靈壽，其後子孫因家焉。中山復國，至趙武靈王時復滅中山，而樂氏後有樂毅。樂毅賢，好兵，趙人舉之。及武靈王有沙丘之亂，乃去趙適魏。」

《史記・樂毅列傳》

從這一段記載，我們可以知道樂毅到趙國去工作，不是他自己去的，而是趙人因為他賢而知兵所以舉薦他的。這裡，我們可以看到諸葛亮所以佩服樂毅的原因之一，由於他並不像戰國時代一般游士一樣，只要小有成就，便自以為了不起而紛至各國以自炫其學。諸葛亮自己的出山，不但由人引薦，而且還要劉備三顧茅廬，然後慨任當世之務，他們在人格上有其相似之點。而樂毅之離開趙國，卻是因為重視趙武靈王被害。武靈王被害，未必有損於樂毅在趙國的地位，可是大丈夫出處進退，自有其原則，君辱臣死，君死臣亡，樂毅雖不必追隨武靈王於泉下，但對武靈王之一片相視之誠，使樂毅在武靈王死後，再沒有留戀趙國。從這些事實和因素來推論，我們相信武靈王與樂毅之間的相得之深了。

所謂武靈王沙丘之變，可謂是一件智者千慮，必有一失的遺憾。原來趙自襄子以後，王位繼承一直成為問題，而且每次都有爭執，甚或以兵戎相見。趙武靈王不願再見到先代以儲君而發生爭執，所以當他年壯有為的時候，先把王子立好，使王位繼承時國內不再發生變亂。武靈王二十七年五月，他設朝於東宮，傳立於太子何，並行廟見禮，以舊日重臣肥義為相國，囑其傅新王，新王即趙惠文王。武靈王自此自稱主父，駐於沙丘，專服胡服，專門向北方略胡地，藉以廣趙國的疆土，並對秦國施以威脅，以保趙國的安全。按武靈王沖齡接位，尚不能聽政，而由博聞師三人和先朝重臣肥義代為決策。以此推之，其接位之年，最大不過十五、六歲而已；到他二十七年傳位於何，還不過四十多歲，正是壯年大有可為之時，他忽然傳位，讓他的寵后所生之子，先得實際的行政經驗，用意原亦甚善。但是，他這一措施，並不能消除王位繼承之爭，武靈王的長子章，對他父親立其弟為王，心頗不服。武靈王封章為安陽君，而以田不禮相之，這一措施實為武靈王的重大錯誤。因為田不禮這個人「忍殺而驕」，以這樣的人來傳心懷不平的公子章，自然要鬧大亂子的。這個亂機，李兌早已看到，他認為二人相得，必有陰謀，其禍已為期不遠，勸肥義脫離是非之地，早謀安全之計，最好稱疾不出，不傳惠文王為政。可是肥義這個人，的確是忠心耿耿的顧命大臣。他說：

「昔者主父以王屬義也，曰：『毋變而度，毋異而慮，堅守一心，以歿而世。』義再拜受命而籍之。今畏不禮之難，而忘吾籍，變孰大焉。進受嚴命，退而不全，負孰甚焉。變負之臣，不容於刑……吾言已在前矣，而吾欲全吾言，安得全吾身！且夫貞臣也難至而節見，忠臣也累至而行明……吾有語在前者也，終不敢失。」（《史記・趙世家》）

三、沙丘之變與樂毅至魏去燕

以武靈王這樣的英明之主，因為寵愛惠后的關係而立其子為王，先種下了禍根。武靈王對於長子似乎有兩種心情，一種心情是對他不放心；一種心情是對他有點歉疚。如惠文王四年朝群臣，安陽君亦來朝，主父親自觀察上朝的情形，看到安陽君以兄長的地位，北面而朝其弟，心甚憐之，於是有分趙國為二，以分王公子章的想法，意未決而公子章就發動政變了。原來這一年，主父和趙惠文王遊沙丘異宮，公子章即與田不禮等作亂，詐以主父令召王，肥義先入立即被殺害，高信即與王軍展開戰鬥。王軍這一邊，由公子成與李兌盡起四境之兵，與叛軍作戰，把公子章、田不禮及其黨徒打敗。於是公子成代肥義為相，進封為安平君，李兌則為司寇。公子章兵敗，逃至主父的行宮，主父開門收留之。公子成及李兌率兵追公子章，知道了公子章在主父宮中，乃圍主父行宮，務欲殺章。他們當時只是一種為國家除害的熱誠，並沒有想到擅圍主父行宮，也是一項大罪。他們經過一番思考之後，覺得事情既然已經做錯了，於是公子章被殺以後，仍把主父行宮圍住，並令宮中人先出，不出者殺。主父欲出不能，被圍三月，饑餓而死。這便是所謂沙丘之難。由此觀之，主父徒有強國的野心，胡服騎射的決心，但他並沒有什麼手腕，他並不知道他的被圍至死，是因為公子成和李兌害怕被治罪，他為什麼不想辦法來解除危難呢？趙武靈王沙丘之難，是趙國的不幸，也是樂毅在趙國政治生命的不幸。

有人批評趙武靈王之死，是他胡服騎射的後果。因為胡服騎射，就是生活的胡化。胡人沒有三綱五常的倫理，君不君，臣不臣，父不父，子不子。由生活胡化而引出犯上作亂的逆案來，以致使武靈王的生命也由此而告終。這些論調，我不敢苟同。趙自襄子以後，每逢國君易位，必有爭執。如襄子子獻侯立，襄子之弟即起而逐獻侯自立；烈侯卒，弟武公立，但十多年後烈侯的太子章繼立為敬侯，而武公之子朝作亂。敬侯卒，子成侯立，公子勝爭位；成侯卒，太子肅立，而公子紲與爭位，公子肅即趙肅侯，也就是武靈王的父親。由此，可知王位爭奪是趙國的傳統，與胡服騎射無關。但由於王位爭奪而禍及上一代的國王，那卻是第一次罷了。燕國的王位讓與問題，武靈王的王位預傳，也發生在差不多同一個時候，這真是無獨有偶的悲劇。倘若武靈王不死，則樂毅在趙的貢獻，即向北邊發展的貢獻，可能性極大，那對樂毅來說，又是另外一頁歷史了。

樂毅自趙返魏，只掛一個空名義，並沒有做什麼事，也並沒有耽擱多少時間。我們已經說過，樂毅不像一般名利場中人，不管什麼對象，有機會就鑽，賢如孟子，他既見梁惠王，又見梁襄王及齊宣王等；樂毅則不然，有可為之主，有相尊之意，他纔出任，雖艱鉅在所不辭。他回魏時的梁王，正如孟子所說：「望之不如人君，就之而不見所畏」的梁襄王之孫，樂毅怎肯在這樣的國君統治下的魏國工作呢？他在魏國住了不久，正好燕昭王復國，一心一意要禮聘天下的賢士，要把燕國富強起來，以報齊國的滅國之仇。魏王聞此消息，乃派樂毅為特使赴燕訪問，樂毅離魏經趙赴燕，為他的動業前途，開闢了一條新的途徑。

樂毅自魏至燕，《史記．樂毅列傳》載得很清楚，是奉魏昭王之命，做魏王的特別代表。這裡又有一個記年問題發生。魏昭王是魏哀王的兒子，哀王在位二十三年；魏哀王是魏襄王的兒子，在位十六年。

魏惠王是死於趙肅侯十二年，肅侯在位二十四年，武靈王在位二十七年而讓位，又二年而發生沙丘之難，樂毅離趙歸魏，由此計算，樂毅在魏，住得並不長久，而且能為魏昭王的使節，在魏的地位並不算低。可是燕王噲之讓位給子之，是武靈王十年，子之占燕五年，齊又占燕二年，燕太子平始接位，尊禮郭隗，以招天下賢士，其時當在武靈王十七年前後。燕趙相鄰，燕昭王尊禮賢士的消息，樂毅應早有所知，但以武靈王的知遇，所以不忍離去；及武靈王死，先回魏國去看看，有沒有可為的機會？然後浩然去燕。然則樂毅去燕的時間，已在燕昭王二十九年了。按燕昭王對齊的報復，是發動於二十八年，這豈不是時間上的大問題嗎？但是這個問題，並不十分重要，因為樂毅是由魏去燕，由燕王尊為客卿的一點看，他的奉有使命是沒有問題的。

燕昭王見到了樂毅以後，即以客卿相視，尊禮可謂備至。客卿雖尊，只是一個高等顧問，有許多問題，樂毅如欲表示意見，頗有不便的地方。以樂毅的才能和燕昭王尊賢禮士的誠懇態度，樂毅被任為相國是不會有問題的；可是樂毅只接受亞卿的職位，這便是樂毅的聰明機警之處，因為燕國雖然缺乏人才，但仍有足以獻替謨猷的老成人。樂毅以一個外來的人，和燕國素無淵源，一旦被任為一人之下、萬人之上的相國，這是最容易遭忌的事。後來的諸葛亮，經劉備三顧茅廬而出山相助，也不過接受一個軍師中郎將的職位。這是又一點他們兩人相似的地方。樂毅與諸葛亮能否對當世之務，貢獻其意見，發展其才能，完全繫於燕昭王和劉備的信任心，地位的高低，他們是在所不計的。國父要我們立志做大事，不可做大官，就是這個意思。這是樂毅人格中特別具有謙遜的特性。我們應該特別的注意。

燕昭王得到許多國際知名人士相助，其目的是在報復齊國的占領，洗雪燕國的恥辱；其中尤以樂毅為最有辦法且才能最高的人。齊湣王對於燕昭王處心積慮的報復齊國，絲毫不介意。反而野心大發，要和秦國相聯，秦稱西帝，齊稱東帝。這件事實，雖然因為許多諸侯與義士的反對，沒有成功，但湣王自恃齊強，到處挑釁，南敗楚相唐昧於重邱，西摧三晉於觀津，並與三晉攻秦，助趙滅中山，破宋，拓地千餘里，齊湣王雖然把齊國的聲勢，弄得這樣的浩大；但是他卻造成兩個惡果：一個惡果是齊國百姓以連年用兵之故，對齊湣王頗多怨恨；另外一個惡果是諸侯懼齊稱霸，大家對齊國有妒忌與恐怖之意，這才造成了燕國復仇的機會。

四、燕軍伐齊

燕昭王自接位以來，日日都想對齊國報復。無奈齊國勢強，燕國的力量，實在不能與齊國抗衡；所以忍辱負重者二十八年，燕國殷富，爭欲出征立功，而齊國國內外的情勢，正向惡劣途徑發展。於是燕昭王問計於樂毅，怎樣才可以伐齊報仇，而且還要萬無一失的成功。樂毅對燕昭王的諮詢，作如下的建議：

「齊，霸國之餘業也，地大人眾，未易獨攻也。王必欲伐之，莫如與趙及楚、魏。」《史記・樂毅列傳》

樂毅的答覆，正合燕昭王的意思，於是派遣樂毅使趙，樂毅本是武靈王的舊臣，與惠文王本無惡感，交涉便輕鬆地成功了，樂毅並且要趙惠文王說秦以聯合伐齊之利，楚、魏諸國本對齊湣王之強悍，心懷恐怖，於是很容易的組成聯合部隊，燕以樂毅為上將軍，趙以樂毅為相國，趙楚韓魏之兵，悉受樂毅指揮，樂毅便成為伐齊聯軍的總司令了。我們從樂毅對伐齊之事的策劃，真是所謂萬全必勝之計。因為燕軍在燕昭王及樂毅等經營訓練之下，已經逐漸強大了；以之攻擊疲敝齊軍，其勝算似已有了相當的把握。

可是，樂毅並不輕敵，因為燕軍只許勝利，不能失敗；所以他建議組織各國聯軍，以擊破齊軍。但是我們試看各國聯軍與齊作戰，只到濟西而止，其長趨直入齊境，攻破齊國的首都，並力促敗殘的齊軍，集結於莒與即墨，都是燕軍。由此可知燕軍實力，實可勝齊，加以樂毅的知兵善用，獨力攻齊，成功的勝算甚大。可是樂毅不冒險，他要借重諸侯聯軍的聲勢，給齊軍以下馬威，然後由燕軍獨力作戰。這便是所謂「老成謀國」。但是，我們卻由此點看到樂毅雖然是一個兵家，但他對國際關係了如指掌，把五個其他諸侯的聯軍組織起來，這便是所謂合縱，戰國時組成六國聯軍的次數，並不很多；而樂毅竟能夠達成，由此可知他雖然不是縱橫家，但他對於縱橫家的理論，不僅有很深造詣，而且還能成功實行。

樂毅下齊七十餘城，留齊五載，把齊國的郡縣，都成為燕國的郡縣，齊國至此，實際上是亡國了。可是樂毅對於尚未攻下的兩個城，莒和即墨，有人說還有孤懸北方的聊，其說恐非事實，不一口氣把他攻下來，這是政治戰而不是軍事戰。因為齊人雖恨湣王之殘民以逞，但對燕軍的滅齊，衷心實有不甘，所以反燕的空氣，到處都存在，時時在發展。正好像抗戰期間，日本軍閥可以占領我們沿江沿海的領土，但不能占領我們的人心。日本對此，一味使用高壓殘酷手段，妄想懾服我們的人心；他們全不知壓力愈大，反抗力愈強。故於抗戰時期，日軍對我大陸的占領，只是點與線，而交通線也時常柔腸寸斷一般，隨時有切斷之虞。日軍對此，可謂束手無策。但是，我們的樂毅上將軍則不然。他是要使燕國的勢力，在齊生根，燕軍和齊民和善相處，以便打成一片，消除彼此之間的仇恨。他對人所敬仰的齊國賢人，特別敬重，如對王蠋，這位齊國的高人，樂毅下令在王蠋住家的周圍三十里，不許燕軍入駐，更不許燕軍到王蠋家去嚕囌。相安了一段時間以後，樂毅禮貌地請王蠋出來維持地方秩序，與燕軍相往來。由此，可知樂毅不但是軍事家，而且還是政治家，他懂得那個時候的駐齊燕軍，是收入齊國人心為第一要務。他之所以卑躬曲節對王蠋，便是想利用王蠋在齊人心目中的地位，來號召齊國人心。可是，這位王蠋先生，真不愧為國士，他一知道樂毅要他做齊奸，替燕軍工作，他便立刻自殺，以激勵齊國的民心。王蠋之死，在齊國人看來，是一件非常重大的事情。當時刺激齊國人心的共有三件大事：一件是王蠋之死，一件是楚淖齒殺齊湣王（一作閔王），另一件就是田單堅守即墨。高人王蠋一死，使齊人聞風而起，爭著起來反燕。淖齒殺了齊湣王，其時有一個年紀只有十五歲的大孩子叫做王孫賈，他們母子二人，都是齊國的奇人。這位年紀輕輕的王孫賈隨侍齊湣王，及湣王被殺，其母對他說：

「女（同汝）朝出而晚來，則吾倚門而望；女暮出而不還，則吾倚閭而望；女今事王，王出走，女尚何歸」。《戰國策卷十三・齊六》

王孫賈的母親，依門或依閭望子而歸，那是一種深厚的母愛；但是等到齊湣王被殺，那他的母親問他：他還來做什麼？這是對國家的忠。王孫賈聽了母親深明大義的訓詞，乃立刻返身入市，向人高呼：「楚淖齒亂齊國，殺湣王，欲與我誅者右袒。」市人聽到了王孫賈的號召，立刻集著四百多人，跟著王孫賈去攻殺淖齒。

莒城得以堅守，田法章得以被擁立為齊王，都和王孫賈母子的努力有關。王蠋之自殺，王孫賈之號召殺淖齒，田單之堅守即墨，都可以說明齊國人的愛國精神，也足以說明樂毅不急於攻取莒與即墨的因素了。

齊國有此精神存在，所以能夠堅守二城，所以能夠以二城復國，不，應該說以一城復國。王蠋之自殺，實出樂毅的意料之外。如果樂毅知道了王蠋有如此的剛烈性格，那他就不會去勸他為燕國工作，王蠋的精神力量對齊人的感召，必然不會有如此的大。所謂死或輕於鴻毛，或重於泰山，王蠋之死，可謂重於泰山了。

我們從樂毅占領齊國以後的種種措施來看，至少應有下列兩個觀念：其一，他把齊的郡縣變為燕的郡縣，這有兩個意義：其一是那時的燕與齊，都已把地方政治組織，由世襲的封建小諸侯，轉變而為郡縣，由此可知戰國中期封建制度已向崩潰之途急進，郡縣制度已代之而興，不僅燕齊是如此。另一意義是樂毅是有併齊入燕的用意，是以此為基礎，漸進於全國的統一，這正是戰國時期平民知識分子的抱負。其二，他把齊國併入燕國，攻勢甚猛，但最後收功，則採緩進政策。緩進政策，能否成功？因為樂毅不久因燕昭王之死而離職，所以我們無法知道其結果；但是緩進比急要好得多，這是我們可以斷言的。如齊軍占燕二年，當其初入燕境，城門不閉，士卒不戰，較諸燕軍入齊為易，但齊軍採急進政策，激起了燕民的反感，最後不能不退出燕境。燕軍在齊五年，尚未發生齊人反燕運動。假使樂毅能久於其任，則齊的復國工作之進行，不知道又要發生多大的障礙！因此，我們可以知道無論齊軍入燕或燕軍入齊，都是戰國期時平民知識分子統一全國的表現；但是當時各國保衛其君國的志士，即封建思想的餘孽尚多，故齊燕皆不能成功。此事如在戰國晚期，則燕與齊的復國運動，都將成為問題了。

上帝對燕齊二國的安排，真像是煞費苦心似的。為燕國按排一個燕王噲與子之，則為齊國安排一個齊宣王及其門下的稷下先生與大將匡章；為燕國安排一個燕昭王與郭隗樂毅以及許多知名之士，則為齊國安排一個齊湣王、王孫賈、王蠋、田單等。以前的種種安排，是賢愚相錯，惟田單與樂毅則兩雄相遇而又不使他們對壘，好像有意使他們各不相妨的成其其勳業，垂名於後世似的。假使燕昭王延長壽命十年，樂毅在齊的時間便可延長十年，那齊之為齊，又將不知如何？這一頁歷史，更不知如何演變了。

五、樂毅去燕至趙

上帝不絕齊國，故使燕昭王在樂毅伐齊後五年逝世了。樂毅對採取緩進和收拾人心的政策，燕昭王是同意的；燕惠王繼位，以與樂毅有舊嫌，以此為出發點，便對樂毅擁大兵在齊，不能放心；由此引伸，對樂毅在齊的種種，都覺得有問題似的。燕惠王此種心理，被田單所利用，派間諜入燕，散佈謠言，中傷燕惠王與樂毅的君臣關係，樂毅離開燕軍統帥的地位，在燕惠王是放下了他自己認為的心中之石，在田單則為復國計劃最初步的成功，而在樂毅則為放棄了全部精力所造成的即將成功的偉大事業，心中苦悶，是可以想見的。假使樂毅以「將在外，君命有所不受」為名，也可以拒絕惠王的命令，那便是另外一頁歷史了。但是樂毅對於燕惠王免除他的職務，處之泰然，大丈夫挑得起、放得下，說走就走。不過，他離開燕軍不再返回燕國，而是逃往趙國，以免遭受燕惠王的無理戮辱。樂毅此種行動，與戰國中晚期的極端功名主義者之知進而不知退，能富貴而不能貧賤，卒至身死名敗，把過去的地位，付諸東流的人，其結果則大異其趨。商鞅、吳起，乃至於其他的平民知識分子如李斯等，都犯著不能見機於先的大毛病，與自己的性命開大玩笑。

孟子曾對伊尹、孔子二人對仕途的見解，表示了他自己的意見。他對伊尹，認為治亦進，亂亦進，表示不很欣賞；但對孔子的「可以進則進，可以止則止」，則表示非常的佩服，謂「乃所願則學孔子也！」我們用孟子的話來看樂毅，他選擇離開駐齊燕軍統帥的職務，而不作商鞅、李斯式的留戀其富貴與地位，那不是「可以進則進，可以止則止」的聖賢的行為嗎？由此，可知樂毅的品格之高，與戰國中晚間的極端功利主義者不顧一切的前進，不顧一切連自己生命都不在乎的追求並鞏固功名利祿，大不相同。樂毅豈儒家者流而以軍事見長者乎？由此，我們更可了解諸葛孔明先生特別以樂毅作為他的模範之一，是有其特別的因素的。

樂毅離開駐齊燕軍，已是田單的最大成功；偏偏燕惠王又派一個幾乎軍事戰以外毫無所知而且性情暴燥的騎劫來代替樂毅，那是田單的第二個大成功，田單乃得玩弄燕軍統帥乃至於燕國君臣於股掌之上，最後完成其火牛陣的奇異大反攻，摧毀駐齊的燕軍，完成復國大業。此在樂毅看來，無異摧毀他已完成的功業，雖然他已經離開燕軍統帥的地位，不負實際上的責任；但是他內心的痛苦，我們可以想像得到。燕惠王自騎劫大敗以後，他不覺悟而造成此次最大失敗，完全是他以私嫌撤換樂毅而代以騎劫；而他這時候最大的心事，是恐怕樂毅在趙，利用趙國的力量來進攻燕國，那燕國在如此敗殘之餘，怎樣可以抵擋趙國再加上齊國的兩面夾攻呢？燕惠王懷此鬼胎，乃向旅居趙國的樂毅，特別給他寫信，以燕昭王如何優禮樂毅的往事，來打動樂毅的心，藉此免除燕國的禍。燕惠王給樂毅的信，是這樣說的：

「先王舉國而委將軍，將軍為燕破齊，報先王之讎，天下莫不振動，寡人豈敢一日而忘將軍之功哉？會先生棄群臣，寡人新接位，左右誤寡人，寡人之使騎劫代將軍者，為將軍久暴露於外，故召將軍，且休計事。將軍過聽，以與寡人有郤（同隙），遂捐燕而歸趙，將軍自為計則可矣，而亦何以報先王之所以遇將軍之意乎？」（《戰國策三十・燕二》）

昌國君是樂毅為燕建功以後的封號，他辭燕歸趙以後，趙封以為望諸君。燕惠王這封信，承認他與樂毅有隙，承認他誤聽左右之言，但不承認把樂毅免職，是為了報前隙，而是為了樂毅長期的率兵在外，過於辛苦，所以要騎劫代替他，好讓他回燕休息，並且要和他商議其他的事情；於是他責備樂毅過分小心眼，竟去燕至趙；他相當委婉而嚴厲的責備樂毅，你這樣做，將怎樣對得起燕的先王對他的特殊優遇嗎?他這句話,表面上是責備他去燕歸趙,有背先生的優禮,實際上卻是深恐趙將任命熟悉燕國內情的樂毅引兵伐燕。這是語意雙關,而後一層的意思,不便於明說,實際上卻是他內心最為恐怖的事,他是用「先王」對樂毅的恩德來打動樂毅的。其實,燕惠王對樂毅的看法是完全錯誤了。假使樂毅是一個極端的功利主義者,那騎劫去接收他的軍權時,便將發生問題,有如樂乘接收廉頗的軍權一樣;趙國有意要伐取燕國,或樂毅有意要借藉趙國的軍力以報燕惠王之隙,那也不是這麼一封信所能阻止得了的。反之,樂毅如果反唇相譏,燕惠王以私人的小嫌隙而把先王所重用而才能並高、勳業兼重的重要人物免除職務,那他的眼裡還有燕的先王嗎?可是樂毅心胸寬大,完全不計較這些,他只是痛惜於他為燕所建立的勳業基礎,被燕惠王和騎劫二人破壞得一絲一線也沒有留下,那才是他最傷心的事。

可是,這些也都過去了,而燕王對他仍有不諒解的地方;他認為目前燕國最重要的事,仍然是齊國的報復,而免除這種報復的危機,端賴對趙國的和好;而趙國和燕國都是他曾長期服務過的國家,使燕趙兩國結合起來,他是最好的居間人。所以,他對燕惠王的信答覆了,答覆的內容,完全解釋他內心的痛苦,對任何人都沒有責備,但望誤會冰釋,對燕國仍作有限度的貢獻。這封信的內容,充分證明樂毅高尚的人格,全始全終的美德,負責任的態度。這封信原始記載的是《戰國策》,太史公的《樂毅列傳》中全部錄了下來,吳楚材的《古文觀止》也選了進去,是一篇非常有名的文章。近時的文選家不知道還選這一篇文章作為一般讀品否?作者不知道,因此,在這裡,特別照錄於下，讓大家從這篇文章中，認識這位超時代平民知識分子的品格與見解。下面便是他的原文：

六、〈報燕惠王書〉

「臣不佞，不能奉承先王之教，以順左右之心，恐抵斧質之罪，以傷先王之明，而又害於足下之義，故遁逃奔趙。自負以不肖之罪，故不敢為辭說。今王使使者數之罪，臣恐侍御者之不察先王之所以畜幸臣之理，而又不白於臣之所以事先王之心，故敢以書對。臣聞賢聖之君不以祿私其親，功多者授之；不以官隨其愛，能當者處之。故察能而授官者，成功之君也；論行而結交者，立名之士也。臣以所學者觀之，先王之舉錯，有高世之心，故假節於魏王，而以身得察於燕。先王過舉，擢之乎賓客之中，而立之乎群臣之上，不謀於父兄，而使臣為亞卿。臣自以為奉令承教，可以幸無罪矣，故受命而不辭。先王命之曰：『我有積怨深怒於齊，不量輕弱，而欲以齊為事。』臣對曰：『夫齊，霸國之余教而驟勝之遺事也，閑於甲兵，習於戰攻。王若欲伐之，則必舉天下而圖之。舉天下而圖之，莫徑於結趙矣。且又淮北、宋地，楚、魏之所同願也。趙若許約，楚、趙、宋盡力，四國攻之，齊可大破也。』先王曰：『善。』臣乃口受令，具符節，南使臣於趙。顧反命，起兵隨而攻齊，以天之道，先王之靈，傷及惠王，以全君臣之義，藉以表明他已報先王知遇之恩，並以「不潔其名」以報今王免除其職務之事，他之在趙，避禍而已，絕無為患於燕國之意。所以這一封信，立場非常堅定，言論非常婉轉，詞意更是不卑不亢，不失君臣之義，更不失其嶙峋的人格。所以這是一篇好文章。我們從這篇文章中，更應注意下列各點：其一、是史料的意義，他之去燕，證明是持魏節而去的；他去燕是為了魏王對燕君尊賢禮士，恐未必是事實，所以他要加以考察；燕王對他，有特達之知，所以他誠誠懇懇的為燕王工作，證明伐齊之議，出於燕王，而完成伐齊之功的執行者是樂毅；最重要而他處所未及見的史料，是齊國敗得非常徹底，臨淄之役，齊湣王只是隻身逃走，狼狽可知；至於燕軍擄掠齊國的重寶之多，也在這封信裡看得到，這真是報了燕昭王忍耐了二十八年的大恥辱了。其二、是文學的價值：他用對比法，把燕昭王說得非常賢明，同時把自己的人格表達得非常清麗脫俗，他的信一開頭便說：「臣聞賢聖之君不以祿私親，其功多者賞之，其能當者處之；察能而授官者成功之君也，論行而結交者立名之士也。」這些話的大半是捧昭王的，最後一句是表明他自己的格調。他捧燕昭王的賢明，其背面即暗暗說惠王的不賢，這是他用最大的忍耐力寫出來的；但是他終於忍耐不住，有兩段對惠王不滿意的話：如：「先王棄群臣之日」的一段，明明說惠王應該繼承先王的遺志，如何明刑修令、任賢使能」，但是下面卻不說了，而接著說的是，「善作者不必善成，善始者不必善終」，那就是指燕惠王之不能善繼先王之志了。但在文字技巧上，仍為惠王卸責。不過這一段還是很含蓄的。下面以伍子胥來比他自己，以闔閭夫差來比燕昭王與燕惠王，雖然他的重點是指伍子胥不知這前後兩吳王的性格旨趣不同，伍子胥不達此意，直至「入江而不化」；表面是說伍子胥之不見機，而實際上卻在罵吳王夫差不辨忠奸而專信小人之言的亡國之君，那雖然並沒有明白的說惠王便是夫差一流人物，然而意思便已相當的明顯了。其三、最後一段，對惠王動輒以先王來責備樂毅，樂毅即由此引發他在先王去世以後所以報答先王之道：「免身立功以明先王之跡，臣之上計也；離毀辱之誹謗，墮先王之名，臣之所大恐也；臨不測之罪，以幸為利，義之所不敢出也。」然後，反責燕惠王之無理相責難：「臣聞古之君子，交絕不出惡聲，忠臣出國，不絜其名」等語，來表明自己對燕的態度，最後卻仍把這些誤會的來源，推諉到「侍御者之親，左右之說」的原因，使燕王好作下臺，不傷君臣的感情。這是這一封信最得體的地方，也是樂毅表示其內心痛苦最深的地方，比起他伐齊之役的功敗垂成來，還要傷心得多。太史公說：從前蒯通、主父偃讀樂毅之〈報燕惠王書〉，未嘗不廢書而泣。我們今日細讀此書，實有同感；而對樂毅之敘述其伐齊勝利的事實，不矜不張；離燕之後，再也不提起往事，即或談及，只說是燕王左右所造成的誤會，他那種修養工夫，雖儒家的聖賢，也不過如此。我們試看戰國游士之擅於誇大其詞，儒者重修養而空談其政治理想，對實際的治國平天下並無具體方案，獨樂毅有縱橫之能，而無誇張之弊，有高尚人格而無空虛不實之弊，長於軍事，戰無不勝，功成不居，被誣去職，不抱怨言；及被責有顛覆燕國的可能，始委婉曲折，道出其前因與後果，表明其清麗脫俗的操守，古人有所謂「一唱三嘆」之文，樂毅〈報燕惠王書〉，大概就是這一類的人格，他心中最大的疑慮也消釋了；於是封樂毅之子樂閒為昌國君，以調和兩方面僵持的關係。實際上，燕惠王這一著棋，仍然是防止趙國之起用樂毅。但是，此在樂毅來看，那簡直是一種杞人憂天似的過慮；樂毅為了完成他聯合燕趙二國以安定北方局面的任務，時時往來於燕趙之間，使兩國關係日益親密。北方由於樂氏父子的努力，相安無事者垂三十年。趙國也對樂毅非常尊重，拜他做客卿。但是，實際上樂毅還是以趙國為家，最後也是在趙國去世。

樂閒在燕居住了三十來年，把燕趙的關係，始終維持得很好。但是，燕這個國家，在當時是一個偏僻的區域，其王室可能由於教育的不注重，或不上軌道；因此王家的子孫，如燕昭王那樣有德行、有才具，勵精圖治把國家治好的國君不很多。以燕昭王之賢，而其子惠王卻如此的平庸；至燕王噲，那簡直是一個大草包，其行為簡直是白痴。惠王在位七年而卒，繼位者為燕武成王，韓、魏、楚俱來伐燕，齊田單亦率軍攻拔燕之中陽。燕之所以不發生危險的，端賴對趙的和好，西方和南方的一角都得到安全之故，這便是樂毅對燕的大貢獻。武成王在位十四年而卒，繼位者為燕孝王，在位僅三年，由燕王喜繼位。燕在這幾位平庸的國王統治之下，遵守樂毅燕趙和好的政策，燕國總算平平安安的過去了。可是，到了這位燕王喜，忽然又發生野心了。原來，在燕武成王十三年，秦敗趙軍於長平，坑趙卒四十餘萬，秦軍又進圍趙都邯鄲，趙的壯丁在長平之役中死去的甚多，而在邯鄲之圍中，趙的國勢，實在非常的危險。孝成王元年，秦始解邯鄲之圍。孝成王在位三年而卒，由燕王喜繼位。他滿以為趙國經長平之役與邯鄲之圍，國力喪失殆盡，正好是燕國向趙國發展領土的最佳機會。燕王喜這種想法真是幼稚可笑；但是他的首相栗腹更是一個助成其野心的妄人。燕王喜四年，特命栗腹使趙約歡，以五百金為趙王壽；實際上栗腹此去，是觀察趙的虛實。栗腹也真是一個粗心大意的草包，他還報燕王，認為趙「壯者皆死，其孤未壯，可伐也。」（《史記．燕世家》）燕王喜還算細心，特別召昌國君樂閒，向他請教這個問題。樂閒認為燕不應伐趙，就實力來說，燕國還不是趙國的對手。他說：「趙四戰之國，其民習兵，不可伐。」樂閒還是秉承他父親燕趙合作的遺策，以實力為理由，認為不應輕啟戰端。可是燕王喜似乎已經胸有成竹，他說：「吾以五而伐一」，可是樂閒仍然認為不可以，燕王因此大發脾氣，趨炎附勢之流，又多奉承燕王喜的意思，大家都說燕可伐趙。於是燕軍真的伐趙了。燕王把全部燕軍，組成兩個軍，附以車二千乘，由栗腹統率第一軍攻趙，而由卿秦攻代，燕王自將偏軍隨之。燕軍進至宋子，趙以廉頗為將，對栗腹軍予以迎頭痛擊，大破燕軍，並俘栗腹。攻代燕軍，亦被大敗，廉頗的趙軍，深入燕境五百里，燕國震動，燕都亦被圍，樂閒則在燕軍大敗聲中，逃離燕國而至趙國。

燕軍在這一戰役中，真正可以說是慘敗到不可收拾的地步，於是不能不向趙國低首求和。趙國初不許，嗣後提出一個條件，那就是必須以將渠為相，由他代表燕國求和。將渠就是當時燕王的大臣中惟一與樂閒反對興兵伐趙的人。燕王對於樂閒似乎以客卿之禮相待，樂閒也在兩次表示反對之後，就不再說話了。將渠則不然，他似乎是和燕王非常親近的大夫，反對的理由是這樣的：

「與人通關約，交以五百金，飲人之王，使者報而反之，不詳，兵無成功。」至燕王自將偏軍出征，將渠力阻，並且還拉住燕王的『綬』，涕泣而勸諫燕王說：『王必無自往，往無功』；『臣非以為己，為王也』。可是一心要戰勝趙國而攫奪趙國領土的燕王喜，不但不為將渠的至誠所感動，反而踢他一腳，要將渠離開。這個故事，被趙人知道了，所以特別要求應由將渠來處置兩國間的問題。燕王乃以將渠為相，廉頗始解圍而去。這裡，我們可以再度看到樂毅策動燕趙和好合作的重要性。燕王喜不知輕重，更不明虛實，冒冒失失的破壞樂氏父子辛苦維持的和好了三十年的燕趙關係，幾乎把國家都弄到滅亡的邊緣，燕國在昭王以後始終振作不起來，這和王室缺乏人才，而且不知道延攬人才，關係實在太大了。如上述的燕王喜，知道任用栗腹，而不知任用將渠，而且始終對樂閒採取不即不離，敬而遠之的態度，遭此失敗，不亦宜乎！

八、樂毅的後人

在燕國，樂氏還有一個族人叫做樂乘的，燕王喜似乎倒比樂閒還重視些。在伐趙之役中，攻代的一路人馬，樂乘也負責指揮部分的部隊之職。及兵敗，樂乘也奔赴趙國。趙悼襄王的時候，襄王左右受間諜挑撥而惡廉頗，使樂乘代將其軍，廉頗不服，攻樂乘，廉頗自此離趙。其時趙尚有良將李牧、龐煖等，李牧曾在趙悼襄十二年攻取燕之武遂方城。燕趙關係，不復能恢復樂毅時代的和諧與合作，這對兩方都是重大的損失。有劇辛者，本居趙，燕昭王禮賢下士時由趙赴燕。這個人實在並無多大能耐，是一個浪得虛名的無用妄人。廉頗去趙以後，龐煖的地位頓趨重要，劇辛與之相善。其時秦勢方盛，趙所受壓力很大，失去的領土也很廣。燕王又要落井下石，謀伐趙以擴展領土，徵詢意見於劇辛。這個不知死活高低的劇辛，回答燕王的話是「龐煖易與耳」；於是又有第二次的燕趙之戰，即由劇辛率領燕軍主力，進攻趙國，趙使龐煖禦之。劇辛直到兩軍交鋒後，才知道龐煖和趙軍都是不好對付的，燕軍二萬被趙軍所殺，而劇辛亦死於龐煖的攻擊之中。自此，燕趙的和好，遂成無可無不可的問題；因其時已近戰國的尾聲，趙不久即亡，燕亦不久步其後塵，戰國自中期以至晚期，我們的國家即由分裂而趨向於統一。燕趙如果能夠堅持樂毅為他們奠定的和好合作政策，併力以禦秦國的向東發展，雖然不一定能夠抵抗得住這個統一的歷史主流，但是使之往後延遲，那是沒有問題的。就燕國來說，趙是秦燕之間的緩衝，趙亡，必及於燕。燕國的君臣連這個局勢都看不到，而還要痴心妄想地乘趙之弊，以求發展領土，其愚真不可及。樂閒說：「趙四戰之國，其民習兵，不可伐！」後來的事實，證明他的話完全正確。樂毅與樂閒，真可以說是名父與名子了。

樂閒因阻燕伐趙不成而奔趙，及燕兵敗，燕王喜思樂閒之言而悔之；然樂閒已在趙，乃移書責其不為極忠之諫，一如燕惠王之移書責樂毅。樂閒置而不理，樂乘且恨燕王之不用其謀，曾隨廉頗圍燕，其品德似皆在樂毅之下。樂乘在趙，趙封為武襄君，二人皆卒於趙。

漢初的樂鄉，是樂毅之孫，漢高祖為了尊重樂毅之為人，所以特別訪求其後，封樂鄉為華成君；而樂氏族人，更有樂瑕公與樂成公，都是賢士。秦滅趙，樂成公與樂瑕公都避禍於齊，居高密。他們都是著名的黃老學家。據說，齊東河上丈人者，不知何許人，善治黃帝老子之言，河上丈人傳其學於安期生，安期生傳其學於毛翕公，毛翕公傳其學於樂瑕公與樂臣公，二人皆為齊東著名學人。樂臣公則傳其學於蓋公。蓋公就是曹參由齊相轉為漢相時派人到各方訪求到的學人。曹參奉以為師，蓋公則傳以黃老之學，以清靜無為作為施政的根本。所謂清靜無為，就是發令為政，以簡明扼要為本，以不多干涉百姓的生活為原則。漢承秦役民過甚之弊，蕭何復以秦法治民，規模已具，不必更張。曹參得到了這一套施政方針的教益，回到漢的中央政府，完全依計而行，這就是我國政治史上的所謂「蕭規曹隨」的佳話了。曹參與蕭何，晚年頗不相得，但是蕭何將死，舉曹參以自代，曹參繼位，悉本蕭何之所為而行之，這固然是古代政治家公而忘私的一種典型；但曹參把秦代專重法律的政治，轉變而為漢世清靜無為的黃老政治，其關鍵在於蓋公對曹參之教；而蓋公的黃老之學，則出於樂氏的遺蔭。樂毅在日曾為王者師，而其後人則為相國師，其對西漢盛世的政治響影，可謂十分深遠。

這齣戲中，是說藺相如由於兩次對秦交涉的勝利，趙王封為上卿，位在廉頗之上。廉頗自以為替國家殺退強敵，保障安全，勞苦而功高，恥居藺相如之下，所以不肯和藺相如共同上朝，並且候著藺相如出門的機會，專門率領家丁，擋住藺相如的去路，以羞辱相如。但相如並不與廉頗計較。他知道他們兩個人是趙國的臺柱、棟梁，他們兩人如果拼鬥，那就是趙國自拆其臺柱，自毀其棟梁，必然要遭致秦國的加緊侵略。戲劇中了解藺相如相忍為國的用意的是虞大夫，即虞卿；向廉頗說明藺相如相忍為國的用意的，也是虞大夫，這齣戲最感人的一場，是廉頗向藺相如負荊請罪一段，廉頗自負荊杖，由虞卿引入藺家，跪於相如之前，承認他自己倨傲無禮的錯誤，請藺相如加以責罰和諒解。藺相如明白了廉頗的來意之後，亦跪在廉頗面前，請廉頗對其不周到之處，加以諒解。二人誤會，自此冰釋，成為刎頸之交。這齣戲表示藺相如的遠見卓識和寬宏度量；另一方面，雖然也表示了廉頗唯我獨尊的偏狹心胸，但卻同時表示他愛國的熱忱和坦白的直心腸。這些故事，都不是杜撰的，而是有事實根據的。連對廉頗與藺相如的性格的描寫，都合乎歷史的事實。倨傲的性格，實在是廉頗的大毛病，廉頗後來不能在趙國作全始全終的服務，就是由於這種性格所引起的後果，應為後人所同情惋惜的。

廉頗是趙惠文王、趙孝成王和趙悼襄王時代的人。惠文王是趙武靈王的兒子。趙自武靈王胡服騎射，整訓其武裝部隊以後，趙軍的作戰能力非常強大，雖秦軍也常常被趙軍所敗，其戰鬥力實超出一般封建諸侯之上。廉頗對於用兵，又深有智謀和勇敢，故其率趙軍作戰，所向勝利，除對多量的來攻秦軍常作守勢而有小敗外，廉頗實可稱為常勝將軍。如趙惠文王十六年，廉頗率趙軍攻齊，取其地陽晉（《史記》作晉陽，係誤，此從司馬貞《史記索隱》說），故趙王封以上卿之職，其智勇之名，著稱於當時的諸侯，其事功，蓋偏重於戰勝攻取方面，乃從事於實際戰爭的兵家事，外交折衝，非其所長。我們很客觀的說，他不像樂毅那樣軍事、政治、外交乃至於舞筆弄墨的全面人才，而是偏於軍事方面的專才。趙國為秦國東北方的緊鄰，其時秦東方的鄰國，韓、魏均弱，惟趙獨強；但趙國一國之力，也難於抵擋秦國的重大壓力，所以必需其他國家的援助，方能抵秦國的侵略。

所以廉頗只能擔當趙國軍事方面的任務，其他政治外交方面的任務，必須有賴於他人的協助，始能確保趙國的安全。藺相如實可以補足廉頗這一方面的缺點，所以兩人合作，是保障趙國安全所必需。藺相如了解這種情勢，但為廉頗所不知，他不免以老賣老的看不起相如，若非相如智謀廣，忍耐工夫好，則兩人衝突早起，趙的亡國，必將提早多年了。

二、藺相如的嶄露頭角

藺相如在趙國的嶄露頭角，是在兩次的對秦交涉上。一次的交涉是所謂完璧歸趙，一次的交涉是澠池之會。所謂完璧歸趙，那時候趙國得了一塊的稀世之寶和氏璧。和氏璧本屬楚國的國寶，據《韓非子》的記載，有一個叫做卞和的楚人，在荊山得了一個內蘊璧玉的璞，獻給楚厲王，厲王不信，那也就算了，還認為他詐欺，把他左足割了（刖刑）。卞和忍痛而歸，等到武王接位，他不灰心，仍然把這個璞玉獻出，武王也不信，把他的右腳也割了。到了楚文王接位，卞和雙足已無，抱璞而哭，楚文王派人問他，他回答說：「臣非悲刖，寶玉而題之以石，真士而名之以詐，所以悲也。」楚文王乃使玉工琢之，果然得到一塊非常好的玉，世人稱之為和氏璧，實在是一塊價值連城的寶玉。不知道怎樣這塊玉落入趙國王家之手，而又被秦人所知。那時候的秦國是昭襄王統治的時代，昭襄王派代表到趙國，希望以十五個秦國的城，換取趙國的和氏璧。趙王為了這個問題，特別召集一次御前會議，討論此事。廉頗也參加這個會議。大家所顧慮的問題有三：其一，秦國強大，得罪不起，它要璧，還有豐厚的交換條件，不可不允；其二，秦是一個沒有信用的國家，璧給了秦國，秦國不肯給城，那又怎麼辦？其三，不給璧，秦興兵伐趙，趙國又將如何抵抗？大家對於這些問題，都是意見紛歧，而得不到結論；最後大家同意，應該派一個代表到秦國去交涉。可是派誰去好？又是一個不能解決的問題。最後，由宦者令繆賢舉薦藺相如，至此，藺相如的名字，始被趙政府中人所知。

趙惠文王對於宦者令繆賢所薦的不知名舍人，不很信任，特別問他：怎麼知道藺相如有出使的能力呢？繆賢舉出一件具體的事實，證明藺相如的見識和能力。他說：他曾經在趙國犯過罪，想要逃到燕國去逃避刑責；藺相如問他：怎麼知道燕國會庇護他？他說：有一次他曾侍同趙王與燕王相會於兩國的邊境，燕王在背著趙王的時候，執著他的手，要和他結為朋友；由此而知燕王將會對他庇護。藺相如說：燕王之所以願相結交，是因為趙強而燕弱，而你是在趙王左右被相信的侍者，其對你結交，是想藉此而與趙親近；今以罪去燕，燕必懼趙王之迫索，而把你送還趙國，到那時候，你還有生機嗎？所以藺相如建議，不如坦白誠懇的向趙王認罪，請求處分，趙王可能不會治罪，也說不定。繆賢採取藺相如的建議，趙王果然沒有把繆賢治罪，他是從這個事實，知道他有謀有勇的才能。趙王聽了這個故事，認為可以把藺相如找來談談。於是藺相如初次參加了趙王的御前會議。

藺相如對這個問題的看法，與大家的意見沒有什麼大的出入。他認為秦願以十五城易趙璧，而趙不予璧，那是曲在趙；趙以璧予秦，而秦不以十五城予趙，其曲在秦；他主張由一智勇之士，攜璧入秦，視秦不予趙城而完璧歸趙，使曲完全在秦。趙王所顧慮的，是秦王收趙之璧而不予趙城，所謂趙能全璧而使曲在秦國，其關鍵完全要靠這個使臣的智能和勇敢了。藺相如至此，向趙王建議，如果王家真的派不出這樣的使臣，他願意為國效勞。就這樣，藺相如就拿了價值連城的趙璧而進入秦國了。

藺相如奉璧入秦，秦昭襄王在章臺接見相如。相如向秦王獻璧，各國使節都在坐，秦王以璧示各國使節，表示其勝利的得意，並以傳示其美人與左右，這些人都向秦王歡呼萬歲。相如察知秦王對趙璧感到非常的興趣，但並無以城償璧之意。藺相如乃向前對秦王說，此璧雖佳，但仍有微瑕，願向秦王指出，秦王不知相如之言寓有詐意，乃將璧授予相如。相如拿著璧，靠在柱上，突然大怒，頭髮上衝，把帽子都掀了起來。他指陳秦王的錯誤，他說：

「大王欲得璧，使人發書至趙王，趙王悉召群臣議，皆曰『秦貪，負其彊，以空言求璧，償城恐不可得』。議不欲予秦璧。臣以為布衣之交尚不相欺，況大國乎？且以一璧之故逆彊秦之驩，不可！於是趙王乃齋戒五日，使臣奉璧，拜送書於庭。何者？嚴大國之威，以脩敬也。今臣至，大王見臣列觀，禮節甚倨；得璧，傳之美人，以戲弄臣。臣觀大王無意償趙王城邑，故臣復取璧。大王必欲急臣，臣頭今與璧俱碎於柱矣！」（《史記・廉頗藺相如列傳》）

相如說到這裡，手裡拿著璧，眼睛看著柱，作以璧擊柱狀。秦王心怕相如真的把璧擲碎，乃請相如不必如此，即召主管地圖的有司，把秦的版圖檢出，指出予趙十五個城的位置，表示以城易璧的誠意。但是藺相如一眼便看出秦王的虛情假意；因此，他提出一個條件，那就是秦王受璧，也要像趙王送璧那樣，齋戒五日，設九賓於廷，然後接取，以昭鄭重。秦王看到了藺相如那種堅決的感度，知道以力強奪，終不可得，度相如與璧，俱在秦國，想來也逃不出秦國的掌握；因而同意藺相如所提的條件，齋戒五日後受璧，而送相如至廣成傳舍，要他休息以待後命。藺相如的膽識，也實在出乎秦王的意料之外，他看出秦王絕無以城償趙之誠意，乃使其跟著去的同伴，改扮成為普通百姓模樣，帶著璧玉從小路逃歸趙國，相如則神色自若的留在傳舍中，等候第六日的來臨。秦王果然在齋戒五日之後，設九賓之禮於庭，藺相如至，不獻璧，訴說秦國長久以來的言而無信，他當著許多諸侯的使節，公開的說：

「秦自繆公以來二十餘君，未嘗有堅明約束者也。臣誠恐見欺於王而負趙，故令人持璧歸，間至趙矣。且秦彊而趙弱，大王遣一介之使至趙，趙立奉璧來。今以秦之彊而先割十五都予趙，趙豈敢留璧而得罪於大王乎？臣知欺大王之罪當誅，臣請就湯鑊，唯大王與群臣孰計議之。」（《史記・廉頗藺相如列傳》）

秦國君臣萬料不到藺相如有如此一著棋，相視而嘻，不知所措。秦王知道藺相如的堅決態度，得璧而不予城的目的，極難達到；先給城而後索璧，又非所願；而就此把藺相如殺了，更足證明秦國之無信無義，各國使節把這個實際情形各向其本國政府報告，那秦國的國際信用，非破產不可了。因此種種，秦王與其左右計議，不殺相如，而引之使去。秦王自己下臺階說：「今殺相如，終不能得璧也，而絕秦趙之驩；不如因而厚遇之，使歸趙，趙王豈以一璧之故欺秦邪！」於是廷見相如，禮遣返國。在〈將相和〉的這齣平劇中，如果從頭做起，便有獻璧、收璧，藺相如自趨湯鑊等場次，那都有歷史事實根據的。索璧一案，本有引起一場戰爭的可能；如果發生戰爭，趙國多多少少要吃一點虧，乃因藺相如的智計和膽略，雖然他自己冒著生命的危險，但璧既無恙，而戰爭的因素因而消除，對趙國自然是一件貢獻極大的功勳，趙王因而封以大夫之職。這塊璧趙亡以後，仍入秦國，李斯在這塊璧上刻著八個字的篆書：「受命於天，永壽而昌」就成為秦國的國璽了。這便是著稱於史的藺相如完璧歸趙。

明王世貞對藺相如奉璧赴秦而又完璧歸趙，認為過於冒險，理由是：既知秦是一個不講理的虎狼之國，假使秦王在得璧之後，不以任何理由交給藺相如，相如又怎樣能夠完成其完璧歸趙的使命呢？他說：

「藺相如之完璧，人皆稱之，予未敢以為信也。夫秦以十五城之空名，詐趙而脅其璧，……趙得其情則弗予，不得其情則予；得其情而畏之則予，得其情而弗畏之則弗予。此兩言決耳。奈之何既畏而復挑其怒也？且夫秦欲璧，趙弗予璧，兩無所曲直也。入璧而秦弗予城，曲在秦；秦出城而璧歸，曲在趙。欲使曲在秦，則莫如棄璧；畏棄璧，莫如弗予。夫秦王既按圖以予城，又設九賓，齋而受璧，其勢不得不予城。璧入而城弗予，相如則前請曰：『臣固知大王之弗予城也。夫璧，非趙璧也；而十五城，秦寶也。今使大王以璧故而亡其十五城，十五城之子弟，皆厚怨大王以棄我如草芥也。大王弗予城而紿趙璧，以一璧故而失信於天下，臣請就死於國，以明大王之失信。』秦王未必不返璧也。今奈何使舍人懷而逃之，而歸直於秦？……」（王世貞《古文觀止選卷十二・藺相如完璧歸趙論》）

王元美先生這篇文章，氣勢甚壯，但其所持理由，不免書生之見。秦王之所以不殺相如，是為了得不到璧，而又有失信於國際之惡名，殺相如而毫無所得，反有所失，所以相如得免於死；假使得到了璧，雖十個藺相如之死，亦何足以動秦王之心！且所謂指圖與城，那是最簡單的敷衍方法，即使以國予趙，而不作實際的交割，其理由正多，如元美先生所說的十五城百姓之不願屬趙，即為一最充足之理由，十五城既絕無交趙之理，事實已獲證明，則秦便沒有直接用兵迫趙交璧的藉口了。所以藺相如的奉璧、歸璧，處理完全適當，他是摸準了秦王的心理而作此冒險行動的。為什麼趙不以璧至秦，而有對趙用兵的可能呢？因為此事的起因，是以十五城易璧，其代價不可謂不大，天下諸侯又那裡知道索璧是真納城是假的道理呢？故趙國不答允這件交易，秦對趙用兵，天下諸侯將不直趙而直秦；秦對趙用兵，便有其理由了。及以城騙璧之真相大白於天下，秦如對趙用兵，則天下諸侯將不直秦之所為，合從之謀必成，救趙之兵必起，試問秦國究將有何所得呢？因此，作者不同意王元美先生的看法，而認為藺相如對此事之處理，膽大而心細，化干戈而為玉帛。趙王以上大夫之位相授，實不為過。上大夫之位雖高，但與上卿相較，還有一段距離，所以相如得此獎賞，廉頗未予嫉視。

三、廉藺交惡與言歸於好

等到澠池之會，藺相如又在外交上表示了他的勇敢與才能，趙王以為上卿，而且位在廉頗之上，廉頗便忍耐不住，爆發而為將相之間的不和了。澠池之會的成功，實際上是藺相如與廉頗合作的成功，不過藺相如是出面拚著性命所作的交涉之主角，但是廉頗則在趙國邊境上陳兵備戰，使藺相如在澠池會上有恃而無恐，是他成功的要素，而趙王歸其全功於相如，而把相如在政府的地位，提高至廉頗之上，廉頗心中的不平，自亦難免。所以這次的誤會，我們平心而論，也不能全怪廉頗的驕傲。而趙王的處置，也不免有點兒過分。

澠池之會的事實是這樣的：趙惠文王二十年，秦王約趙王會於河外的澠池，在藺相如完璧歸趙後的明年，秦國曾發兵攻趙，殺趙兵約二萬人。所以約趙王相會，以示和好。趙王很有戒心，頗不願往。但是廉頗、藺相如不以為然，認為趙國不可對秦示弱，如果示弱，那秦國對趙國的欺侮，將層出不窮，難於應付了。所以他們兩人力勸趙王赴會，由藺相如從行，而由廉頗在邊境陳兵，作嚴密戒備。他們相約，趙王赴會的來回行程，連會議計算在內，不過三十日；倘三十日期滿而趙王不歸，則廉頗在國內立太子為王，以免秦國挾持趙王，向趙多所勒索。趙王同意他們建議，遂與秦王相會於澠池。秦昭襄王以強大的國力為後盾，對趙王頗為輕視。兩王相會，酒至半酣，秦王忽然提議，請趙王鼓瑟，以資娛樂。趙王心畏秦王之見迫，只好鼓瑟取樂。於是秦御史向前記著這一件事實，其詞曰：「某年月日，秦王與趙王會飲，令趙王鼓瑟。」這一記載，分明是侮辱趙國與趙王，藺相如看到秦國這樣侮辱趙王，立即向前，對秦王作相等的請求，他說：「趙王竊聞秦王善為秦聲，請奉盆缸秦王，以相娛樂。」藺相如此舉，對秦王有更深的侮辱，因為秦國僻居西陲，文化落伍，所謂秦聲的音樂，不過擊缸鼓盆而已。秦王對此，自然了解他的意思，所以生氣不允。這裡，我們可以看到藺相如的膽量與急智，他在秦王怒而不許之後，立即拿著一個缶，跪著向前，要求秦王擊缶，並且帶著威脅的口氣，警告秦王說：「五步之內，相如得請以頸血濺大王矣。」意思是說秦王如不擊缶，藺相如將向秦王行刺了。秦王左右，要抽出刀來，殺死藺相如，藺相如張目怒斥之，左右都懼不敢動，於是秦王在萬分不樂意中，勉強對缶一擊。藺相如則召趙御史至前，要他照樣的寫這幾句話：「某年月日，秦王為趙王擊缶。」至此，秦之群臣，請趙以十五城為秦王祝壽，藺相如也請秦以咸陽為趙王壽。宴會之間，秦趙二國，針鋒相對，趙國一點沒有示弱，秦國一點便宜都占不到。秦兵欲以武力劫持趙王，趙將廉頗等亦以精兵作嚴密的戒備，所以秦兵也不敢輕舉妄動。趙王會罷歸去，論功行賞，以相如為首功，封為上卿，位在廉頗之右，這件事的成功，藺相如捨命相拚，使趙國的地位一點沒有損害，其膽識自屬可佩，其功自屬最大；但是，我們要問如果沒有廉頗以精兵戒備，相如的膽氣未必有那樣壯；即使有那樣壯，而秦國竟恃強殺相如、劫趙王，趙又將如之何？所以在這一交涉中，廉頗亦自有其功績。趙王如果以藺相如為上卿而位在廉頗之下，以藺相如的度量之寬宏，當然不會有所不滿，而廉頗也不致有什麼妒忌。所以那一次的將相失和，趙王應該負著相當的責任。

廉頗對此措置的不滿，牽涉到藺相如及其出身。他說：「我為趙將，有攻城野戰之大功；而藺相如徒以口舌之勞，而位居我上，且相如素賤人，吾羞，不忍為之下。」宣言曰：「我見相如，必辱之。」廉頗指相如為賤人，是說相如曾為宦者令繆賢的舍人，其實英雄不怕出身低，當時大家都是平民知識分子，由於趙王的需要，而與趙王親近的人發生賓主關係，似亦不能為相如病。而廉頗抱怨的處置不當，有其理由；若怨相如，固不論相如有此能力，有此貢獻，足以為趙之上卿而居廉頗之上；即或不然，趙王欲擢其高位，廉頗也只有接受之一途，絕不至沒有修養到不能忍耐，出之以要向藺相如報復的途徑。好在藺相如識大體顧全局，對廉頗的抱怨，以忍讓的態度來感動他，終於得到將相和好的結果。

《史記》對於這一事實的記載，是這樣的：

「相如聞，不肯與會。相如每朝時，常稱病，不欲與廉頗爭列。已而相如出，望見廉頗，相如引車避匿。於是舍人相與諫曰：『臣所以去親戚而事君者，徒慕君之高義也。今君與廉頗同列，廉君宣惡言，而君畏匿之，恐懼殊甚，且庸人尚羞之，況於將相乎！臣等不肖，請辭去。』藺相如固止之，曰：『公之視廉將軍，孰與秦王？』曰：『不若也！』相如曰：『夫以秦王之威，而相如廷叱之，辱其群臣，相如雖駑，獨畏廉將軍哉？顧吾念之，彊秦之所以不敢加兵於趙者，徒以吾兩人在也。今兩虎共鬥，其勢不俱生。吾所以為此者，以先國家之急而後私讎也。』廉頗聞之，肉袒負荊，因賓客至藺相如門謝罪，曰：『鄙賤之人，不知將軍寬之至此也！』卒相與驩，為刎頸之交。」（《史記・廉頗藺相如列傳》）

我們從《史記》那一段的記載，來和全部〈將相和〉的國劇的情節來作比較，我們可以說這齣戲全部都有歷史事實根據，惟一沒有根據的，就是虞卿這個角色的出現和廉頗有計劃的擋住藺相如的車路。《史記》所說，是藺相如望見廉頗而避之，並不是廉頗知道相如要出門而一再的擋住他的去路。至於虞卿，的確有這個人，是平原君的幕客之一，在趙國政府中是一位大夫的官職，

何人，亦未載，以情度之，當非廉頗而另有其人。趙孝成王四年，秦攻韓之上黨，上黨守馮亭以上黨獻趙，趙孝成王納之，而以廉頗將趙軍向上黨進兵，軍於長平。時在孝成王六年。廉頗屢與秦軍對壘，知秦軍之戰鬥力甚強，故兼採以攻為守之戰術，在小勝秦軍之後，堅不出戰，他是用持久戰的戰略，使秦軍久暴露於外，糧餉運輸艱難，士氣必因而大為降低，倘諸侯之中有起而相援者，則秦軍必退無疑。所以廉頗雖然在待人接物方面有些傲氣，可是在戰爭方面，他一點也沒有傲氣，而是非常的謹慎，採取萬全必勝的方略。也是趙國合該有事，時藺相如病篤，而趙王左右的一個小人叫做郭開的，已經被秦國的黃金攻勢所收賣，專門為秦國的利益，向趙王進言。廉頗的戰術與戰略，深為秦軍所畏懼；於是秦軍在對廉頗的趙軍無可奈何之下，散布謠言，中傷廉頗，謂廉頗怯，不足畏，秦軍所畏者獨馬服君趙奢之子趙括耳（時趙奢已死）。

埋伏在趙政府中的間諜，以廉頗不肯與秦軍作戰來證實秦國間諜所散布的謠言，趙王因以趙括代廉頗。趙括這個少不更事而好出大言的妄人，完全變更廉頗的作戰計劃。趙軍因而大敗，趙括被殺，四十萬趙軍盡降秦軍，且被秦軍所坑殺，使趙國的國力，受到最嚴重的打擊，連首都邯鄲，不久亦被秦軍包圍甚久，若非魏楚來救，趙國那一次便有亡國的危險了。所以長平之役的臨陣易帥，這是趙孝成王的不智，趙國的不幸，也是廉頗為國家建立功業的不幸。所謂「未有權臣在內，而大將能立功於外者」，自古名將，有此遭遇者，不僅廉頗如此。管仲注重明君、賢臣、順民、法令、賞罰，為施政的主要原則，孝成王固不足以語此；但其對國家安危所繫的大戰爭，對戰時將兵大員之更迭，竟被內外間諜所左右，乃知趙國到了孝成王的時候，距亡國已在不遠，只要幾個國家干城被敵一一假趙王之手除去，趙國便完結了，廉頗與李牧之命運，與趙國的命運相同，趙的亡國是自己弄來亡的，這是千古亡國最奇怪的悲劇。

趙國經長平大敗和邯鄲久圍的重大挫折之後，卻還能殺敗燕軍，長趨直入五百里，圍燕都而幾滅燕國，這又是廉頗的優異表現，筆者在樂毅這篇拙稿中，已經介紹過燕王喜和栗腹這兩位妄人，忽想乘趙之弊，向趙國擴充領土，因而有鄗城之戰。其實，燕國君臣在此以前，已經試攻過趙國，而小有所獲。按秦趙長平之役是在趙孝王六、七年間，廉頗被免統帥之職是在七年，趙括即在是年大敗，秦軍亦於是年長趨而圍邯鄲，因范睢忌白起建功而解圍，九個月後又圍邯鄲，至孝成王九年始解圍而去，秦趙戰爭綿延達三、四年，邯鄲之被圍者亦二年。秦以得勝之師圍邯鄲，邯鄲苦撐二年之久而未被攻破，這當然是廉頗守禦的指揮得宜之故。故孝成王十四年平原君趙勝死，即以廉頗為相國，在十五年以尉（官名）文（人名）所封之地封廉頗，並以廉頗為信平君。廉頗在這幾年中，趙的軍與政都掌握在他的手中，可以說是他在趙國的政治地位之顛峰時期。燕王喜與栗腹之進攻燕國，就在廉頗政治地位的顛峰時期

孝成王十年燕攻昌壯而小獲勝利，是鄗城之戰的導火線。燕王喜是好大喜功的妄人，輔之以同惡相濟的栗腹，卒以促成鄗城之戰。燕王喜心高氣昂的對樂閒說：「吾以眾伐寡，二而伐一，可乎？」樂閒說：「不可！」燕王又說：「吾即以五而伐一，可乎？」樂閒仍說不可。燕軍兩路

伐趙，分別被廉頗和李牧所大破，廉頗進圍燕都，燕王求和，從廉頗的要求，以將渠為相國，主持燕趙的和議，割棄五城，廉頗始解圍而去。樂閒據說是被俘入趙的，但在〈燕世家〉則說樂閒在燕軍大敗時逃入趙國。如果樂閒是被廉頗所俘，那樂閒一定是隨栗腹軍作戰無疑，至於樂乘之入趙，〈燕世家〉說在秦軍敗時，廉頗圍燕都時被封為武襄君。孝成王十六年以後，燕趙間常有戰事，其間有「假相大將軍武襄君攻燕，圍其國」的一條，是十七年的事，又有「延陵鈞率師從相國信平君助魏攻燕」一條，是十八年的事。由這種種來看，樂乘入趙以後，仕途的運氣不錯，其在趙的地位，似在樂閒之上；而廉頗在平原君逝世後即為趙的相國，兼掌軍政大權，也達五年以上。

孝成王二十年秦王政初立，文信侯掌軍政大權，二十一年孝成王亦卒，由其子偃繼，是即悼襄王。秦王政初立，即攻趙晉陽而拔之；而廉頗亦攻其邯鄲南方的繁陽而拔之。趙國那時候來自西方的秦國的壓力日重，故廉頗先行鞏固側翼的防線，因攻取繁陽。惟廉頗在趙，終為秦國併吞趙國的大障礙；故秦國埋伏在趙國政府的間諜，即乘趙國國君新舊交替之際，設法免廉頗之職，而以樂乘代之。廉頗正為趙國的防禦，籌謀大計，驟被免職，心懷不平，他的火爆脾氣又來了，樂乘遂被廉頗所攻，遁走而免，而廉頗在趙，就此也難立足，於是南走入魏。

五、廉頗離趙以後

於是，趙國的良將，足與秦軍相戰而能獲得勝利者只餘龐煖、李牧二人，龐煖先死，李牧則在趙王遷時仍被秦國在趙王左右的間諜郭開所害，而郭開也被李牧之客所殺，其所得秦國之金，終於被人所取。害人禍國者，終於一無所得，連性命也不保，這正是做奸細的下場了。太史公對於趙國這一段歷史，曾經說了幾句感慨極深的話：

「吾聞馮王孫曰：『趙王遷，其母倡（同娼）也，嬖於悼襄王。悼襄王廢適（同嫡）子嘉而立遷。遷素無行，信讒，故誅其良將李牧，用郭開。』豈不謬哉！」（《史記・趙世家》）

實際上，郭開之見重於趙國的王家，可能在孝成王時代即已開始，趙悼襄王信之亦深。他是秦國的間諜。秦自范雎、蔡澤以迄李斯、尉繚，都是採用金條攻勢，在各國廣結顯要，使其為秦國的利益，向其本國政府進言。長平之役，廉頗的統帥職務被免除，就是秦國在趙的間諜內外夾攻所致。那時候，郭開可能已在趙孝成王左右了。廉頗和其他的戰國平民知識分子一樣，也是要發揮自己的才能以貢獻於其國家的。可是，廉頗同其他知識分子不同，他的心目中只有他的祖國趙國，他只知道為趙國出死力，挽救趙國的危機，並不像其他平民知識分子，只要有機會發揮他的才能，祖國怎樣？在所不計；甚且在其得志於他國之後，專門與祖國為敵者，如商鞅、范雎便是例子。以廉頗在軍事方面之才能，他如果亡走入秦，一定得到秦國的重用，在國家統一的偉大運動中，發揮其才能；可是，廉頗不肯入秦，是因為秦趙為世敵之故。所以他逃出趙國，只至趙國世好的近鄰魏國，他的心裡是念念不忘於祖國的。

廉頗離開趙國以後，秦國對趙國的侵略更加強了。如趙悼襄王三年，以龐煖之能，會趙楚魏燕之銳，攻秦之蕞，不能克，此殆為最後一次之較大規模的合縱對秦，乃於五年，使傅抵將兵平邑，慶舍將東陽河外師，守河梁。六年，魏以鄴予趙，而秦攻取之，秦並作河橋，以便向東進兵，而趙之二十餘城又入秦手，趙王遷元年，秦攻武城，扈輒救之，軍敗而死；三年，秦攻赤麗、宜安。秦軍是時，蓋幾已盡占今山西境內之趙地，而漸向今河北境內趙的基本重地進擊了。趙王以秦軍如此進迫，危亡之機益急，頗思廉頗，仍想把他迎歸趙國，指揮趙國軍隊，抵抗秦軍。廉頗在魏，也得不到適當的服務機會，思欲歸趙，仍為其祖國效力。彼此都有這樣的用心，事情本來很容易達到目的。可是一心為害趙國而為秦服務的郭開，就怕廉頗復歸趙國，所以當趙王派遣使者到魏國去迎接廉頗的時候，他以重金賄賂使者，要他說廉頗的壞話，破壞趙王對廉頗的信任心。趙王的使者，到廉頗那裡去，表達趙王之意，廉頗非常高興，一頓飯，吃了一斗米，另外還吃了十斤肉，披甲上馬，英勇不減當年，表示他仍可馳騁疆場，為趙國效命。但是那位使者，已經受了郭開的重金，雖然不能不把廉頗老而益壯的豪邁英雄精神，報告了出來；可是在最後，卻加了幾句中傷廉頗的話。

他說：

「廉將軍雖老，尚善飯，然與臣坐，頃之三遺矢矣。」（《史記・廉頗藺相如列傳》）

這幾句話，表明了廉頗已經患了多矢的毛病，用現在的醫藥術語，就是括約筋收縮失靈或攝護腺肥大症，以致便溺失常。一位效命疆場的指揮官，如果不時需要便溺，那對作戰指揮，自然是極不方便的事。其實廉頗那裡有這種毛病呢？這不過是郭開的黃金在那裡作祟，使他對趙王作不忠實的報告罷了。趙王不察，以為廉頗真的老了，不再有行軍作戰的能力，也就不再迎廉頗回國，廉頗也不再有機會回到他的祖國服務了。我們深信戰國晚期的整個局勢，已向國家統一之途邁進。即使有十個廉頗在趙國工作而得到趙王的全部信任，也未必能夠把趙國的存在，延長到多少年，但是問題的可怕是在這裡，那就是秦國的間諜已經混入趙國政府的核心，而且以敵國的雄厚資力和武力為後盾，來腐蝕其政府，使好人和有能力的人不能在政府中立足，排拒好人和有能力的人進入政府中工作，這是一種可怕的現象，是政治史上有強敵對峙時應該注意的問題。廉頗秉著一腔愛國的熱誠，希望貢獻其力量給祖國；趙王也需要廉頗那樣的人才，為國家效勞；但為外國混入本國政府的間諜所破壞，廉頗的遭遇是值得我們同情，但對那個時代歷史的主流，是無關宏旨的。

廉頗在魏，沒有得到發揮他才能的機會，回國服務，又被趙奸所阻，心中的抑鬱苦悶，我們可以想見。其時，楚國正需要大將的人才，聞廉頗的賢能而慕之，乃密遣特使，禮聘廉頗至楚，乃為楚將，但並沒有什麼表現。在廉頗看來，楚兵的可用程度，遠不如趙兵；所以常常想念趙兵，也就是常常想念他自己的祖國，可憐這位具有蓋世將才的英雄，到了垂老的暮年，抑鬱無聊地死在距離祖國甚為遙遠的楚國。他死後，葬在楚國東部重鎮的壽春，唐時其墓尚存。張守節《史記正義》說：「廉頗墓在壽州壽春縣北四里，藺相如墓在邯鄲南六里。」他們兩位著稱於我國歷史上的刎頸之交，生前共同戮力於趙國的軍政大計，死後分葬於兩地，他們兩人地下有知，對趙國如此的結局，當有其重大的遺憾了。

六、結　語

我們綜合廉頗的一生，值得我們注意的有下列數點：

第一、他在軍事上有非常高的造詣，知兵善戰，名聞當時的國際，是趙國的棟梁。

第二、他具有當時平民知識分子熱中於功利的一般性格；但和其他致力於國家統一的平民知識分子不同，他的心目中，只有趙國，只知道使趙國富強，並不在全國統一這一方面表現其才能，所以他的祖國觀念特強，當時的知識分子很多往秦國跑，他獨不往秦，我們就我們的歷史潮流說，他是傳統的歷史保障者，不是統一國家的創造者。

第三、從他對藺相如位在其右和不讓樂乘來接收其部隊兩點來看，他缺乏政治家的風度，而有驕矜之氣，但他是確具有那個時代的理性風氣的特點。

此可從他知道藺相如相忍為國的苦心，他便負荊請罪，因而結為刎頸之交，所以他對相如的「不服氣」，並沒有什麼私心，他的自視甚高，只是為了趙國而不是為他自己；他的坦率真誠，知過能改，殊足為後人的表率；他之攻樂乘，出於一時為國家而憂慮的氣憤，但他自己也知道這樣做是不對的，所以他出亡至魏，以示負責。但是，如果他讓樂乘接收其部隊與職務，而逕自奔魏，一如昌國君樂毅之交待其職務與部隊而給騎劫，出奔趙國一樣，豈不是更有風度些！從這些地方看，廉頗在修養上比起藺相如和樂毅來，畢竟要差些。但是，我們從廉頗的才能和趙國對他的需要來看，這正是功利主義另一方面的表示；所謂患得患失的小人，是對祿位作無恥的貪戀；但是對具有真才實學而為國家棟梁之才的賢能之士，那就是對國家或對時代負責任的精神。所以廉頗由自視之高所出現的粗暴行為，是對國家負責任的表現，與一般小人之貪戀祿位而患得患失，是大有其區別的。所以，廉頗畢竟是我國歷史上的可敬人物。

最後，我們要把戰國時功利主義所造的趨炎附勢的風氣，要約略提一下。戰國時代的貴族或在政府中具有地位的人，都有養士之風。所謂養士，可以就兩方面作說明：一方面是政府中有地位的人，需要平民知識分子來幫他出主意，做工作，以表現其才能，鞏固其地位；另一方面平民知識分子由於需要進身之階，不能不投靠有希望而有地位的貴族或政府中人。因此，政治地位愈高或與國王愈接近的人，其門客或幕賓亦愈多。如商鞅之投景監、藺相如之投繆賢、馮煖之投孟

伍、趙　奢——執法如山的理財家與軍事家

一、趙奢的來歷——戰國時代的平民知識分子

趙國的良將，廉頗外，必推趙奢，李牧則為後起之秀。趙奢與廉頗同時，但其壽命卻較廉頗為短，所以他在趙國的歷史上炫耀的時間不長。趙奢在軍事方面的思想，據他的兒子趙括「徒讀父書」一點來看，所謂「父書」，是趙奢自己的著作，也可能是趙奢所讀的兵書遺留給他兒子；但就文字的意義來看，前者的可能性較大。可惜的是趙奢的著作都沒有流傳下來。

趙奢是不是趙國貴族的支庶，流落而為平民，又投在平原君幕中，在趙政府中做官？我們無從考證。但是趙姓是召父之後，在晉政府中做官而居重要地位的第一個人，是晉文公時代的趙衰（讀作炊）以後晉政府中的趙氏貴族，都是趙衰之後。國劇中有一齣叫做〈八義圖〉或〈搜孤救孤〉的戲，演的就是趙衰的孫子趙朔，被奸臣屠岸賈所害，滿門被殺，只有趙朔的妻子因為晉國王家公主的身分，得以逃入晉宮，未被殃及。這位公主便是所謂莊姬公主。莊姬公主嫁給趙朔，

是確有其事；屠岸賈害趙氏滿門，也確有其事。莊姬逃入晉王宮，生下一個孤兒叫做趙武，被趙氏門客程嬰救出，與另一門客公孫杵臼商議，用程嬰的兒子假報趙氏孤兒，公孫杵臼與程嬰之子被殺，也是事實。但是戲中所演的韓厥守衛宮門，放走程嬰與孤兒之後自殺，則係劇作家的杜撰。韓厥是趙氏門客之一，為趙盾（趙衰之子）所識拔，而在晉政府中工作。這位韓厥，當時稱為韓獻子，是分晉的韓國的祖先。此人品德極高，人緣極好，對趙氏孤兒之被救出與被收養，他在暗中相助，而裝作不知道；因為他自己的力量，覺得鬥不過屠岸賈；不逞一時意氣，圖謀日後勝利。後來，機會果然來了。晉景公晚年身體不好，夢寐甚多；常常做夢有人託夢呼冤，因問韓厥：這是什麼道理？韓厥乃向景公解釋，不知道有沒有晉國的勳臣之後，有受冤不白的？經查詢之後，只有趙衰、趙盾受屠岸賈的陷害，被殺三百餘口，是一個大冤獄。景公乃嘆著氣說：可惜趙氏已經絕後，否則可以恢復他的爵位。韓厥乃乘機進言，趙氏尚有後人。乃設計藏趙武於景公宮中，詭召屠岸賈議事，問其陷害趙氏一案，趙武從壁後出來，把屠岸賈殺死，並滅其全家。趙氏自此復興，經趙鞅簡子、趙無卹襄子而逐漸與其他晉國重臣，參與分晉，稱侯稱王。故趙朔以外的近族，當時都已被殺害，趙奢很明顯的是與趙國的國君同族，但在趙朔時已為疏族，故未及所謂「下宮之難」。又三、四傳而至趙奢，已經是趙國的平民，投在平原君幕中，由平原君推薦，當了一名主收田賦的官員。

趙奢在趙政府中初露頭角，是向平原君家收稅的這件案子。平原君趙勝，既是趙國王家的近酒興來了，於是對飲起來，置信陵君於不顧，信陵君也不慍不惱的在門外相候。他們飲至半醉，那位貴賓始突然想起門外還有人等他，於是匆匆離開，與信陵君同車而去，傲視闊步的高據首坐，大嚼大吃起來。這位貴賓，大家原先不知道他是什麼人，為何深受信陵君重視？及大家相見，原來是夷門監者糟老頭侯生，大家頗不值信陵君之所為。這段戲文，有其歷史的根據。但是信陵君之重視侯生，確有他的道理。例如，秦圍趙都邯鄲甚急，平原君與信陵君既是姻親，又是至交，天天派人去信向信陵君求救，而魏王時為安厘王，乃信陵君之兄，只派晉鄙統師十萬，北上援趙，但是師至漳河渡口，便停而不進。原來魏王的援趙只是虛張聲勢，為趙國的圍城之師作一種精神的支援，並不是真正以實力援趙。其實趙魏有脣齒相關的形勢，趙亡，必於及魏；所以魏師援趙，是為了自己國家的生存，其政策極為正確。無奈魏王畏懼秦兵之強，始終不肯令魏軍渡河救趙，儘管信陵君說得舌敝脣焦，魏王就是不肯相從。信陵君為了向平原君全義，只好親率門下食客，赴趙與平原君同難。信陵君抱著這樣的決心，要離開大梁，特至侯嬴那裡告別。侯嬴認為信陵君作如此拚命式的衝動，白白貼了他自己和門客的性命，解決不了趙國的危機；於是他獻出如姬竊符的妙計，來冒領前線的魏軍，以馳秦軍。原來，魏安厘王的寵妾如姬，信陵君曾為報殺父之仇，因信陵君之故而得入魏宮，深被魏王寵愛。所以他建議由信陵君向如姬提出竊取魏王臥室中的兵符的要求，要信陵君憑兵符去接管晉鄙所領的前線魏軍，還恐怕晉鄙以「將在外，君命有所不受」的理由，拒交兵權，別向魏王請示，那事情豈不要弄糟？所以特別介紹一個他的故人給信陵君，此人即侯生偕信陵君赴宴時中途去訪的人，是隱於屠的有膽有識的大力士朱亥。當信陵君竊符成功，偕朱亥將赴前方而向侯生辭別時，侯生竟以自己年事已高不能跟魏公子馳騁疆場，以自殺來送魏公子。這位侯生真可謂富於智計的奇士，若非信陵君折節相交，尊之以禮，則豈肯為信陵君作如此的策劃與犧牲！試問平原君對於士的尊敬，有這樣誠懇沒有？有侯生這樣的人物為他效死沒有？信陵君持兵符與晉鄙相見，晉鄙固然表示懷疑；而朱亥在信陵君之側，責晉鄙不從王命，即出袖中鐵錐，擊晉鄙之腦而斃之，信陵君遂得接收魏軍，令於軍中願歸魏者聽其所願，於是得精兵八萬，與趙軍夾擊圍城秦軍而敗之。信陵君自此不敢歸魏，留居趙國，而以兵符及魏兵歸還魏王。這種全信、全忠、全義的行為，是奇行，在戰國的歷史中所少見。我們不能不歸其原因於信陵君之尊士與得士了。

信陵君在趙，所往來的，如賣漿者薛公、博徒毛公等，平原君認為不三不四的人，頗不以信陵君的交遊為然。實則毛公是隱於博的平民知識分子，薛公是隱於賣漿的平民知識分子，他們都有很高的才能，而為平原君所不知。在魏王要召回信陵君而信陵君不肯回國的時機上，毛公與薛公，表示了他們的見高識廣，他們並不向信陵君勸駕，而逕來向信陵君送行，當信陵君表示訝異時，他們對信陵君說：您在趙國所以見重於朝野，是因為有魏國存在之故；今魏國有危機，而您留在趙國，不赴國難，一旦魏國不幸，那您在趙國，還有什麼被尊敬的理由呢？這真是一語驚醒夢中人，信陵君立刻命駕歸國。這些經營賤業而為平原君所看不起的人，竟能使信陵君聞言心服，立刻接受他們的意見。試問其他三位公子，尤其貴族氣味極重的平原君幕中，有此等平民知識分子嗎？平原君幕中的毛遂，未被平原君發現，而由他自告奮勇而偕平原君出使楚國的，所謂毛遂自薦便是。所以信陵君不但好士，而且還能發掘不願仕進的平民知識分子，而處處尊重他們，虛心向他們請教，而深得他們的推誠相向，不是平原君所能望其項背的。這種不求仕進，不依附門閥而甘願隱於一般人認為下賤職業的平民知識分子，是戰國時一般平民知識分子的例外，但其人數亦不在少，他們本來不須人知，但如信陵君那樣的有心人，把他們發掘起來，他們之中的少數人，才被人所知。我們相信戰國時類於這種不求人知，而人亦不知的平民知識分子，一定還有不少。這樣的養士之外，還要求士，那只有信陵君。這一層的用意，不是貴族氣味極重、特權階層意識極濃的平原君所能了解，更談不到求士了。

二、趙奢的一鳴驚人和平原君的雅量

為什麼作者要說平原君貴族氣味極重，特權階層意識極濃呢？這不是作者有意對平原君作苛刻的批評，而是有事實為證的。他的特權階層意識之濃厚，在不納田賦的事實中獲得證明。他這一事實，正好成就了趙奢在趙政府中的聲望與地位。原來，平原君家的田地，應該繳稅而不繳稅，然而趙奢既因平原君的門客而得到「田部吏」的工作機會，照一般的人情，趙奢應該替平原君彌縫一下。可是趙奢並不是那種軟骨蟲似的感恩圖報之流，他是替國家辦事；替國家辦事，有一套規定的辦法，任何人在這個崗位上服務，就得照這一套辦法去做；而任何人受這一套辦法管理的，就得服從這一套辦法，絕不能有例外。這便是所謂「公事公辦」（後世的公事公辦，變為沒有人情關係的打官腔的意思了），不能因為私人的關係，而有虧政府的法令。依照周公即儒家的鼻祖的政治見解，依照管仲的政治見解，虧令的罪名很大，尤其法家，對法令的執行，更為嚴格。趙奢是什麼家？我們不知道，可是趙奢對於法令的執行，卻是非常的認真，他認為平原君的田產不納稅是不應該的。他對平原君無可奈何，但對平原君家的管事人身上用工夫，這也是他替平原君找下臺地步。趙奢把平原君家的管事人殺了九個人；我們可以想像得到趙奢對平原君家的不納稅，每催一次，管事人不繳，趙奢便殺了他；如果我們的看法不錯，那趙奢對平原君家的催稅，採取鍥而不捨的態度，一次催繳，殺了一個管事人，一直到第九次，平原君家還是不繳，他便殺了第九個管事人。可是平原君還不覺悟，反而非常生氣，要殺趙奢。趙奢乃不能不把他對這件事的看法，向平原君說明。他說：

「君於趙為貴公子，今縱君家而不奉公則法削，法削則國弱，國弱則諸侯加兵，諸侯加兵，是無趙也，君安得有此富貴乎？以君之貴，奉公如法，則上下平，上下平則國彊，國彊則趙固，而君為貴戚，豈輕於天下邪？」（《史記・廉頗藺相如列傳》）

以平原君的地位，他竟不知道納稅是人人應盡的義務，身為貴族更應該以身作則，為百姓的表率，而平原君乃昧於此義，反而對執法的趙奢發脾氣，還要殺趙奢，他特權階層的習氣之深，由此可知。不過這位平原君也還有一個長處，那就是從善如流的特性；他聽了趙奢這一番解釋，恍然大悟，不但不生他的氣，還以趙奢為賢，向趙王保薦，請升任他擔任國賦的責任，趙王聽從平原君的建議，即以趙奢治理國賦，於是「國賦大平」，百姓富足，而府庫充實。趙國真的達到既富且強的地位了。這是值得我們注意的一個歷史教訓，這個教訓，便是所謂「國賦大平」。「國賦大平」以後，反而得到民富而府庫實的結果；也就是說趙奢治理趙國的國賦，得到這樣的結果，並無別的辦法，只是一個「平」字，就是人人有納稅的義務；而且人人平等，雖如平原君的貴，也照樣的納稅，義務既平，人人都樂於盡這個義務，稅吏也不會欺善怕惡，避強凌弱，營私中飽等等的舞弊，也不致發生，因而民富庫實。這中間當然還有一個執法如山的原則在。所以趙奢由趙田部吏而晉升負責趙的國賦的故事，今天更值得我們參考。作者在這裡，還得重複一句，中國文化復興的研究與發展，應該是多方面的，像趙奢這樣的從田部吏到國賦負責人的作風，是復興我們固有文化以利國便民的一種有效方案。

平原君不肯納稅是他特權階層既得利益的私心，來自傳統而不適合他的時代，但其服從理性，能夠接受趙奢的陳說，是他開明的雅量。從這裡，我們可以看到平原君的過渡時代的特性。因此，我們為了那個時代的特性，對平原君作較多的介紹。他家住在邯鄲的東武城，他家的樓房，與平民居戶相鄰。鄰居的平民，有一個瘸子，每天都要出來汲水，走起路來一躄一躄的，平原君的某一個寵妾見了他，禁不住發出笑聲來。第二天，那個躄者，到平原君家，請見平原君，而向平原君作責問性的陳述。他說：

「臣聞君之喜士，士不遠千里而至者，以君能貴士而賤妾也。臣不幸有罷癃之病，而君之後宮臨而笑臣，臣願得笑臣者頭。」（《史記・平原君虞卿列傳》）

從這一段話看，這個瘸子住在平原君家隔壁，他分明是具有特殊才能的士，欲接近平原君而不得其門而入，正好藉此機會得與平原君相見，平原君之不如信陵君，便是在此等地方。平原君對這位瘸子先生的話，漫應之，而笑其不知高低，認為以「一笑之故，殺吾美人，不亦甚乎！」所以始終沒有履行瘸子的要求。但是在一年之後，平原君門下的賓客，離去者過半，平原君深以為怪，認為他對門下客人，並未失禮，何以門下客紛紛離開他？有一個門客告訴他：「以君之不殺笑躄者，以君為愛色而賤士，士即去耳。」這位平原君乃把笑躄者那位寵姬殺了。自至躄者之門而謝過。這一件事，表示了平原君的掉以輕心和知過而能改，不過這位躄者，顯然是一個智能之士，未見平原君對他有何賞識，所以平原君實在是一位平庸君。

長平之役以後，秦使五大夫陵及名將王齕進圍邯鄲，歷二年之久，楚魏之救兵不至，邯鄲危急，平原君焦急異常，不知所措。在這個機會中，我們更可以看到平原君之庸與從善如流的理性之特性。其時有一個傳舍吏之子叫做李同的，看到了平原君的憂和急，就向平原君進言：

「君不憂趙亡邪？」平原君曰：「趙亡則勝為虜，何為不憂乎？」李同曰：「邯鄲之民，炊骨易子而食，可謂急矣，而君之後宮以百數，婢妾被綺縠，餘粱肉，而民褐衣不完，糟糠不厭（同饜）。民窮兵盡，或剡木為矛矢，而君器物鍾磬自若。使秦破趙，君安得有此？使趙得全，君何患無有？君誠能令夫人以下編於士卒之間，分功而作，家之所有盡散以饗士，士方其危苦之時，易德耳。」（《史記・平原君虞卿列傳》）

我們從李同的談話中，知道被圍了兩年之久的趙都邯鄲，老百姓吃的糧食，燒的柴薪都沒有了，民間發生了易子而食、折骨為炊的悲慘情事，而平原君家依舊妻妾滿堂，生活享受同平日差不多；士兵的作戰工具如槍矛之類，也都缺乏供應，邯鄲真是危急萬分，而此項危急，平原君的力量可以解決一部分的。但是平原君卻只知愁苦，只知盼望援軍，而不知道先盡他自己的力量，使艱苦的邯鄲防守可以維持下去，以待外來的援軍。其所見乃不如傳舍吏之子李同，其平庸可知。作者在介紹廉頗之時，揣測當時指揮這座危城防禦的趙將，一定是廉頗。在這樣苦難中，廉頗仍能把邯鄲堅守下去，其才能可知。廉頗指揮邯鄲防禦，我們有一個有力的旁證，那就是邯鄲解圍以後，對燕軍事，即由廉頗負責，可知廉頗在防禦中建立功勳之高。李同的話，不啻把平原君從夢中喚醒過來，立刻照李同的話實行，得敢死士三千人，即由李同指揮，與秦軍火拼，秦軍不能敵，退三十里。這樣，才得等到魏楚的援軍，以解邯鄲之圍。公孫龍非常坦白的批評平原君：

「王舉君而相趙者，非以君之智能為趙國無有也。割東武城而封君者，非以君為有功也，而以國人無勳，乃以君為親戚故也。君受相印不辭無能，割地不言無功者，亦自以為親戚故

也」。《史記・平原君虞卿列傳》

這段話對平原君的認識，可以說十分正確。平原君惟一的長處，就是他有雅量，平心靜氣的聽人批評、接受人家的批評，雖然對他有冒犯之處，但他並不計較，如果合理的話，他能迅速的接受，如對躄者、對李同、對毛遂，都是如此；趙奢是冒犯平原君最厲害的人，但經他一番解釋後，反以為賢，而保舉他官升一等。這種雅量，也頗難得，其所以能列名於四公子之中，大約就是這個原因吧！

三、閼與之戰

趙奢在趙國政府中的最大功勳，莫過於閼與之役的勝利。閼與本來是韓國的屬邑，在韓國領土的北端，是韓國領土距離趙都邯鄲最近的地方。其地在今山西省東南部的沁水上游，今和順縣的西北方。趙惠文王二十九年，秦韓相攻，秦圍韓之閼與。由於閼與和趙都相近，所以邯鄲方面對秦軍的動態，十分注意，惠文王先問老將廉頗：趙國可不可以救閼與？廉頗的回答，是「道遠險狹，難救」。惠文王又以此問樂乘，樂乘的回答，與廉頗相同。由趙都邯鄲西至閼與，須要翻太行山，那是沁、漳與滏陽河的分水線，沿途都是峽谷，所謂「道遠險狹」，是事實。但是沁漳流域與太行山，實為趙國的屏障，趙國如果能夠逾太行山而控制沁漳盆地，趙國的西方，纔有安全可言。換言之，沁漳盆地，如果在韓國手中，由於韓國勢薄力弱，足為趙秦之間的緩衝，趙國自然不必擔心這一方面的安全，但是秦國勢力，深入到這一方面，那就要危害到趙國的安全了。所以趙惠文王之意欲介入閼與之戰，以及以後趙孝成王的介入長平之戰，這倒不能算作趙國的領土慾，而是為趙國的安全著想。惠文王對於廉頗和樂乘的答覆，不能滿意，於是又向趙奢請教。趙奢在當時的趙國，是以理財專家的姿態出現，從未以軍事的才能見稱。

其時趙國著名的良將，在國際上以勇敢著稱的，是廉頗。樂乘是名家之後，其聲望亦頗不弱；他們兩個人認為沒有把握的事情趙奢獨以為有可救之道。他說：「其道遠險狹，譬之猶兩鼠鬥於穴中，將勇者勝。」趙奢蓋自認其帶兵作戰之勇，在廉頗之上。惠文王得到了趙奢的支持，便以趙奢為將，率趙軍援閼與。

趙奢，這個由理財家而轉為指揮官的趙將，先對秦軍來一個心理戰。大兵離趙都三十里，即安營紮寨，按兵不動；並且宣示軍中人士：不得以軍事相諫，諫者殺無赦。趙奢對秦軍，一方面使他們莫測高深；另方面卻向之表示怯戰，使秦軍對趙軍發生疏於防守的心理。時秦軍已向武安發動攻勢，武安離趙軍甚近，秦軍喊殺之聲，震動屋瓦，其勢之盛，足使趙軍生畏。趙軍中有一個測候人員，實在忍不住了，硬著頭皮去見趙奢，主張急救武安。趙奢以已經宣布的軍令，立即斬殺這個犯令的軍候；而且增厚營壁，表示無進攻秦軍之意。這樣經過了二十八日，秦軍頗以為怪，派人到趙軍來探聽虛實，趙奢饗以酒食而善遣之。秦軍的代表把所見所聞向其統帥報告。秦帥大喜，他認為閼與非趙地，趙對閼與之得失不關心，故大軍去國都三十里，即停而不進，且增厚其營壁，以防秦軍之進攻；他的結論，是趙軍不足為慮。殊不知，秦軍間諜之來，正是趙奢所期待的，趙奢正要以此類不實的假情報來欺騙秦將，使其陷入敵情判斷的錯誤中；而趙的大軍，即在秦軍代表離去之後，向閼與作急行軍，二日一夜，趙奢的部隊，到達了距離閼與五十里的地方立壘，令善射的軍士列陣以待，以防秦軍的突擊。秦軍統帥方作趙奢不敢前進的判斷，而忽聞趙軍驟至，離秦軍五十里而下寨，於是秦軍悉甲而來，與趙軍相對壘。其實秦軍是上當了，既作錯誤的判斷，復全軍而至趙奢所選擇的對趙軍有利的作戰地區，盛怒而來，又不得即行作戰，士氣方面與形勢方面，已經落在趙軍的下風了。

趙奢的大軍安營已畢，以前所頒發的進諫者斬的命令，無形中已不再生效。邯鄲籍的軍士叫做許歷的，大概是隱於兵的平民知識分子，對軍事的識見頗高。他特往中軍，求見趙奢，趙奢准他進來，並願聽取他的意見。許歷說：「秦人不意趙師至此，其來氣盛，將軍必厚集其陣以待之；不然，必敗。」其實趙奢以夜間到達預定的地點，而令善射者為陣，已經有所準備了。但是趙奢覺得他的話很有道理，問他願不願意接受軍令的制裁？許歷表示「願受鐵質之誅」，趙奢令他暫退，以待後令。許歷實在有點兒忍耐不住了，他又請見趙奢，向他建議：「先取北山上者勝，後至者敗。」所謂北山，據張守節史記正義的解釋，那就是閼與山，不是屬於洛州的，而是屬於潞州的。我們同意他的研究結論。此山俯閼與城，為兵家必爭之地；閼與山爭奪戰的勝負，即可決定閼與爭奪戰的勝負。由於趙軍驟至，故秦軍未及占據這個要害之山，許歷的建議，正適合當時軍事上的極端需要。趙奢立刻發萬人占據此山，秦軍後至，爭山不得，趙奢縱趙兵夾攻秦軍，秦軍大敗，閼與之圍遂解。這個地方不久便成為趙國的縣。趙奢自此聲名大振，勝利返國，趙王封為馬服君，並封許歷為國尉。於是趙奢在趙國的地位，便與藺相如、廉頗鼎足而立、相提並論了。我們平心而論，戰國時期的平民知識分子，雖係文人，而皆能指揮軍事，趙奢許歷之將兵作戰，是不足為奇的。趙奢對秦軍統帥的心理作戰固然成功，足證此人胸有軍略、智謀甚廣；但對北山的占領，未能事先有所部署，若非許歷提出此議，早於秦軍而占領此山，則此戰之結果如何?正在未可知之數。所以閼與之戰的勝利，許歷之功實大。戰國時代，平民知識分子到處都有，這是一個例。

四、徒讀父書的趙括

閼與之戰的勝利，對趙國來說，是禍是福，是一個問題?對趙奢的家屬來說，是禍是福，也是一個問題?因為沒有閼與之役的勝利，趙國不會介入長平之役;沒有閼與之勝，趙奢的地位不會提高，年少狂妄的趙括不會在趙國有地位，不會導致長平之役的大失敗，更不會導致邯鄲的長期被圍，趙國的幾於滅亡。我們從趙國未來的安全的觀點來看，趙國介入閼與之役與長平之役，是對的；但其目的，是在勝利，如果不能勝利，反而導致大失敗，那就不對了。所以原則上，趙國應該介入閼與之役與長平之役；後來的錯誤，是趙孝成王的誤信趙國的內奸與外奸所散布的謠言，以趙括來代替廉頗。有如下棋一樣，一著之錯，全盤失敗。如早知未來有長平之敗，則閼與之役以不參加為是。是誠所謂塞翁失馬、焉知非福、塞翁得馬、焉知非禍。

趙惠文王在閼與之役以後的四年去世，孝成王繼位後的數年間，趙奢死，藺相如在趙奢死後的不久亦死。老成持重的大將，只留下廉頗與樂乘。實際上只有廉頗一人可當大任，而秦趙之間，偏偏又有長平之役。長平之役，在秦國是捲土重來，企圖控制長治以控制整個沁漳盆地，北以威脅趙，南以鉗制韓魏。所以長平之役，應該合韓趙魏三國之力，以抗敵軍，而趙獨力以與秦軍相戰，趙未免有貪功之弊。說也奇怪，長平之役發生之前，趙孝成王做了一個奇怪的夢：見到一個「衣偏裻之衣」的人，「乘飛龍上天，不至而墜，見金玉之積如山」。第二天，趙王召筮史占之。筮史說：「夢衣裻裘之衣者殘也，乘飛龍上天不至而墜者有氣而無實也，見金玉之積如山者憂也。」這是孝成王四年的事。趙王做了這個夢以後的三天，韓國上黨守馮亭的使者，便到趙國，告訴趙王說：「韓不能守上黨，入之於秦，吏民皆安；為趙，不欲為秦有，城市邑十七，願再拜入之趙，聽王所以賜吏民。」趙王得到了這個消息，非常高興，立即與平陽君趙豹相議。趙豹對於這一筆淌來的領土，不贊成接受，他說，「聖人甚禍無故之利。」趙王不接受趙豹的勸諫，以為「人懷吾德」，不能說是無故。但是趙豹仍不贊成。他的理由如次：

「夫秦蠶食韓氏地，中絕不令相通，固自以為坐而受上黨之地也。韓氏所以不入於秦者，欲嫁禍於趙也。秦服其勞而趙受其利，雖彊大不能得之小弱，小弱顧能得之於彊大乎？豈可謂非無故之利哉……不可與為難，必勿受也。」（《史記・趙世家》）

趙王對於趙豹的意見，仍不採納，他認為「發百萬之軍，攻擊踰年歷歲」，而未必「可得一城」，今馮亭以十七個城來降趙國，乃趙國的大利。趙王本有貪利之意，而平原君趙勝和另外一個趙國的親貴叫做趙禹的，都認為百萬大軍所不一定攻取得到的大利益，絕不可失之交臂。趙王之意乃決，命平原君受降，而以萬戶之都三封太守，千戶之都三封縣令，都世襲勿替，所有吏民都進升三級。可是這位太守馮亭，倒還有點兒骨氣，他涕泣而辭，他說他已經做了三項不義的事情：「為王守地，不能死，不義一矣；入之秦，不聽主令，不義二矣；賣主之地而食之，不義三矣。」所以他堅絕不接受趙國的封賞。我們從馮亭的上述談話中，可知韓軍本命馮亭在不能守的情況下，以上黨降秦，但馮亭憤秦之來攻，以城邑投趙。馮亭雖未受趙封，但仍在上黨，與趙軍共同努力，對秦軍作戰。據《漢書．馮奉世傳》的敘述，可知趙仍封其為華陵君，與趙軍共同抵禦秦軍而戰死於上黨，其宗族由此分散，後來仕秦而官至宰相的馮劫，以及漢的馮唐、馮奉世，都是馮亭之後。接受上黨之降，是孝成王五年間的事，時趙奢已死。

趙既接受上黨的投降，必然要派兵與秦軍作戰。當時最有聲望的統帥是廉頗。廉頗率趙軍四十餘萬，援馮亭，而與秦軍對壘。廉頗是以勇敢著稱的，但他對秦軍作戰，採取持重的戰略原則，行軍布陣，先以不敗為原則，然後伺隙反攻；使遠在他國作戰的秦軍，有千里餽糧之勞；面對當前的大敵，則無法得到決勝負的機會，以致陷於進退兩難的境地，其疲可待，其戰勝即隨之而得。廉頗對秦軍的戰爭原則是正確的。也因為如此，秦軍對廉頗的戰爭原則，實在是頭痛之至；因而使出卑鄙的手段，使趙王自己把廉頗免職，而代之以少不更事而貪利無饜的趙括。趙括就是趙奢的兒子。因趙奢在閼與之戰，擊敗秦軍之功，趙奢被封為馬服君，趙括也自視為貴公子，有誇大狂而無真本領。秦軍知道了趙括的毛病，他們希望趙國國王以趙括代替廉頗，以其好戰貪功的性格，秦軍便有戰勝趙軍的可能了。秦軍中傷廉頗的辦法，是造謠言，他們摸準了年紀輕輕的趙王之好勝心，在趙都散布謠言，謂秦軍只怕馬服君之子趙括。這個謠言，傳進趙王的耳中，趙王不知道這是秦軍之詐，及其左右已有為秦國工作的趙奸在作內應，真的免廉頗之職，而以趙括代之。

以趙括來代替廉頗，做四十多萬趙軍的統帥，負悠關趙國生死存亡的戰爭的指揮任務，當時有兩個人反對：一個是藺相如，一個是趙括的母親。藺相如在那個時候，已患重病，對國事的處理已有困難，枉論對軍事的指揮了。但他對戰爭的指導原則，畢竟是一個行家，對指揮能力之高下的判斷，究竟有其深邃的看法，他對趙王作此措施，認為大不妥當，所以他力疾向趙王進言，他認為趙括只能讀他父親的書傳，並不能悟解其中的道理，加以靈活的運用，也就是說趙括只是一個讀死書的書呆子，絕不能擔當指揮大軍的責任，如果趙王使他擔任趙軍的統帥，趙括處理起事情來，必然像「膠柱而鼓瑟」一樣，一定不能達到運用自如的目的，所以他勸趙王不要以趙括重得無以復加；同他父親的行為，完全相反。因此，她也認為趙奢對兒子的觀察是正確的，她決定直接向趙王上書，反對趙王對趙括的任命。無奈這位老太太雖然在趙王面前，把趙奢與趙括的所作所為，侃侃而談地作了一番親切而叩人心弦的比較，把趙括不如其父，不堪為將的根據事實而來的理由，說得清清楚楚；可是還是拗不過趙王的那副牛勁，他還是堅決地要趙括為將。最後，這位老太太甚而至於提出最寓嚴重意義的警告，「王終遣之，即有如不稱，妾得無隨坐乎？」趙王還是不覺悟。「隨坐」，就是「連坐」，也就是說趙括如果兵敗，他的家人是要連坐的。這種禍及家人的連坐辦法，本來是要當事人盡其全力以從事於工作的用意，旨在督責其責任心，有其意義，而無此必要。因為任何人替國家做事，總希望做得好；如果任命的來源，是出於保薦，那麼在其做事失敗以後，他自己負責之外，還要舉薦人負連帶的責任，那還有理由可說；若趙括，他被任命為趙軍的統帥，是出於趙王本人的意思，不是他自己謀來的，也不是他人舉薦的，而也要他的家人「隨坐」，這未免過於苛求了。可是當時的辦法是如此，趙括之母，若不預先要求免於隨坐而獲得趙王的同意，她還是要隨坐的。這雖是苛法，但亦足以見古代政治對於督責責任的重視。後世還有保舉人隨坐的責任，今天則此種要求完全廢置，更無所謂「隨坐」，這或許是政治難於上軌道的原因之一吧！趙括的母親，最後以不願「隨坐」來警告趙王對趙括的任命，那可以說是最嚴重的警告了。趙王之不加重視，是看不起這位老太太的識見嗎？是有了最親近的人的先入之見嗎？我們客觀的考察，趙王左右已有秦國間諜在說廉頗的壞話，替趙括說好話，可能是最重要的原因。

可是，趙王為什麼不想一想：母子至親，有偏愛而望其成龍的母親，絕不會為了顧及老命而不希望她的兒子建大功、立大業的；而趙括之母，竟違反此種天性，直說其不可為將，預言其必將失敗，要求免於隨坐，其必持之有故，至為顯然。趙王不作此想，終將趙國生死存亡所繫的四十餘萬趙軍的指揮大權，交到趙括的手上，此人之庸碌無智，真是可笑亦復可憐！

趙括既代廉頗為趙國駐長平軍的總司令，接替了廉頗的職務。他認為廉頗的作戰原則有問題，所以把廉頗所有的措施，完全改變，連若干在前線指揮作戰的軍官，也換了人。當時的秦軍總司令，是秦國最能幹而最負盛名的名將白起。白起知道了趙軍已易統帥，繼任的人，固然是趙括；乃施奇計，與趙軍小戰，而假裝抵抗不住趙軍，把一部分的秦軍佯作敗退，大概趙括是乘著小勝而追擊了，而不知白起別以秦的大軍，一面襲擊趙軍的糧道，一面衝擊趙軍，趙軍橫遭突擊，被分為二，前後不能相顧。如此的情況，達四十餘日之久，無法可以改善。於是，部分趙軍缺乏糧餉，部分趙軍見秦軍勢大，不免內心發生動搖。趙括看到了趙軍士氣逐漸低落，認為非與秦軍決一死戰不可；因而盡出趙軍的銳卒，與秦軍決戰。而不知趙軍在士氣低落中與秦軍決戰，這正是秦軍所期望的。白起的大軍，遂以旺盛的士氣，悉力對疲乏惶恐的趙軍，作強有力的攻擊。粗心大意、好大喜功的趙括，還以為趙軍有勝利的把握，連他自己的安全都不注意，置身於顯眼耀目的地方，被秦軍發現，竟被一箭射死。主將已死，群龍無首，四十多萬趙軍，軍心本已動搖，至此遂集體向秦軍投降。白起遂得以詐術對投降趙軍，全部坑殺，成為歷史上有名的慘劇。趙奢所

五、長平之役的評估

作者在前面曾經提起過閼與之勝，對趙國是福是禍，是一個問題。作者非常推崇趙奢的用法嚴明，在他作田部吏時是如此，作趙軍統帥時也是如此，這是他成功的主要因素，而其出發點完全為公，為國家，為大眾，半點私心都沒有。不意趙奢這樣公忠體國的平民知識分子，而有趙括那樣好言兵而實不知兵，好說大話而無實際能耐的兒子趙括。

趙括如果真的知兵，那他對於糧道的被切斷，軍隊的被分為二，應該一開始便認為是趙軍生死存亡的大問題，應該乘趙軍銳氣未衰的時候，一鼓作氣，衝破敵人的中間部隊；否則，即使他不先被秦軍射死，其敗亦不能免。我們從客觀的史實來看，趙括初至軍中，完全變更廉頗的措施，他是想以攻勢代替守勢的；及糧道被斷，後方交通線發生障礙，他又改採守勢了。這樣舉棋不定，我們真不知道他的用意何在？廉頗之採守勢，是希望秦軍久曝露於外而自撤；試問趙括之守，其目的何在？如果趙括在糧道被斷以後，才知道秦軍並非易與的弱者，因而固守待援；那也應當馳報趙王，請求增援以解圍；可是在史書上我們找不到趙括請援的記載。因而我們有理由相信趙括之固守而不請援，是說了大話以後恐怕被人譏笑的一種藏拙的心理在作祟，實仍是自私心的出發點；而不知道他的固守，只是等死而已，只是斷送趙國的四十多萬大軍，還貼上他自己的生命而已。藺相如批評趙括「徒讀父書傳而不知合變」，他批評趙王使趙括為將，他必將「膠柱而鼓瑟」，都是非常正確的看法。即趙括之母的反對趙括為將，不以趙奢在日對趙括的批評作理由，而以她親目所見他們父子在受命以後的不同措施為理由，因而斷言趙括必敗，也自有其深刻的見解，但趙王仍堅持以趙括為將。故長平之敗，乃趙王自取其咎。

長平之役的另一根本問題，是從閼與之戰來的。我們從趙國西方的安全來看，取得沁漳盆地為其西方的國防基地，是安全上所需要的。本此觀點，來看秦攻閼與，趙國自然不能坐視；對閼與既然不能坐視，對沁漳盆地的中心地區上黨與長平之淪於敵手，自然也不能坐視。由此而言，趙國取得閼與，即為牽涉到上黨、長平的開端。但是，我們從趙國後來參加長平爭奪戰而大敗的一點來看，則閼與的勝利，卻是趙國未來的禍根。從這個觀點來衡量，以勇敢著名的廉頗，以穩重見稱的樂乘，都認為不宜於救閼與，是有其深遠的見解了；而趙奢之「將勇者勝」的觀點，雖然為趙王所採取，使他在軍事上露了一手才能，卻讓未來的趙國惹了無限麻煩。因此，我們對趙奢在閼與之戰獲得的勝利，從趙國歷史地位來看，其發生的問題，實在太大了。我們不了解趙奢既然知道趙括不可為將，那他為什麼不預先向趙國作一個備案性質的說明？他對趙括不足為將的批評，應該比他的太太反對有效得多，可是趙奢並沒有這樣做。長平之敗，趙奢地下有知，該有多不安？那是他為趙國謀而未竣其功了。不過話又得說回來，趙王不聽藺相如與趙母的反對，硬要把廉頗免職轉由趙括繼其職位，可見內奸與外奸對趙國的影響力之大，使趙國自趨於敗亡，這是何等可怕的力量，是多麼值得警惕的問題！歷史事實是不能假定的，在長平之戰中，如果廉頗不被免職，那這一頁歷史不知道又將怎樣的寫法了？

陸、白　起——軍事上奠定統一基礎的名將

一、白起的軍功

秦趙長平之役的秦軍指揮官是白起，太史公為他作傳，最後所作的批評：「白起料敵合變，出奇無窮，聲震天下」，可以說推崇備至。白起是郿人，郿在周代稱做郿邑，漢的時候稱為郿縣。其故城在今陝西郿縣的東北。也就是說白起是秦國本國人，這是在平民知識分子統一全國的偉大運動中，唯一的秦國本國人，秦國也有這樣高明的人物，值得秦人驕傲的。

白起是秦昭王即昭襄王時代的人，昭襄王是秦王中壽命很長的人。秦自孝公任用商鞅變法以後，國富兵強，日以向東方和東南方發展為政策。孝公卒，子惠文君立，後改稱惠文王，最後改稱惠王。雖然把商鞅整死了，但是秦國的基本政策和基本法律並沒有變，一直到秦王政的時代，都是如此。惠王在位十四年，他所任用的樗里疾（秦貴族）、甘茂等都是非常能幹而文武全才的人物，對秦國發展，亦多貢獻。惠文王卒，子武王位，在位僅四年，無子，由異母弟昭襄王繼位。

昭襄王在位五十四年，他有秦孝公那樣求富求強的願望，他也很開明，很能夠知人善任，他的政府中網羅了不少非常有能力的人，如范睢、蔡澤等是。白起就是在昭襄王的時代，奮起於軍中，為秦國建立難能可貴的軍功，擴充了不少的領土。我們可以說秦孝公奠定秦國富強的基礎，昭襄王奠定了秦國統一全國的基礎。而這一基礎的建立，范睢的遠交近攻政策，白起戰無不勝、攻無不克的軍功，都有不朽的貢獻。攻楚、攻韓、攻魏、攻趙所有的大戰役，白起幾於無役不任統帥，而且無役不獲大勝。我們可以說范睢遠交近攻政策的「攻」，是白起所執行的，而且執行得非常的成功。我們敢於斷言，秦國如果沒有白起那樣最能幹的統帥，那范睢的政策，未必有那樣的成功。我們如果把趙國的藺相如與廉頗來作比較，范睢的地位恰如藺相如，而白起的位地，恰如廉頗。廉頗開罪於藺相如，而藺相如不與計較，卒成刎頸之交，相如對廉頗保全者實多。白起對國家建立了如許的軍功，並未開罪於范睢，而范睢陰嫉之，使白起不得善終，這是一個有趣的對比。范睢氣量狹小之故，也恐怕和派系有關，因為白起是由穰侯魏冉賞識拔擢，而魏冉的相位是被范睢取代。

白起所建立的軍功，到底有多少呢？我們試把《史記．秦本紀》、〈魏世家〉、〈韓世家〉、〈趙世家〉、〈楚世家〉以及〈白起傳〉等文獻，加以歸納，分別記錄如下：

〈秦本紀〉所見的白起軍功：

一、昭襄王十三年，左更白起，攻新城。按新城屬韓國，《戰國策》張儀所說的「秦攻新城、宜陽、以臨二周之郊」的新城便是該地，故城在今洛陽縣西南，左更即左庶長，與商鞅初任之秦官相同。

二、昭王十四年，左更白起攻韓魏於伊闕，斬首二十四萬，虜公孫喜，拔五城。伊闕在今河南洛陽縣南。這次秦軍作戰的對象是韓魏聯軍，其作戰地區已向東移動，是新城之戰的延續。韓魏聯軍損失慘重，可見這一戰爭，是相當規模的決戰。

三、昭王十五年，大良造白起，取垣，復予之；攻楚取宛。

四、昭王二十七年，取代光狼城。按光狼城即今山西高平縣的強營村，代在今察哈爾省西南部的蔚縣一帶，可知秦國對趙用兵，開始於趙國北方的邊區。

五、昭王二十八年大良造白起攻楚，取鄢、鄧。按鄢原為春秋時的鄭國領土，晉楚戰於鄢陵的鄢陵便是。後為鄭國所取，更後為楚國所有，此時為秦國所取作為伐楚的準備。其地即今河南省的鄢陵縣。鄧即今河南省的鄧縣。由此可知其時的秦國，已向韓國西部和楚國北部下手了。但其對鄢鄧的用兵之路，是經由今豫西的洛陽迤西而南下，或經由藍田、武關、商於而東南，則不可考。但從過去對新城、伊闕用兵的事實來看，經由豫西的可能性較大。時白起已升官多年了。

六、昭王二十九年，大良造白起攻楚，取郢，為南郡。按此戰從時間上來看，是上年取鄢鄧之戰的延長；蓋秦軍已在白起指揮之下，沿漢水中游而下，攻取江漢平原上的楚都郢，郢在今湖北江陵縣北十里之杞南城。楚自此不能在江漢平原建都，只好向東遷移。是為秦國勢力到達長江流域之始。白起因此大功，進封為武安君。武安即在日後秦與趙所爭的閼與附近。

七、昭王三十一年，白起伐魏，取兩城。

八、昭王四十三年，武安君白起攻韓，拔九城，斬首五萬。

九、昭王四十七年，秦攻韓上黨，上黨降趙，秦因攻趙，趙發兵拒戰，秦使武安君白起為將，猛擊趙軍，大敗之，趙軍四十餘萬降，白起盡坑殺之。白起勝趙後即歸秦，其圍邯鄲之秦將，初為王陵，繼為王齕。白起之歸秦，是由范睢聽信游士之說而召回的，詳見本書范睢一文。後來范睢與秦王屢請白起。初稱病，被廢為士伍，此為昭王五十年之事。五十一年，再任以攻趙軍軍事指揮，白起稱病篤，遂被賜死。故長平之役，乃白起負責指揮秦軍的最後一次戰事。此戰的勝利，乃白起致死的根本。

我們試再從〈魏世家〉中，來看白起的戰功：

一、魏昭王三年，魏協助韓國攻秦國，與秦將白起戰於伊闕，魏軍大敗，魏軍被殺二十四萬。由此，可知伊闕之戰，是韓國受攻，而魏軍救之，當時韓軍實力已極小，故以魏軍為主力，而魏軍亦大敗，魏軍自此元氣大傷，心理上已經發生恐秦病，此所以邯鄲之圍，魏軍救趙，及河而止，採觀望態度之由來。此役，魏割河東地予秦，秦軍始罷。是則白起在此役中，為秦得河東地甚廣，一舉而敗韓魏聯軍，為近攻之策，收取宏大的效果。此在秦，為昭襄王十四年事。

二、昭王七年，秦攻魏，又拔魏大小六十一城。此戰主將可能是白起，〈秦本紀〉昭襄王五十八年，有「錯攻垣、河雍決橋取之」，則主將為司馬錯，得魏大小六十一城，係一大事，而〈秦本紀〉不記；但魏又失六十一城，其損失之重大可知，其對秦恐怖心理之深更可知了。

三、魏昭王十三年，即秦昭襄王二十四年，秦取魏安邑（魏之原都），魏都東遷至大梁，主將為誰，〈秦本紀〉與〈魏世家〉均不載，或為白起，亦未可知。燕趙來救，秦軍始去。

四、魏昭王在位十九年而卒，由子安厘王繼位，秦拔魏二城，未載秦之主將為誰，據〈秦本紀〉，即秦昭襄王三十一年，有白起取魏二城之事，則其主將為白起明甚。

五、安厘王二年，秦又拔魏三城，東至大梁，韓軍來救，魏割溫，秦軍始退。此戰主將為誰，〈秦本紀〉與〈魏世家〉均未載明。就上年白起取魏二城來看，此戰乃上年之役的延長，其主將仍為白起，可無疑義。秦軍離大梁已為安厘王三年之事。又安厘王四年，秦又拔魏四城，殺魏軍四萬。明年，即安厘王四年，秦軍又破魏、韓、趙聯軍，殺十五萬人。這一連串的戰爭，似乎都和白起有關。但此役，〈魏世家〉載有「走我將芒卯」語，而〈秦本紀〉秦昭襄王三十三年，有如下的記載：「客卿胡傷，攻魏卷、蔡陽、長社拔之，擊芒卯華陽，破之，斬首十五萬，魏入南陽以和」等語，則此戰的主要指揮官為胡傷，或兵分兩路以攻魏乎？

《史記．韓世家》所見的秦韓失和與白起攻韓的記載，略如下述：

一、韓宣惠王十四年，秦攻韓，敗韓軍於鄢，按〈秦本紀〉，秦昭襄王二十八年，大良造白起攻楚，取鄢、鄧，鄢原屬鄭，鄭為韓所滅，鄢遂屬韓。後為楚所取，則白起伐楚所取之鄢，實已為楚地。秦攻韓之鄢，尚在秦惠文時。

二、韓宣惠王十六年，秦攻韓，敗韓軍於脩魚，虜得韓將鯫申差於濁澤。

三、宣惠王在位二十一年而卒，太子倉立，是為韓襄王。襄王四年，秦攻韓之宜陽，明年拔宜陽，斬韓軍六萬，這是秦武王時的事，其主將則為甘茂。

四、韓襄王十一年，秦伐韓取穰，那已是秦昭襄王的時代，是役主將為誰？不詳，戰爭規模不大。是年，韓與秦攻楚，敗楚將唐眛。足證韓已受秦壓迫過甚，不能不聯秦以攻楚。

五、韓襄王十六年，秦以河外地予韓，是年襄王卒，太子咎立，是為韓釐王。

六、韓釐王三年，使公孫喜會同周魏之師攻秦，韓周魏聯軍大敗於伊闕，公孫喜被擒，部隊被消滅者二十四萬。按伊闕之役，〈秦本紀〉、〈魏世家〉，都有記載。據〈秦本紀〉的紀載，是役秦軍主將為白起，其主動似為秦軍；但〈韓世家〉則明載韓釐王「使公孫喜率周魏攻秦」，則其主動實出於韓。又〈韓世家〉與〈魏世家〉都說被殺者二十四萬人，按韓國小而民寡，以前與秦作戰，韓軍被殺六萬，已為最多的數字：故作者認為此役有這樣大的部隊參加作戰而被殺者又如此之多，其中魏軍當占多數。無論韓魏，經此一敗，距亡國之期不遠了。按釐王在位二十三年而卒，子桓惠王立，在位二十四年而卒，子王安立，王安五年，韓地均入秦，韓遂亡，秦以韓地為潁川郡。

《史記．趙世家》所見的秦趙相攻與白起攻趙的史實，略如下述：

一、趙惠文王二十五年，與魏共擊秦，秦將白起破趙魏聯軍於華陽。這是秦趙相攻，而由趙軍主動進攻的。

二、趙惠文王二十九年，秦攻閼與，閼與本為韓邑，但近於趙，對趙的安全很有關係，故惠文王派趙奢援之，秦軍被敗，是役的秦軍主將，並非白起，其主動乃出於趙。

三、趙孝成王四年，秦攻上黨，上黨守馮亭以上黨投趙，趙派廉頗援之，後又易以趙括，是役的秦軍主將，本非白起，白起是在趙括代廉頗之後而接替指揮。韓魏最與秦國相近，故受攻最烈而最早，趙則受攻較遲。長平之役後的邯鄲之圍，主將亦非白起。

楚國被攻，與白起有關係，《史記．楚世家》也有若干記載，茲摘錄如下：

一、楚宣王六年，秦封衛鞅於商，南攻楚，這大概是秦楚相攻的第一次罷！秦惠文王的時代，秦楚相攻，次數漸多，至秦昭襄王時更多。

二、楚懷王二十八年，秦與齊、韓、魏共攻楚，殺楚將唐昧，取楚地重丘。

三、楚懷王二十九年，秦攻楚，大破楚軍，殺楚將景缺，楚軍被殺者二萬。楚懷王恐，乃以太子為質於齊，欲借齊的力量，減輕秦國的壓力。

四、楚懷王三十年，秦復伐楚，楚軍又敗，楚的八個城都被秦軍所占領。秦見楚太子為質於齊，亦恐齊楚合力以抗秦，乃以昭襄王的名義，貽書楚懷王，願相結好，請懷王親至秦國，與秦要盟。楚懷王至秦，秦伏兵於武關而閉之。懷王至咸陽，令以藩臣禮相見，懷王怒，秦留懷王，相約楚以巫及黔中地與秦，乃釋懷王，懷王更怒，遂被困於秦國，後二年死於秦國。

五、楚太子自齊歸國繼位為王，是為頃襄王。秦昭襄王見困留懷王無效，於是大怒，發兵出武關攻楚，大敗楚軍，斬首五萬，取析及其他十五城。秦軍因能直接威脅楚之北疆。此役主將為誰，〈楚世家〉所未載。以雙方之時間核之，可能不是白起。因伊闕之戰，即在頃襄六年，而為昭王十四年。〈秦本紀〉，昭襄王十三年以後，白起始經常率兵出征故也。

六、楚頃襄王六年以後，鑒於秦勢日強，對楚壓迫日甚，故與秦和，此後十餘年間，頃襄王屢與秦昭襄王會晤，秦楚間無甚戰爭。但頃襄王對他的父親楚懷王被秦留死，始終企圖報復，至十八年而漸與秦離。頃襄王十九年起，秦楚又常常構兵。十九年，秦軍伐楚，又敗楚軍，楚割上庸及漢北地，秦國的力量，遂達漢水中游。此戰的秦軍主將，可能就是白起。

七、楚頃襄王二十年，秦將白起，攻楚，拔西陵。西陵的今地，可能是在今湖北的宜昌附近。如果作者的解釋不錯，那秦軍已自漢水中游，直向長江北岸進攻，其進攻路線，已在楚都郢城的西方向西南發展，郢都已遭受重大的威脅了。

八、楚頃襄王二十一年，白起拔楚郢都，焚燒楚國先王的墳墓。頃襄王的楚兵，潰不成軍，不復能戰，因退向東北，保於陳城。陳在今河南開封以東，安徽亳縣以北之地，其主要城市，大約就是現今的淮陽。楚自此遠離其發祥地而東遷，自長江中游遷向淮河上游了，這當然是秦國的大勝利。自頃襄王十九年秦拔上庸至二十一年秦占郢都，是整個的一個戰役，故知十九年攻楚的秦軍主將亦為白起。

九、頃襄王二十二年，秦復拔楚之巫郡與黔中郡。或謂此役的秦軍主將來自蜀郡，其名為「若」；但白起之軍既已先抵西陵，溯江而上，即達巫，由巫而南，即為黔中。楚軍的基本武力已經潰散，楚王亦已東移至陳，則白起秦軍對經已隔絕的巫與黔中，當可傳檄而定，並不需要多大的戰爭。巫與黔中由白起所底定，其可能性當極大。〈楚世家〉記此事云：「秦復拔我巫黔中郡」，自上文而來，由白起所拔，其意也相當的顯明，證以〈白起列傳〉，此事已無庸致疑。

由上所述，可知楚的殘敗，白起所建的軍功之大。雖頃襄王在保陳以後，收集敗殘楚兵，得十餘萬，收復秦所陷江旁城邑十五處，但「帶甲百萬」的楚國，自此與韓、魏的命運相同，元氣大傷，對秦不能再發生什麼威脅的作用了。及長平之役，趙國也步上楚、韓、魏的後塵，秦國的力量已經遍布於中原的西部，直到長江的中游。大半個中國，已納入秦國的統治；而且這些殘餘下來的封建諸侯，已經不很再能作有效的抗秦。所以我們說秦的統一基礎之完成，在秦昭襄王的統治時代，是一重大關鍵。而白起在這個時代的三十來年中，不但為秦國擴充很廣的領土，同時還摧毀許多與秦國毗連的封建諸侯主力部隊，其貢獻之大，無須多贅。

白起的軍功，在〈白起列傳〉中，至上列〈秦本紀〉、韓、魏、趙、楚諸世家外，還有比較詳細的記載，茲摘錄如下：

一、秦昭王十三年，白起為左庶長（〈秦本紀〉作左更），將秦軍，擊韓之新城。

二、秦昭王十四年，白起為左更，攻韓魏於伊闕，斬首二十四萬。(與〈秦本紀〉同)，虜其將公孫喜，取韓安邑以東，到乾河。

三、秦昭王十五年，白起為大良造，攻魏拔之，取城小大六十一。(〈秦本紀〉、〈魏世家〉所無)

四、秦昭王十六年，白起與客卿錯攻垣城拔之。

五、秦昭王二十一年，白起攻趙，拔光狼城，〈趙世家〉有代，此不載。

六、秦昭王二十八年，攻楚，拔鄢鄧五城，〈秦本紀〉無五城字樣。

七、秦昭王二十九年，攻楚拔郢，燒夷陵，遂東至竟陵(此句〈秦本紀〉、〈楚世家〉均無)，秦以此為南郡，白起遷為武安君。武安君因取楚定巫、黔中郡。

八、昭王三十四年，白起攻魏，拔華陽，走芒卯，虜三晉將，斬首十三萬，與趙將賈偃戰，沉其卒二萬人於河中。

九、昭王四十三年白起攻韓陘城，拔五城，斬首五萬。

十、昭王四十四年，白起攻南陽、太行道，絕之。

十一、昭王四十五年，伐韓之野王，野王降秦，上黨道絕。上黨旋降趙。

十二、昭王四十六年，秦攻韓緱氏、藺，拔之。此事記載於〈白起列傳〉，其主將當為白起。

十三、昭王四十七年，秦使左庶長王齕攻韓，取上黨，上黨民走韓，趙軍長平，秦軍向趙軍進攻，廉頗將趙軍，犯秦斥兵，廉頗兵堅壁以待秦，秦兵屢向趙兵挑戰，趙兵不出，趙王遣使責廉頗。秦相應侯使人行千金於趙，使反間計，散佈流言，誣廉頗將降秦，謂秦軍獨畏馬服子趙括代廉頗。這一段經過，趙括既代廉頗，秦亦以白起代王齕。所以長平之役的秦軍勝利，乃白起指揮的成功。

我們綜合各方面關於白起軍功的記載，大同而小異，而以〈白起列傳〉所載為比較的詳盡。但其間也有若干紀年方面的歧異。如〈白起列傳〉：「明年，白起為大良造，攻魏拔之，取城六十一。」此明年，依昭王十三年為基期而作推算，則應為十五年，與〈秦本紀〉相合；但按諸〈魏世家〉則云：「秦拔我城大小六十一」，與秦昭王紀年相核，則應為昭王的十七或十八年。此或為根據雙方的史料，而有不同的記載，拔魏城六十有一，當為相當規模的大戰爭，或秦軍出發為昭王十五年，示此役延長達二、三年之久，未可視為一種記載的錯誤，而是戰事的起與訖之不同。

我們綜合白起的軍功，當以伊闕、郢都之戰、取魏六十一城之戰等役，摧毀敵人的主力部隊最多，為秦國拓地最廣，其關鍵性的重要，與長平之役，實無軒輊。但是，其他戰役的經過，都無記載可查，獨長平之役，其經過有相當詳細的記載，足證此役的勝利，為武安君的得意傑作。

二、長平之役

長平之役的原任指揮官為王齕，當時任左庶長，也算是秦的名將，但其聲望與才能皆在白起之下。秦昭襄王四十五年，白起攻韓取野王，自此，上黨與韓國領土相隔絕，由秦國來看，上黨絕無抗秦之力，秦國只要派一個次要將領帶些兵馬去接收受降，便可了事；初不料上黨守馮亭之投趙，更未料到趙軍會自太行山下翻越而來，與秦軍決一勝負。但是我們從王齕與廉頗對壘尚能獲勝的一點來看，足證王齕所率之兵不在少數，此一相當龐大的部隊可能作為未來對趙之用，初未料及即與趙軍作殊死之戰。趙軍陣前易帥，秦軍則在王齕之上加一個高級指揮官，而把王齕降為尉，係偏將的性質，故秦軍實在是臨陣加帥，不是臨陣易帥，這一點便比趙軍高明多了，因為臨陣易帥，是兵事之大忌。不過白起到上黨前線執行統帥任務，是一件極機密的事，當時有一個嚴格的命令：「有洩武安君者斬！」此中自有一段祕辛，但為史家所未載。

《東周列國志》倒有一段傳說或想像的說法，據說馬服子趙括，自視極高，謂秦將碌碌，皆不足道，他最畏懼及佩服的，只有武安君白起。秦之臨陣加帥，而以白起任之，即以此故；其所以嚴禁洩漏武安君至前線策劃戰事的消息者，蓋欲使趙括自大而疏於防範耳。此說雖於史實無據，但尚不失為平實的解釋，以趙括誇大成性的特色來看，或有其事，亦未可知，要不能視為真正的史實。

白起既至軍，適趙括揮趙軍來攻，秦軍奉武安君計劃，佯敗退走，密張兩翼，以俟趙軍。不知死活的趙括，果率趙軍追至，直抵秦軍的營壘，營壘頗堅，趙軍不得入。白起的兩路奇兵，一路二萬五千人，突擊趙軍後方的糧道而占領之，趙軍無法使糧道復通；另一路一萬五千騎則突擊進攻秦軍營壘的趙軍，遮斷其退路。於是，趙軍被隔為二，前後不能相顧。秦軍更以輕兵擊趙軍，趙軍被敗。趙括在此種類於包圍的惡劣情況下，只好築壘固守；逆料趙王聞此消息，定必出兵相援。但是，趙國將有援軍到達前線，白起與秦國當然料想得到的。很奇怪的，我們在趙國記載中，看不到趙國的援軍；但在〈白起列傳〉中，則很清楚的看到秦國的援軍。據說，秦昭王聽到了趙軍糧道斷絕，親至河內，調度援軍事宜；他下令國中民（當係壯丁）各進爵一級，民年十五歲以上者，都調赴長平前線，加強對斷絕趙軍糧道和隔絕趙軍為二的秦軍戰鬥力。戰爭延長到九月，趙軍被困四十六日，營內趙軍完全斷絕糧食，士卒飢餓不堪，甚至有互相殘殺以為充飢者。到了第四十六日，趙軍實在餓得不能忍耐了，他們認為與其坐而待斃，不如與秦軍一拼，也許能夠死裡求生，也未可知。趙軍是抱了這種心情而不顧一切和秦軍衝殺，可是飢餓不堪的趙軍，如何能夠戰勝士飽馬騰的秦軍呢？所以趙兵衝擊秦軍之守衛線，雖然分作四隊，接連著四次的衝殺，仍然不能衝破秦壘，到了第五次已經是強弩之末了，趙括到了這個時候，才盡出趙軍的銳卒，親自指揮，響應衝擊軍，共同作戰。其結果，趙括被秦軍射殺，趙軍在群龍無首的狀況下，只好向秦軍投降。是役，降秦的趙軍，全部達四十萬人，連同廉頗指揮前後所亡失的趙軍，總數在四十五萬以上。趙軍損失之慘重，由此可知。

我們從趙軍忍不住飢餓而向秦軍衝殺的情形來研究，可知這一部分趙軍是被秦軍隔絕的孤立在秦壘之間的趙軍。這一部分被截斷歸路的趙軍，也就是被白起佯敗所引進來的趙軍，在臨時築成的守衛地區能夠堅戰達四十六日之久，足見趙軍的堅強；飢餓到殺人為食的時候，還能夠支撐得住，而對秦壘作五次的衝擊，更可見趙軍是一種非常優秀的部隊。事實上，趙括的糧道已經被斷，趙括的本軍也已經遭受秦軍的包圍，不過趙括本軍所攜帶的糧食較為充足，故其嚴重性不如更前方的趙軍那樣。但是，作為主將的趙括，對此情形應該了解，更應該及時運用優秀的趙運，衝破包圍圈，與趙國本國的後援部隊取得聯絡，才合正理；而他先攻後守，一任孤立在最前方的部隊忍飢堅守至不能生存的時候，自動的動擊秦壘，直到第五次衝擊，也就是最沒有力量的衝擊，他才盡出銳卒，他的麻木而不負責，真可以說到了極點。

當時秦趙兩軍的形勢，我們可以理解的是各分三層：秦軍本壘之前，是被白起佯敗所引來的最前線的趙軍，其後是隔斷趙軍與大營聯絡的秦軍，最初只有二萬五千；又後是趙軍的大營；大營之後，又有秦軍斷絕趙軍的糧道，最初只有二萬五千人。這一隊秦軍之後，當有增援趙括的趙軍。這樣相互包圍的形勢，各有兩支部隊在敵人的夾縫中，以耐力的短暫和力量的大小決勝負。秦昭襄王知道這一戰的關係重大，所以親至河內，調度援軍，不僅盡出秦國壯丁，而且動員到十的秦軍打開一條血路，與本國的援軍取得聯絡，保持補給線的暢通。趙括採取這個重大的抉擇時，要以趙國的國力是否可與秦國相抗衡為根據。明顯地說，趙國的國力如果能夠與秦國相抗衡，則應向前衝擊，接回攻秦壘的趙軍；否則，只有打通後路，即使犧牲攻秦壘的趙軍，也在所不惜了。按進攻秦壘的趙軍之歸途被斷，起初只是秦軍萬五千人，趙括如果有指揮能力，則突擊而敗之，應非難事；但是攻壘的趙軍不能勝利而被切斷時，趙括忽改攻勢為守勢，任由這些攻壘的趙軍孤立於秦軍之間；而且，他守勢到底，對來自本國的援軍，也不開壘出兵，攻擊截斷其糧道的秦軍之後路，而坐待趙援軍與秦援軍作戰。趙括坐誤戎機，那是顯然的事實。攻秦壘的趙軍，在臨時營壘中被圍了四十六日，非出擊無以為生，他們出擊方向是什麼呢？我們從〈白起列傳〉的《史記》原文來看，似乎仍然是向他們首先衝擊而不能獲勝的秦長泰壘，這便是他們的大錯誤。長泰壘是秦軍本壘，趙軍在一鼓作氣的時候尚難攻入；而在疲憊不堪的時候，攻此堅壘，自然沒有勝利的可能了。他們進攻的方向應該向趙括大營之前的秦軍攻擊，同時更當儘量提高喊殺之聲，使趙括大營知道他們衝擊的方向，以大軍夾擊中間的秦軍，尚有勝利的希望，仍有與大營取得聯絡的可能；而他們只知道攻秦堅壘；在他們第五次衝擊時，趙括始揮軍出應，已無補於事了。由上分析，可知趙括無才，不知彼，不知己，胡亂的指揮著攸關趙國國運的大軍，斷送了四十萬趙國的精銳部隊，他自己一死了之，固無足惜，但是由他所發生的趙國的禍害，真可說是慘不可言。這裡，我們要再補充說一句，中國到了戰國的時代，已經逐漸走向統一，長平之役，即使趙括的指揮沒有錯誤，這種割據局面，也不會有多少的延長，這是必然的。

長平之役的趙軍達四十萬之眾，這四十萬俘虜，白起如何處置呢？白起的辦法是「全部坑殺」。這裡我們來看一看白起所持的理由。我們認為秦法以殺人多少來計功，是白起坑殺四十萬趙國俘虜的基本因素。但是白起卻另有其由。他認為秦國已得上黨，上黨民不樂為秦國的順民，因而違抗韓王的意旨，投降趙國，以致發生這場秦趙兩國以國運為賭注的戰爭。他認為上黨之民反側難信，是仗著趙軍，留趙軍在長平，終究不是一件妥當的事情。上黨居民如無趙軍為後盾，顯然是比較容易接受被秦統治的。因此，他把秦國順利地統治上黨的條件，建築在坑殺全體趙俘的基礎上，因而他「挾詐而盡坑殺之，遺其小者二百四十人歸趙」。秦在此役中淨殺趙軍四十五萬人。白起這種打算，從秦國統一全國的觀點來看，有好的方面，可是更有其壞的方面。好的方面，表現了秦軍的強，使許多封建諸侯的部隊，不敢與秦軍對壘，為秦國建立了先聲奪人的威望。但是在壞的這一方面，卻使秦國是虎狼之國的惡名，深深地刻印在各國人民的腦際，尤其是對秦軍慘極人寰的暴行，更加深惡痛絕，對抵抗秦國的運動，無形中支持更力。秦國所遇的抵抗力愈大，統一實現的時間愈後；而各方游士，尤以不得志於秦國的游士為然，更加得到莫大好機會，以合縱之說，打動各國諸侯，組織聯合部隊，以抵抗秦國，這是白起所想像不到的。所謂「以力服人者非心服也」，這種道理，不是白起所能了解的。而尤其出於白起意外的，他的生命，竟以長平之役的勝利，而種下殺身的禍根。假使用宗教家的眼光，來衡量白起的結局，那可能是殺孽太重的代就是戰國大游士蘇秦之兄。蘇秦合縱計劃的完成，第一個贊成的是趙國，蘇秦就此起家，所以蘇氏對趙國有很深的香火情緣。長平既敗，太原、皮牢復失，不僅趙國震恐，就是韓國也惶惶不可終日，大有禍將臨頭之感。於是蘇代便奉命以厚幣使秦，求見范雎，祕密陳詞，他是從范雎與白起之間的利害關係來下說詞的，他說：

「武安君禽（同擒）馬服子乎？」曰：「然。」又曰：「即圍邯鄲乎？」曰：「然。」「趙亡，則秦王王矣，武安君為三公。武安君為秦戰勝攻取者七十餘城，南定鄢、郢、漢中，北禽趙括之軍，雖周、召、呂望之功不益於此矣。今趙亡，秦王王，則武安君必為三公，君能為之下乎？雖無欲為之下，固不得已矣。秦嘗攻韓，圍邢丘，困上黨，上黨之民皆反為趙，天下不樂為秦民之日久矣。今亡趙，北地入燕，東地入齊，南地入韓、魏，則君之所得民亡幾何人？故不如因而割之，無以為武安君功也。」（《史記‧白起王翦列傳》）

應侯范雎時為秦相，深得昭王的信任，真是一人之下，萬人之上的暄赫人物。故蘇代以武安君在秦政府的地位，在亡趙之後，將高過於應侯，來打動范雎對白起的妒忌之心，這是他游說的主題；但是他還有副題，那是秦雖把趙國亡了，所得仍然無幾，天下統一，亦未必可完成，因趙地必將為燕、齊、韓所瓜分；而秦所得地區的居民，因為都有像上黨之民的心理，不願意做秦國的百姓，亡走者必多，那便是秦國得到的是一片空地，而諸侯反多得人力以抗秦，也不是秦國前途的利益。蘇代這一篇說詞，真可以說公、私兼顧，賢如范雎，也不能不佩服他的見解，所以他的「不如因而割之，無以為武安君功」的結論，直進到范雎的腦際，范乃言於秦王，以秦兵疲勞，應該休息為理由，建議允許韓、趙割地以和。武安君不能不服從秦政府的命令，把部隊撤回秦國。其實，這是白起所極不願的這是秦昭襄王四十九年正月的事。白起後來知道了主張撤退秦軍回國是范雎，而由秦王所認可，其意義何在?他當然也懂得。所以他從此與范雎有隙，造成將相不和的局面。我們曾經把范、白失和與廉、藺相和作過比較，認為范雎的氣度不如藺相如。藺相如倘使不能容忍廉頗的狂傲，則趙國危；白起並未對應侯狂傲，只因功多地位將居其上，而被其所忌，造成邯鄲之圍的失敗，甚矣，將相之不能不和也！

其實，秦、趙之間的罷兵言和，只是短期的停戰。中間只是隔了九個月，戰端又啟。這九個月，在秦軍經過了一個大戰後，連十五歲的大孩子都動員到的大戰役，休息一下，也是重要的；但對打敗仗的趙國來說，更為重要。因為趙國得到這九個月的時間，便可以重行徵召和編組其部隊，激勵其士氣，修補其城垣，以待強敵之再度來攻。邯鄲之圍能夠堅持兩年之久，終能藉外援之力，擊潰秦軍，使趙國能夠繼續生存下去，都是這九個月的和平期間所賜與。蘇代說得很清楚：秦再進軍，趙國必亡。故此後趙國還能存在一段時間，是范雎給它的機會。政治家不能有私心，特別是決策階層的政治家，如果一有私心，必將有損於國家，有益於敵人，這裡是一個明顯的例子。

秦軍再度攻趙，即在罷戰言和以後的九個月。這次派遣的指揮官，不是白起，而是官居五大夫職位的王陵。白起之未被派遣，據說是因為他生病。白起是真的生病，還是和范雎賭氣，害的是政治病？我們從這件事的前因後果來看，白起是在賭氣，而范雎派一個五大夫來指揮圍趙軍事，也似乎在賭氣，把國家大事視同兒戲，這兩個人氣量之狹，以視藺相如的寬大能忍，廉頗的天真直率，那真不可同日而語了。趙軍雖經長平大敗，但是趙國的人民畢竟久經戰陣，經過九個月的休養生息與改編訓練，更有知兵善戰的廉頗等策劃於其間，一支能征慣戰的隊伍又編成了。對秦國五大夫王陵所統帥的秦軍，攻雖不足，守尚有餘，王陵圍邯鄲，趙軍憑城固守，秦軍竟奈何不得。秦國增兵援王陵，而趙軍守勢益堅，王陵軍且多亡失。秦國至此，始加重視，認為攻取邯鄲，並不如想像中的那麼簡單。秦王於是又想到了白起，要白起代替王陵，指揮攻趙的秦軍，白起不肯接受命令，而且對秦軍攻圍邯鄲，作一預測性的批評。他說：

「邯鄲實未易攻也。且諸侯救日至，彼諸侯怨秦之日久矣，今秦雖破長平軍，而秦卒死者過半，國內空，遠絕河山而爭人國都，趙應其內，諸侯攻其外，破秦軍必矣。不可！」（《史記・白起列傳》）

白起這一番話，可能是當著秦昭王面命白起出任而說的。我們從白起的話中，可知長平之役，秦軍雖勝，但是損失亦復重大，「秦卒死者過半」，足證趙軍在此役中的苦鬥成績，實亦不惡，但是白起對攻趙一事的見解，前後矛盾，當使秦國掌權者感到非常的不愉快。原來，白起是主張乘勝進圍趙都，故長平之戰勝利以後，秦軍分為三部分，白起、王齕、司馬梗分任指揮，王齕攻拔皮牢，司馬梗攻拔太原，而白起指揮的部分，正是用作圍攻邯鄲。但是，應侯范雎私心自用，聽了蘇代之言，硬與韓、趙罷戰言和，使趙軍得到喘息的機會，如果那個時候就讓白起進攻邯鄲，趙軍真有措手不及的痛苦，趙國雖未必因此而立即亡國，但是邯鄲之難於守得住，將是不易的形勢。秦國掌權者不徵詢白起的意見，逕行構和，而令白起歸國，白起內心的怨憤，我們可想而知。秦軍在九個月之後，又出兵圍攻邯鄲，時白起正在生病，他這場病即使不是政治病，也和長平勝利後的不能逕圍邯鄲有關；但是秦國在出兵之前，未與白起商討；而白起認為那個時候趙軍已經得到休息和整補的機會，秦軍遠攻，勝利絕無把握，而被敗的公算，反而較多，我們不能不說他的理由是相當的充分。但是在秦王看來，白起這一番話是在發牢騷，是一種推托之詞，而他發牢騷的對象，是應侯范雎，所以昭襄王要范雎親向白起勸說，可是白起堅決地不肯接受這個任命。〈秦本紀〉在昭襄王五十年十月，有這麼幾句話：「武安君白起有罪，為士伍，遷陰密。」

這幾句話就是表示白起在堅拒秦王的面諭和范雎的勸說之後，秦政府認為他固意抗命，便以抗命之罪，免他武安君的爵位，削職為民。按〈秦本紀〉載秦昭王「四十九年正月，益發卒佐陵，陵戰不善，免，王齕代將。」由此可知王陵自昭王四十八年十月攻趙無功；至四十九年正月以後，改由王齕指揮，至五十年十月，而王齕也沒有什麼建樹，於是徵調白起，而白起堅不允任，以致獲罪。由此，可知白起成見之深。秦王要應侯自請白起出任新職，這等於要范雎向白起道歉。白起此時，應該見風使舵，不要再意氣用事，則以白起之能，邯鄲之戰的勝負誰屬，正未可料，至少限度，白起不致削職為民；至少限度，他的生命，不致發生危險。可是白起誓不接受范雎的歉意，以致結果弄得自殺而死，亦云慘矣。

白起最後的慘劇，是發生在圍趙秦軍，果然和白起的預言，完全一樣：所謂「趙軍應其內，諸侯攻其外」「秦軍必敗」的結論，在秦王五十年十二月竟絲毫不爽的實現了。完成解邯鄲之圍，敗王齕的，是魏信陵君和楚春申君。《史記．信陵君列傳》，有這麼一段：

「魏安釐王二十年，秦昭王已破趙長平軍，又進兵圍邯鄲。公子姊為趙惠文王弟平原君夫人，數遺魏王及公子書，請救於魏。魏王使將軍晉鄙將十萬眾救趙。秦王使使者告魏王曰：『吾攻趙旦暮且下，而諸侯敢救者，已拔趙，必移兵先擊之。』魏王恐，使人止晉鄙，留軍壁鄴，名為救趙，實持兩端以觀望。平原君使者冠蓋相屬於魏，讓魏公子曰：『勝所以自附為婚姻者，以公子之高義，為能急人之困。今邯鄲旦暮降秦而魏救不至，安在公子能急人之困也。且公子縱輕勝，棄之降秦，獨不憐公子姊邪？』公子患之，數請魏王，及賓客辯士說王萬端。魏王畏秦，終不聽公子。公子自度終不能得之於王，計不獨生而令趙亡，乃請賓客約車騎百餘乘，欲以客往赴秦軍，與趙俱死。行過夷門，見侯生，具告所以欲死秦軍狀，辭決而行。……侯生乃屏人閒語，曰：『嬴聞晉鄙之兵符常在王臥內，而如姬最幸，出入王臥內，力能竊之。嬴聞如姬父為人所殺，……自王以下，欲求報其父仇，莫能得。如姬為公子泣，使客斬其仇頭，敬進如姬。如姬之欲為公子死，無所辭，顧未有路耳。公子誠一開口請如姬，如姬必許諾，則得虎符奪晉鄙軍，北救趙而西卻秦，此五霸之伐也。』……如姬果盜晉鄙兵符與公子。……侯生曰：『將在外，主令有所不受，以便國家。公子即合符，而晉鄙不授公子兵而復請之，事必危矣。臣客屠者朱亥可與俱，此人力士。晉鄙聽，大善；不聽，可使擊之。』……於是公子請朱亥。……遂與公子俱。……至鄴，矯魏王令代晉鄙。晉鄙合符，疑之，舉手視公子曰：『今吾擁十萬之眾，屯於境上，國之重任。今單車來代之，何如哉？』欲無聽。朱亥袖四十斤鐵椎，椎殺晉鄙，公子遂得晉鄙軍。勒兵下令軍中曰：『父子俱在軍中，父歸，兄弟俱在軍中，兄歸，獨子無兄弟，歸養。』得選兵八萬人，進兵擊秦軍。秦軍解去，遂救邯鄲，存趙。」（《史記・魏公子列傳》）

邯鄲之圍，秦昭襄王認為旦夕可以解決的問題，不料趙軍堅強抵抗，一再增兵，並陣前易帥，仍舊解決不了問題；而魏軍且因信陵君重其對趙的姻親之義，竊符發兵，竟不顧秦王的嚴重警告，長趨而進，楚與趙同病相憐而亦發兵救趙，與趙軍內應外合，夾擊秦軍，秦軍因而不能不解邯鄲之圍。秦軍的解圍而去，是不是由於情勢的不得已而自動退去？或因小作接觸，已見不利而解圍以去？我們無法可以確定，但是從上面所引的〈魏公子列傳〉原文來看，魏軍是向秦軍進攻的，接著秦軍便解圍而去了。但從〈白起列傳〉來看，則秦軍損失相當慘重，由此，可知兩軍曾作相當規模的接觸，秦軍處於不利的情況，其結果是遭受挫折而撤走了。但是秦軍的損失，似乎不太大。證以〈秦本紀〉的下列記載：

（一）秦昭王五十年十二月益發卒，軍汾城旁；

（二）王齕攻邯鄲不拔去，還奔汾軍；

（三）二月攻晉軍，斬首六千，攻汾城，即從張唐拔寧新中；

（四）五十一年將軍摎攻韓，取陽城負黍，斬首四萬餘；

（五）攻趙，取二十餘縣。

這些事實足以說明圍趙的秦軍，與士氣旺盛的魏、楚軍接戰後，軍事不利，便解圍而去，但仍有力量進攻其他各地。我們從王齕「還奔汾軍」的一句話來看，足證王齕撤退時相當狼狽；但仍能攻汾城，足證他的部隊尚有攻擊能力。可是王齕的圍趙都不下，尋至魏、楚兩國的救軍驟至，對趙軍事未能成功，都和武安君白起的預言相合。但是，這個失敗，從秦君和秦相看來，是武安君白起明知對趙軍事必將失敗，而白起不肯出任艱鉅，以挽救這一次的失敗，顯得武安君對秦國的忠實有了問題。所以在王齕對邯鄲解圍之前，〈秦本紀〉便載著：「武安君白起有罪死」的一事；而〈白起列傳〉則更說：

「秦王使王齕代陵將，八、九月圍邯鄲，不能拔。楚使春申君及魏公子將兵數十萬攻秦軍，秦軍多失亡。武安君言曰：『秦不聽臣計，今何如矣！』秦王聞之，怒，彊起武安君，武安君遂稱病篤。應侯請之，不起。於是免武安君為士伍，遷之陰密。武安君病，未能行。居三月，諸侯攻秦軍急，秦軍數卻，使者日至。秦王乃使人遣白起，不得留咸陽中。」《史記・

白起列傳》)

我們從〈白起列傳〉這一段的記載來看，圍趙秦軍之撤退，勢非得已；從諸侯攻秦軍急的「急」字來看，從王齕奔汾軍的「奔」來看，再和「秦軍數卻，使者日至」的幾句話相印證，足證圍趙軍是敗退而解圍，損失之大小，是另外一個問題，但是敗退確是事實。圍趙秦軍求救益急，秦王與范睢恨白起益深；及秦軍敗還，而白起連生病在秦都休養的可能都沒有了。所以，秦王和范睢之憎恨白起益深，他自己也要負些責任。在秦王和范睢都請白起擔任指揮圍趙秦軍，而白起始終堅拒之後，白起實在不該對圍趙秦軍之敗，再作批評。「秦不聽臣計，今何如矣」的牢騷語，對秦王和范睢之於白起的憎惡，正如火上加油。因而白起離開秦京咸陽，不過出城西行十里而至杜郵，秦王與范睢還放不過他，認為，白起之遷，「其意尚怏怏有餘言」，而白起之死期到了。如果白起在秦軍圍趙失敗以後，不作「今何如矣」的牢騷，秦王與范睢未必非置之死地不可！及其西出咸陽，秦王等餘怒未息，而猶恐白起心中不服，萬一背離秦國，而受其他封建諸侯的聘用，以白起之才能及其對秦軍內情的熟悉，便將構成對秦國的大禍害。由此種種，秦王非對武安君下毒手不可了。秦王與范睢對勞苦功高的白起，總算還客氣，沒有逮捕他下獄論死，而賜之劍，命自裁。白起對秦王要他自殺的命令，並沒有反抗之意，不過在他自殺之前，卻有呼天搶地的憤慨，他自己慨嘆地說：「我何罪於天而至此哉？」這個問題，後來他自己作答案說：「我固當死，長平之戰，趙卒降者數十萬人，我詐而盡阬之，是足以死！」就這樣自刎而死。

何人都抵擋不住。一個武安君被害，其他類如武安君的軍事人才，又烏得而一個一個的害死？因此，武安君雖無罪而死，但是秦國像武安君那樣的高才的軍事人才，還有很多，仍然可以指揮強大的秦軍，把封建諸侯一個接一個的滅了，終於完成了統一全國的大業。白起生卒年月不詳，白起死時年事已相當的高（按白起最早建功於昭襄王十三年，死於五十年十一月中，其間為秦國服役者達三十七年之久，如果他二十多歲出來帶兵作戰，那死時已六十歲以上了），未必能夠在他生前完成國家的統一，但必能為秦國再完成幾個勝利的大戰役，可無疑義，所以他的含憤而死，是他自己的大損失，也是秦國的大損失。孫子有言：「善戰者服上刑」，白起名將，其能服上刑，宜哉！

我們平心而論，趙軍經過九個月的休養生息與整編訓練，又有楚、魏大軍相援，內應外合的形勢已成，縱使白起接受指揮圍趙秦軍，以代王齕，除非秦國再來一次總動員，勝負之數，正在未可知之天。何況長平之役，秦軍已經動員到十五歲的青年人，而且是死傷過半，兩年之後，再來一次總動員，所能動員的人數，必已有限，以一敵三，勝算何在？由此言之，武安君之堅拒新任命，稱病、稱病篤，其或出於愛惜聲名而善藏其拙之動機乎？總之，邯鄲之戰，不繼於長平戰後，是應侯的私心，後此之失敗，是乃應侯失機的後果，何能罪白起？而白起之為我國歷史上建有大功的名將，初不因其不能善終而有任何的影響！范雎的私心自用，後來在鄭安平投降和王稽叛的情況下（二人皆范雎所引薦）使秦昭王想到白起，使范雎感到不安而去職，由此可知白起之功仍為秦王所重視，白起雖死，亦無憾了。

柒、王　翦——最後統一全國的名將

一、秦統一全國的軍事行動

白起是秦昭襄王時的名將，白起以外之秦國名將尚多，但是在秦始皇統一全國，把最後幾個封建諸侯打垮，建立勛業最大的，莫過於王翦。作者曾經提到過，戰國的晚期，我國已走上統一的大道，害死一個白起，還有許多白起來完成這一個大業。白起之死，可能把統一全國的大業延遲若干年罷了。王翦就是繼白起而完成秦國統一大業的名將。

我們要了解王翦所建立的軍功，先來了解一下秦國及當時諸侯的情況與其間的關係。

秦昭襄王的太子名悼，是在昭襄王四十年就死的，因立其妾唐八子所生之子名柱為太子。五十六年，昭襄王卒，柱繼位，是為孝文王。孝文王立一年而卒，立其子名子楚的為王，是為莊襄王，莊襄王就是為人質於趙而被陽翟大賈呂不韋視為奇貨，以重金賄賂於孝文王之寵姬而得立的。莊襄王在位四年而死，其子政繼位，這就是後來的秦始皇，他的來歷，本為呂不韋與後來為莊襄王妻的趙姬的私生子，王翦就是秦始皇時的著名上將。我們從昭襄死的時候的葬儀中，可以看到秦的帝業，實即奠立於昭襄王的時代。當時的韓王，親自參加昭襄王的喪禮，披麻帶孝的入朝於秦，並且親自送昭襄王的棺木入祠；其他各國的諸侯，不是派遣他的主帥，便是派遣他的丞相，參與喪事。這也就是說，各國諸侯，都對秦國非常畏懼，而尤以與秦為鄰，而國小民寡者為然。各國諸侯，未因秦國的賢能國君之逝世，而認為所受秦國壓力業已減少，而對秦的態度稍有不敬。我們以此為例，戰國晚期的諸侯，不自振作，救亡圖存，反而伈伈俔俔，奴顏事秦，自取敗亡，正可作為今日若干自由國家諂媚共匪結歡俄帝的殷鑑。

秦在白起被害以後，其對各諸侯的戰事，略如下述：

（一）王齕解邯鄲之圍，奔汾軍，二月餘攻晉軍，斬首六千，攻汾城，並與張唐拔寧新中，寧新中更名安陽。

（二）昭襄王五十一年，將軍摎攻韓，取陽城、負黍，斬首四萬；攻趙，取二十餘縣，首虜九萬。

（三）韓國屢敗，周王恐，乃與諸侯合力攻秦，使秦軍退出軍事上的要害區陽城。秦使將軍摎攻周，周王徒步至秦，頓首謝罪，願盡獻其邑三十六，口三萬，秦王受獻而歸周王，周民畏秦強暴，向東亡走，周之九鼎（治理國家的象徵）遂入於秦。

（四）五十三年，諸侯都向秦朝賀，韓王親自入朝。魏與秦相鄰而後至，秦怒，遣將軍摎攻魏，取吳城，魏恐，願委國聽令於秦。

（五）莊襄王元年，周王復與諸侯謀秦，秦使相國呂不韋責周王，盡入其國，僅以陽人地予周王，使其守祀。

（六）莊襄王元年，使蒙驁伐韓，韓獻成皋、鞏，秦國的疆界因此而直接與魏都大梁為鄰，秦以其新得地置三川郡。

（七）莊襄王二年，使蒙驁攻趙，重定太原。

（八）莊襄王三年，蒙驁攻魏，拔高都與汲；又攻趙揄次、新城、狼孟，取三十七城，秦遂於翌年置太原郡。

（九）莊襄王四年，王齕攻上黨，以上黨仍不服秦治而反秦之故。是年，魏信陵君無忌率五國之兵攻蒙驁統率的河外秦軍，秦軍敗還。由此可知蒙驁統率的這一支秦軍一直在山西高原的中部一帶作戰，至此始退至河西。

（十）秦王政二年，將軍麃公（麃為其食邑，公為其爵，此人真姓名，史所未傳，但為當時的名將之一）攻卷，斬首三萬。

（十一）秦王政三年，蒙驁攻韓，取十三城，又攻魏的暘與有詭，明年拔之，罷軍而歸。

（十二）五年，將軍驁攻魏，定酸棗，並攻燕虛、長平、雍丘、山陽，皆拔之，取二十城，遂置東郡。

（十三）六年，韓、魏、趙、衛、楚合兵擊秦，取壽陵，按壽陵本趙地，則是時秦必攻趙，因而有五國聯軍之攻秦。及秦兵出，五國兵皆罷。是役，足以見諸侯畏秦之甚。

（十四）七年，蒙驁攻龍、孤慶，這些地方，都是趙地。由上年五國聯軍之退走，因知秦兵東出的主將，乃是蒙驁，聯軍雖退，而秦攻趙不已。是役，蒙驁死於軍中。按蒙驁本為齊人，而為秦所重用。白起死後，將軍麃公（史不傳其姓氏）、王齕（即王齮）與蒙驁並被重用，而蒙驁所立戰功尤多。蒙武即蒙驁之子，而蒙恬、蒙毅則又為蒙武之子，三世為秦將，名重聲高，聞於當世。蒙驁雖死，但其所統之軍，仍還攻汲。

（十五）十一年（八年有長安成君之叛，九年有嫪毒案，故未對外用兵），王翦、桓齮、楊端和攻鄴，取九城；王翦並攻閼與、撩陽。桓齮則攻鄴與安陽。

（十六）十三年，桓齮攻趙平陽，殺趙將扈輒，斬首十萬。

（十七）十四年，攻趙軍於平陽；取宜安，破之，殺其將軍。桓齮定平陽、武城。按平陽之戰，延長兩年，其主將為桓齮。平陽、宜安等地均失，趙在山西高原已無據點，其西方的外衛地區，都落入秦軍之手了。

（十八）十五年，大興兵，一軍至鄴，一軍至太原。按此為兩路進攻趙國的軍事部署。

（十九）十六年，發卒受地韓南陽假守，此當為韓南陽假守降秦，故發兵受降，並無戰事。

（廿）十七年，內史（官名）騰攻韓，得韓王安，盡納其地，韓亡，秦以其地為潁川郡。

（廿一）十八年，大興兵攻趙，王翦將上地，下井陘；端和將河內羌伐趙，圍邯鄲。

（廿二）十九年，王翦、羌瘣盡定趙地，虜趙王遷。秦王政親至邯鄲勞軍，凡與秦王外祖家有仇怨的人，都被阬殺。王翦引兵屯中山，欲攻燕。趙公子嘉（本為趙孝成王嫡子）率其宗族數百人奔代。趙至此，實際已經亡國了。

（廿三）二十年，王翦、辛勝攻燕，代發兵救之。秦軍破燕太子丹於易水西。

（廿四）二十一年，王賁（王翦之子）攻燕的薊，秦王並增援王翦，燕軍又被大敗，薊城破，太子丹被殺，燕王東走，收遼東地，仍稱王。燕國至此，和趙一樣，實際上已經亡國了。由十八年至二十一年，王翦為秦滅了燕、趙二國，北方均入秦國的版圖，六國只剩下魏、楚、齊三國了。

王翦在立此大功之後，以老與病為理由，辭職歸新鄭。

（廿五）二十二年，王賁攻魏，引黃河之水灌大梁，城破，魏王請降，秦取其地。至此，魏也不存在了。

（廿六）二十三年，秦王政召王翦，勉強他擔任指揮攻楚的軍事。王翦南取陳以南至平輿的楚地，虜楚王負芻。秦王南巡至郢、陳。按白起破楚都郢以後，楚東遷至陳，後又南遷至壽春，仍稱郢，故秦軍破郢而俘楚王，所破的乃是壽春，楚遂亡。惟楚將項燕立昌平君於淮南，楚地尚未悉平，一如燕趙那樣留著殘餘的封建地區。

（廿七）二十四年，王翦、蒙武連軍攻楚新立的昌平君而破之，項燕自殺，楚地之未定者，只有江南一隅之地了。

（廿八）二十五年，大興兵，以王賁為將，攻殘燕於遼東而破之，虜燕王喜，燕地至此悉定。王賁軍還攻代，虜代王嘉，趙地悉定。是年，王翦定楚江南地，並滅越君，置會稽郡。攻楚軍事，至此告一段落。

（廿九）二十六年，齊王建發兵守其西界，不與秦通。齊國至此，已三面被秦包圍，僅守西界，何濟於事？其北面，有王賁指揮的強大秦軍，其南則有王翦指揮的更強大秦軍。王翦定江南地，遲於王賁定燕、代。王賁遂以得勝之師，南向攻齊，虜齊王建，齊國遂亡。至此，戰國時期七雄並稱的局面，完全統一於秦的統治之下。齊距秦最遠，國力亦大，而且中間尚有韓、魏，故滅亡的時間表上，最後才輪到齊。

二、王翦的軍功

王翦在滅亡六國的作戰上，依據〈秦本紀〉的記載，他是首先滅了趙國，接著就把燕國滅了，而殘餘的趙和燕又為其子王賁所滅；王賁又滅了魏，王翦又滅了楚，最後殘存的齊，在他們父子夾攻之下，也由王賁自北而下的把它滅了。由此，可知六國之滅，除了最早的韓國是被內史騰所滅外，其他五國的滅亡，都是王翦父子之功，而王翦所立之功尤多。此在五國的記載上，也可以得到明明白白的證據。

《史記．趙世家》所載長平之役以後的趙國被秦所伐，有如下各役：

（一）趙孝成王十七年，秦攻趙，取榆次三十七城。

（二）趙悼襄王二年，秦召春平君而留之。春平君者，趙之太子，而甚為趙王所喜愛，秦遣還春平君而占趙平都。

（三）趙悼襄王三年，龐煖率趙、楚、燕、魏之銳師，攻秦蕞，不拔。此為以趙國為首的最後一次的合縱攻秦。合四國之銳師，而不能克秦一城。諸侯之力，遠不如秦，由此可知了。

（四）趙悼襄王六年，魏以鄴與趙。九年，秦攻鄴，拔之。按此即秦王政十一年的鄴城之役，主將即為王翦，時蒙驁已死，王翦初為統帥，率師遠征，首戰成功。

（五）趙幽繆王即趙王遷二年，秦攻武城，扈輒率師救之，軍敗被殺，武城亦不守。按殺扈輒之役，秦方記載，武城易為平陽。

（六）趙幽繆王三年，秦軍攻赤麗、宜安，李牧率師援之，與秦軍戰於肥下，秦軍不敵，桓齮卻走。按此即秦王政十四年攻平陽、宜安之役，秦紀無赤麗而有平陽，亦未言遭受趙援軍之攻擊，不敵後卻，秦方諱失敗。時廉頗已亡，龐煖已死，故以李牧為大將。李牧建此大功，因而被封為武安君。

（七）趙幽繆四年，秦攻番吾，此條為秦紀所無。

（八）七年秦人攻趙，按此即秦王十五年兩路大攻趙之役，十五年準備，十六年進攻，主將為誰，秦方無記載，更不言成敗。趙方對此役，則有記載，趙的大將為李牧，佐以司馬尚。李牧連卻秦軍，秦方乃重賂趙王左右的秦間諜，誣害李牧欲反，而以司馬尚為代，李牧殺司馬尚（此據〈趙世家〉，但〈李牧傳〉則司馬尚亦為被誣之人），趙王乃以趙蔥及齊將顏聚為將，趙使人微服捕李牧而斬之，廢司馬尚。其後三月，王翦即進兵向趙都進攻趙軍，趙蔥軍破，顏聚遁走，趙王遷降，流於房陵，即死於此，葬於此。趙王遷降而趙亡。

〈燕世家〉所見的秦國對燕攻擊，有下列諸重要史實：

（一）燕王喜二十三年，太子丹質於秦，亡歸燕。

（二）燕王喜二十七年，秦攻趙，俘趙王遷，更北攻燕，兵臨易水，太子丹陰養壯士二十人，使荊軻獻督亢地圖，面向秦王進呈，實欲藉此而刺殺秦王，這是荊軻刺秦王的歷史根據。事敗，秦將王翦猛襲燕軍，燕都遂破，燕王亡走遼東，燕太子東保薊城。

（三）燕王喜二十九年，秦軍破薊城，燕太子丹被殺。

（四）燕王喜三十三年，王賁破遼東，虜燕王喜，燕亡。燕立國八、九百年，為姬姓立國諸侯最悠久的封建國家。其亡國的時間，尚後於東周，史公歸其原因於召伯施行仁政的結果。

魏是第四個亡國的封建諸侯，魏、楚聯軍解趙都邯鄲之圍以後，信陵君以兵符與魏兵交還魏安釐王，因留趙。安釐王屢請信陵君返魏，信陵君於安釐王三十年歸魏。於是秦、魏之間，又有一段不尋常的關係：

（一）魏安釐王三十年，信陵君率五國聯軍攻秦軍於河內，秦將蒙驁敗走，河東稍安。但魏仍以太子增為人質，與秦講和。秦對太子增甚為優待，裝作與魏相合的模樣，於是齊、韓諸國，都對魏起疑心，此一合縱抗秦的組織，猶曇花之一現而散。這是以魏為首的最後一次的諸侯聯軍。此在秦，為莊襄王四年的事。

（二）安釐王在位三十四年卒，太子增繼位，是為景湣王。景湣王元年，秦攻魏，拔二十城，這是秦王政五年的事。秦方主將為蒙驁。是年，信陵君亦卒。

（三）景湣王二年，秦攻魏，拔朝歌，衛徙野王。

（四）景湣王三年，秦攻魏，占汲。

（五）景湣王五年，秦攻魏，占垣蒲、陽衍。此條秦記所未載。

（六）景湣在位十五年而卒，子王假立，王假三年秦軍圍大梁，以河水灌大梁，凡三月，城壞，魏王假請降，魏亡。魏之亡國，魏人頗以王家不重用信陵為詬病，太史公不以為然，他說：「天方令秦平海內，其業未成，魏雖得河衡之佐，曷益乎！」（《史記．魏世家》）這便是作者屢屢說明的戰國晚期平民知識分子致力於國家統一的歷史主流。按魏安釐王之不肯重用信陵君，是因為嫉妒其才能。〈魏公子列傳〉裡，有這麼一段故事：某一日，安釐王和信陵君（安釐王之弟）玩得正在非常高興的時候，忽獲緊急報告，謂秦軍將出動攻魏，安釐王大驚。信陵君說，沒有關係，他們是出獵。隔了沒有好久，又有報告，謂秦軍是出獵，而不是出兵攻魏。安釐王非常奇怪，問信陵君：你怎麼知道的？信陵君告訴他，他已經派了許多人到秦國去打聽消息，這種打聽消息的人，當時稱之為「間」，即今日的間諜；他們已有報告，所以他知道秦軍行動的目標。安釐王聽到了這一番話，應該為魏國有這樣能幹的人才而高興；可是，他反而認為信陵君太厲害了，他的工作如果這樣做下去，一定會影響他的王位，因而對信陵君從此冷淡下來，太史公說得一點不錯。魏自惠王不能繼承父、祖餘蔭，重用公孫鞅（即商鞅），革新魏政，以圖富強；及公孫鞅在秦改革成功，秦已富強，而魏則每況愈下，至安釐王的時代，且距亡國之時不遠，即十個信陵君，也無法挽回這個頹勢。

楚國在白起南征，失去郢都而東遷以後，其聲勢雖不如前：但仍能集合殘部，收復沿江一帶舊有土地，而淮南、江南，都是富庶之地，當時的民風，又都是非常的悍勇，仍然是一個強大的諸侯。

白起南征，是楚頃襄王十九年至二十年的事。二十三年以後，楚勢又稍振。頃襄王二十七年楚助燕攻齊，是即樂毅為燕報仇之役，聯軍中也有秦軍；楚藉此與秦交好，以左徒侍太子入秦為質而與秦和，頃襄王三十六年病，太子亡歸，是年太子代立，是為考烈王。上面所說的楚左徒，就是黃歇，他們亡歸以後，考烈王封以吳地，號曰春申君。考烈王六年，秦圍邯鄲甚急，遣平原君赴楚求救，楚援趙，戰甚力，秦、楚復失和。但秦昭襄王去世時，楚仍派其重臣春申君赴弔，以示結好。但其後秦王政初立，楚又與諸侯聯合以攻秦，聯軍不利，秦、楚之間的和好，並不穩固。而楚遂遷其都於壽春，但仍名曰郢，足證楚人對秦之畏懼了。考烈王在位二十五年卒，子幽王立，是年春申君被殺，楚益有人才凋零之苦了。其後，秦、楚之間，戰爭漸多，這些戰爭，不是楚伐秦，而秦伐楚。茲作簡述如下：

（一）楚幽王三年，秦、魏伐楚，結果不詳。按是年秦文信侯呂不韋卒，呂不幸死於嫪毒案後，嫪毒案發於秦王政九年；秦王政十一年後的數年間，其軍事的主要目標為攻趙，其對楚用兵，似是防止楚軍如解邯鄲之圍的舊例，是一種攻勢防禦的性質。故為小戰爭，秦記無此戰的記載，殆即為此；但在楚方看來，這是一件大事了，此亦足以說明楚人畏秦的心理。

（二）幽王以後，楚有王室繼位之爭。按幽王在位僅十年，卒後，由同母弟繼位，此即哀王，哀王立二月餘，被其庶兄負芻所殺，其時秦對趙軍事已告一段，移其兵征燕，翌年破燕。至負芻二年而秦對楚下手了。是年秦將王翦伐楚，大破楚軍，取楚十餘城。按王翦伐楚之前，尚有王賁伐楚，此事見於〈王翦傳〉，〈秦本紀〉與〈楚世家〉都未載，秦方或諱言失敗，〈楚世家〉不載，則不知其故了。

（三）楚王負芻四年，秦將王翦破楚軍於蘄，而殺將軍項燕。按此事楚方記載與秦方不符。〈秦本紀〉秦王政二十三年破郢，虜負芻，項燕立昌平君，復為王翦所破，項燕乃自殺。

（四）負芻五年，王翦、蒙武破楚，虜楚王負芻，楚亡。按照〈秦本紀〉所載，項燕應死於本年。但〈王翦列傳〉則謂負芻被俘於項燕自殺後年餘。

秦、齊之間的關係，據〈田敬仲完世家〉的資料而歸納之，則有下列諸事，值得我們注意：

（一）齊襄王在位十九年卒，其子建立，是為齊王建。齊王建六年，秦、趙有長平之戰，趙向齊借粟，齊不允。

（二）齊王建二十三年，秦以魏地為東郡，秦與齊相鄰。

（三）齊王建三十五年，秦滅韓。

（四）齊王建三十七年，秦滅趙。

（五）齊王建三十八年，秦滅燕。

（六）齊王建三十九年，秦滅魏，秦兵曾至歷下，對齊發生重大的威脅。

（七）齊王建四十二年，秦滅楚。

（八）齊王建四十四年，秦兵擊齊，齊王建聽從后勝的建議，以兵降秦，秦虜齊王建以歸。齊遂亡。

我們從〈田敬仲完世家〉的資料來看，齊王建是投降的；但從〈秦始皇本紀〉的資料來看，則稍有不同。〈秦本紀〉謂齊王建盡起齊軍，防守西界，當時秦已滅魏，魏在齊的西方，秦軍由魏境攻齊是很自然的一條路線，故齊軍集於西界，以為防禦。但是，當時的秦大軍，由王翦統率以滅楚，齊的南方邊界受到秦軍的壓力，實較西方為大；而另一方面，王賁也率領相當強大的秦軍，掃蕩殘餘的燕、代，由北方攻入齊境，這一路秦兵來攻，完全出於齊王及其臣屬的意料之外。

當時的齊國，已在秦軍三面包圍之下；所有的封建諸侯，都已被秦所滅，齊是碩果盡存的一個封建諸侯，其實力實在不堪秦軍的一擊；何況齊的備戰方向也弄錯了，以為秦軍自西來攻，故備其西界，不料秦軍竟自北方攻入，齊軍實無從抵抗，故后勝獻投降之計。所以〈秦始皇本紀〉所載的齊方備戰，與〈田敬仲完世家〉所載的齊王建自動投降，是各據其資料而為記載。簡言之，齊備於西，而秦軍自北來，攻其所不備，齊在無法抵抗之下，不得不自動投降耳。

總上所述，我們可以說秦滅六國，王翦父子攻滅了五國，而王翦則攻滅了三國。可知蒙驁祖孫三代和王翦父子二代，是秦國統一全國前的立功最多的軍事高級將領。

三、王翦的知機

但是王翦和白起，有一個顯著不同的性格，那就是白起是自命不凡而又貪戀祿位的軍事家，而王翦則立功以後並不戀棧的軍事家。我們試把秦昭襄王和秦王政的為人來作一比較，則昭襄王遠較秦王政為和易近人，秦王政即秦始皇則為心胸狹窄而殘忍，在行動上則有能屈能伸的特性，所謂「居約易出人下」、「得志則天下皆虜」的尉僚的批評，是有其深刻的見解的。尉僚是一個設謀定計的軍事人才，王翦則是指揮大軍而戰無不勝的軍事人才，他對秦始皇的個性，也窺測得異常深刻。所以他盡其才能，為秦政府出力，但建功以後，視如敝屣，棄之如恐不及。王翦如果像白起那樣貪戀祿位，又好發牢騷，那王翦的性命恐早已不保。我們試看〈秦始皇本紀〉的下面一段：

「二十一年，王賁攻薊，乃益發卒詣王翦軍，遂破燕太子軍，取燕薊城，得太子丹之首。燕王東收遼東而王之。王翦謝病老歸新鄭。」（《史記・秦始皇本紀》）

我們讀了《史記》的這一段，便可知道王翦的涵養工夫。他在建立滅趙破燕的大功之後，對他在秦國統一大業的過程來說，可說是如日中天，前途還很光明。可是，王翦卻在統一大業完成了一半之後，他以老病為理由向秦始皇提出辭職，還至新鄭。他把功名看得很淡薄，他對秦始皇的個性認識得非常清楚，他認為與其戀棧於功名富貴，而得不到好結果；不如見好收蓬、怡養天年來得更好。原來在攻取薊城之後，秦軍中出現了一個叫做李信的少壯軍人，嘗以數千人逐燕太子丹於衍水，卒破燕軍，得太子丹首。這個少壯軍人，深獲秦始皇的賞識，以賢勇稱之。王翦知道秦始皇的個性，認為李信將被重用，於是提出辭職。

王翦提出辭職的時候，是在破燕之後，還是在秦始皇與李信和王翦討論伐楚問題之後？這是一個問題。按照〈秦始皇本紀〉，王翦提出辭職，是在始皇二十一年，那正是他滅燕之後；那就表示了他功成身退的意思。但在〈王翦列傳〉中，則有下列的記載：

「秦將李信者，年少壯勇，嘗以兵數千逐燕太子丹於衍水中，卒破得丹，始皇以為賢勇。於是始皇問李信：『吾欲攻取荊，於將軍度用幾何人而足？』李信曰：『不過用二十萬人。』

始皇問王翦，翦曰：『非六十萬人不可！』始皇曰：『王將軍老矣，何怯也！李將軍果勢壯勇，其言是也。』遂使李信及蒙恬將二十萬南伐荊。王翦言不用，因謝病，歸老於頻陽。」《史記・白起王翦列傳》

這裡很清楚地記載著王翦之歸老，是由於「言不用」。〈秦始皇本紀〉言歸老於新鄭，而〈王翦列傳〉則言歸老於頻陽。按新鄭今仍稱新鄭，秦故城在今新鄭縣城之北，頻陽當為屬於新鄭的一個地方，亦未可知，這不算是一個大問題，問題是在王翦之請病假歸老，是在攻燕得勝之後？還是在討論伐楚問題，與李信意見不合，始皇採用李信的意見，因而請病假告歸？始皇是善疑多猜的人，以王翦之善於自全，如果在討論伐楚所用的兵數問題，與始皇所見的不同而告老，那有點兒接近意氣用事，王翦恐怕不會出此下策。按李信伐楚，〈秦始皇本紀〉所未載，〈始皇本紀〉只載著「二十三年秦王復召王翦彊起之，使將擊荊」，而王翦辭職是在秦王政二十一年破燕得太子丹之後，那麼李信擊楚，是在秦王政二十二年，應無問題。我們從這一經過來看，很可能王翦看到李信之年輕驍勇而為始皇所賞識，因而辭職以讓賢路；而這個時候，秦始皇便有伐楚的意思，便向李信和王翦提出用兵之數的問題。秦始皇採用了李信的意見，王翦因為辭職在先，所以並不引起秦始皇認為意氣用事的猜嫌，很自然的告老還家。

怎樣知道王翦是一個善於自全不肯稍露芒鋒的人呢？這裡有一個歷史事實，可以幫助我們了解這一點。原來，秦始皇真的採用李信的計劃，發二十萬兵，助以蒙恬，使南下伐楚。李信的作戰經過，《史記》作下列的扼要敘述：

「李信攻平輿，蒙恬攻寢，大破荊軍。信又攻鄢郢（按其時楚都已在壽春，但仍保留鄢郢的名稱），破之，於是引兵而西，與蒙恬會城父。荊人因隨之，三日三夜不頓舍，大破李信軍，入兩壁，殺七都尉，秦軍走。」（《史記‧王翦列傳》）

這段記載，雖甚簡單，但可以看到年輕好勝的李信，在「大破荊軍」和「破鄢郢」之後，不免心高氣傲，一心一意的實行自己的作戰計劃，不復以楚軍之尾隨其後和進入楚軍兩壁之間為可慮，因而遭受楚軍的三面突擊而大敗，都尉這一級的重要指揮官，被殺者有七人之多。現在的問題，秦始皇對於李信的大敗，採取什麼措施？《史記‧王翦列傳》，接著上文，作下列的記載：

「始皇聞之，大怒，自馳如頻陽，見謝王翦曰：『寡人以不用將軍計，李信果辱秦軍。今聞荊軍日進而西，將軍雖病，獨忍棄寡人乎！』王翦謝曰：『老臣罷（同疲或敝）病悖亂，唯大王更擇賢將！』始皇謝曰：『已矣，將軍勿復言！』王翦曰：『大王必不得已用臣，非六十萬人不可！』始皇曰：『為聽將軍計耳。』於是王翦將六十萬人，始皇自送至灞上。」

這裡，我們又要把白起和王翦作一比較：白起在長平勝利後主張進圍邯鄲，而應侯范雎不欲；九個月後，范雎欲攻邯鄲，而白起認為不能勝，加以反對，稱病不願為將；秦遣別將攻邯鄲不能下，白起則曰：「秦不聽我言，今何如？」他是在說風涼話，發牢騷；秦昭襄王自己勉強白起出將，並且要應侯范雎勸說，白起不但不允出任，而且自稱病篤，及邯鄲解圍，而白起之命休矣。

善於自全的王翦遇到「居約易為人下」的秦王政，他聽到李信的敗耗，不急於如何處罰李信，而急急於親自向王翦謝過，並且勉強王翦出來，繼任伐楚秦軍的總司令，他沒有說一句類如白起所說發牢騷性質的風涼話，只自稱「罷病悖亂」作謙詞，而在始皇帶有勉強性的央求中，便以六十萬兵為條件，而出任艱鉅了。可是王翦對於秦始皇的信任，仍是起了極大的憂慮，而另作自全的打算。他是用養老所需的美田宅向始皇作要求，讓始皇了解王翦志在豐厚養老基金，別無其他政治軍事的大慾，以安始皇之心。他在始皇親自送他至灞上的時候，乘機要求始皇給他「美田宅園池甚眾。」始皇帶著慰勉的口氣說：「將軍行矣，何憂貧乎？」王翦解釋道：「為大王將，有功終不得封侯，故及大王之嚮臣，臣亦及時以請園池為子孫業耳。」始皇聽了，報之以大笑。

君臣二人都是相當懂得幽默的。可是王翦卻非常的認真，在他從咸陽至關（此關為武關或潼關，均有可能），派了王起為代表，向始皇催索美田宅邸與園池，有人認為王翦這樣斤斤計較美田宅邸與園池，未免有點過分。王翦解釋他迭次作此請求的用意，他說：

「夫秦王怚而不信人。今空秦國甲士而專委於我，我不多請田宅為子孫業以自堅，顧令秦王坐而疑我邪？」

我們從王翦的上述談話，可以知道他對秦始皇的個性，了解得甚為深刻，在秦始皇卑躬屈節的極度信任之下，王翦還是警覺到他內心的猜忌；因此，我們有理由相信他是一個極度小心謹慎，把自己的生命看得比功名富貴還要重。作者在上面研究王翦告老辭職的時候，確定在秦始皇和他研究伐楚的兵數問題之前，他是看到秦始皇對李信的器重時，便有退避賢路之意。所以這一位秦軍最高統帥的名將，既有著戰國時代貢獻其能力給國家的時代精神，同時也很能夠把握進退的機宜，所以僅管他所面對的秦始皇，比白起所面對昭襄王難對付的多，他卻仍然能夠功成名就，全身而退。如果，當秦始皇親自向他謝過的時候，他也像白起那樣來上一句「秦不聽我言，今如何？」當秦始皇勉強他出任艱鉅時，他也來一個「病篤」的託詞，那他的性命豈不立刻完結！由此，可知王翦的品格與修養，實在比白起高明得太多了。

所以王翦的自處之道實是孫武、樂毅一流人物，比田單似尚略勝一籌。

四、蘄南之戰

王翦擁六十萬大軍以代李信，並佐以蒙恬的父親名將蒙武，他對楚軍的攻擊力量是十分充足的。可是老成持重的王翦，接替李信的指揮權後，竟採堅壁而守的原則，不肯與楚軍交鋒。而楚軍則仍以對付李信的方法對付王翦，力求與王翦速戰，百般挑戰，王翦只是不肯出擊，只是每天與士卒同飲食，要他們多休息、多洗浴，對他們撫愛有加。但是王翦卻暗中考察軍士們的行動，問他們閑空著作什麼消遣？他們說在作「投石、超距」的遊戲。投石就是比賽擲石頭的遠近，超距就是比賽奔跑的速度。裴駰的《史記集解》加以解釋，他說：「《漢書》云，甘延壽投石拔距，絕於等倫，張晏曰：范蠡兵法：飛石重十二斤，為機發，行三百步，延壽有力能手投之，拔距即超距也。」由此可知「投石超距」是軍中練習戰鬥的技術。王翦知道了這種情形，他便說「士卒可用矣。」由此，我們可以知道王翦帶著新銳秦軍再加上李信的敗殘之軍，人數極為龐大，但卻不肯與楚軍接戰，那是因為秦軍新敗，士氣難免沮喪，所以他用撫慰休息、和士卒同甘苦等方法，來鼓勵士氣。當他知道秦軍閑暇休息時仍不忘戰術的練習，他便知道秦軍已經恢復戰鬥能力，可以和楚軍作戰了。但是不知死活的楚軍，在對秦軍挑戰多次以後，以為秦軍怯戰，於是不顧王翦的大軍，竟捨而東走，王翦乃發兵自楚軍之後，加以追擊，並以精裝的突擊隊，向東行的楚軍猛擊，在蘄南地方，殺其將軍項燕，主帥陣亡，楚軍因大敗。這是一次秦、楚的大決戰，從這次戰爭以後，楚國再也沒有抵抗能力了。但是王翦在楚，仍經營年餘，始將楚王負芻俘獲，始定江南楚地，悉以為秦之郡縣，並南征百越之君，亦使之歸於秦的版圖。吳起首平百越，王翦征楚，復定百越，嶺南及越北紅河下游之屬納中國版圖，至此完全確定了。

這裡我們不了解的，是項燕的行動。項燕是項梁的父親，項羽的祖父行，在楚也是一位名將。楚王負芻，就是項燕所立的。李信破鄢郢以後，項燕已是楚國惟一的名將。我們相信率楚軍尾隨李信所統率的秦軍之後，卒大破之者，其主將即為項燕。後來率楚軍向王翦指揮的秦軍挑戰，也是項燕。但是，我們非常不了解項燕挑戰而不獲應戰，大敵當前，而他竟輕率地引軍向東，不怕敵人用他的老法子啣尾追擊，他真的太失於計較了。

這裡，我們可以解釋的，有兩個原因：其一，即項燕在戰勝李信之後，不免驕矜之氣，尤其是在他多次向秦軍挑戰而秦竟怯戰，他竟誤以為這一路秦軍已無足輕重，因捨之而東。其二，他也許仍認為當前的秦軍指揮官仍是李信一流人物，甚或仍是李信，是他手下的敗將，他認為不必更予注意。如果這個看法不錯的話，那楚軍的情報，實在是太錯了，項燕竟不知李信不過是秦軍的勇將而已，在秦軍中的地位，不過是二、三流的角色，秦國還有第一流的將帥如王翦之類，尚未出任統帥。難道秦軍易帥，項燕竟不知道？王翦帶了六十萬的大部隊，增援楚國戰場，他竟毫無所知？而竟如此輕敵，其軍敗而身死，不亦宜乎！按項氏三世為將，其失敗都是在勝利之後的輕敵，項燕之死是如此，其子項梁之死，也是如此；其姪孫項羽的失敗，也何嘗不是這個原因？軍事的勝負，尚未至最後決定階段，絕不可以驕矜輕敵，所以「戒慎恐懼」、「臨事而懼」、「好謀而成」、「備預不虞」，都是軍中最重要的格言。孫子所說：「用兵之道，無恃敵之不來，恃我有所備」，也是這個意思。由此觀之，王翦真是一個值得欽佩的人。他帶了三倍於李信的伐楚軍，到了軍中，接替了指揮任務以後，還怕秦軍在新敗之後，士氣受有影響，以守勢代替攻勢，而百般的安撫和鼓勵其部隊的士氣，見其可用，然後開壁追擊楚軍。項燕的楚軍，即使是面對著這樣強大的秦軍，還未必有戰勝的希望，何況他自亂陣腳，先行東下，予王翦的強大秦軍以追擊的好機會，楚之速亡，不亦宜乎！

這裡，我們談一談為將三世的問題。我們就戰國時的為將三世的名門之裔來看，除了上述的項氏而外，還有蒙驁，蒙武與蒙恬、蒙毅兄弟，三世都是秦國建大功、立大業的名將，而且都是非常能幹；但是蒙恬、蒙毅兩兄弟，都不得善終。王翦、王賁、王離也是祖孫三代都是秦國的名將，王翦、王賁在秦國的統一運動中之勳業之高，只要看六個封建諸侯，其中五個都是他們父子二人所滅的，便可知道他們父子真是功蓋天下了，可是到了第三世的王離，便也不得善終。這不是迷信果報，而其中因素，卻是值得推敲的一個問題。我們已經說白起以後為秦國立戰功最多的，是蒙氏與王氏，王翦滅楚之功，當然為蒙武所共享，而蒙恬與李信伐楚，李信敗而蒙恬不敗，其功亦不可沒。何況接著又是王賁滅齊，完成了統一的大業，故秦始皇對於王氏與蒙氏之功，甚為重視，封賞甚厚。秦始皇雖多疑善忌，但並未殺戮功臣。這是因為這些功臣，都是他的臣屬，能貴能賤，秦君操著全權，不比平民出身的天子，其功臣都是年相若、道相似的同甘共苦之人，一旦分名位，定貴賤，在上者心有所危，在下者心或不甘，故猜嫌起而殺戮生耳。

王離之敗，是怎樣一回事呢？那是在秦二世的時候，王翦、王賁皆已死，蒙恬、蒙毅皆已被害，而陳勝、吳廣的反秦運動，擴展而成全國性的反秦運動；尤其是六國之後，王子、王孫也好，舊臣、舊將也好，都在這全國性的反秦運動中，扮上一分角色。其中勢力最大的，在南方的楚將項燕之子項梁所領導一股力量為大，在北方則以趙的後人所領導的一股力量為大。秦政府派出兩員大將，分兩路向這些反秦的力量發動攻擊。這兩員大將，一位是章邯，主要的任務是對付項梁；另一位是王離，主要的目標是對付趙王及其臣張耳。王離就是王翦的孫子。王離圍趙於鉅鹿，當

皆斬之。』乃遣其子宋襄相齊，身送之至無鹽，飲酒高會。天寒大雨，士卒凍飢。項羽曰：『將戮力而攻秦，久留不行。今歲饑民貧，士卒食芋菽，軍無見糧，乃飲酒高會，不引兵度河因趙食，與趙並力攻秦，乃曰：承其敝。夫以秦之彊，攻新造之趙，其勢必舉趙，趙舉而秦彊，何敝之承！且國兵新破，王坐不安席，埽境內而專屬將軍，國家安危，在此一舉。今不恤士卒而徇其私，非社稷之臣！』項羽晨朝上將軍宋義，即其帳中斬宋義頭，……項羽已殺卿子冠軍，威震楚國，名聞諸侯。乃遣當陽君、蒲將軍將卒二萬渡河（按係漳水），救鉅鹿，戰少利，陳餘復請兵，項羽乃悉引兵渡河，皆沉船，破釜甑，燒廬舍，持三日糧，以示士卒必死，無一還心。於是至則圍王離，與秦軍遇，九戰，絕其甬道，大破之，殺蘇角，虜王離。涉閒不降楚，自燒殺。」（《史記・項羽本紀》）

這一段楚軍救趙的歷史事實，太史公把宋義和項羽都寫得生龍活虎一般。宋義以軍略見長，項羽以衝鋒陷陣見長。然懷王置宋義於楚將之上，而使劉邦別將一軍，以「先入關者為王」相約，則楚懷王對項氏實有疑懼之心，可以想見。我們現在所不了解的，有下列數點：其一，宋義有知兵之稱，然何以不惜士卒飢餓，而他自己則置酒高會？其二，「承秦之敝」足見宋義自有其軍事上之見解；但他為什麼看不到項羽桀傲不馴的特性？誠如宋義的見解，他為什麼不分軍令項羽援趙，而他自己引兵入秦，藉以威脅秦軍的後路而動搖其根本？我們從種種史實來研究，足使我們發生一種重大的疑問：那就是自懷王以至宋義，似乎都在設法淹留項羽的部隊於東方，使這位好勇鬥狠而叱吒風雲的楚將，失去先入關的機會。項羽正自鳴得意於破秦軍、虜王離、燒涉閒、困章邯、馳騁於燕趙的疆場，而劉邦則走南陽，出武關，而先至咸陽，降秦皇子嬰了。劉邦一軍，不編入援趙軍中，宋義遲留不前等等史實，都足以使我們懷疑楚懷王等似乎有意成全劉邦似的。而王翦之孫王離在鉅鹿之役中，本受命於章邯，章邯築甬道輸粟以支援王離，何以項羽軍在圍王離之後的九戰於甬道，我們並沒有看到章邯所領大軍的奮戰史實？其時章邯對秦尚未發生狐疑離貳的間隙，這也是令人不解的問題。《史記》又云：

「當是時，楚兵冠諸侯，諸侯軍救鉅鹿下者十餘壁，莫敢縱兵。及楚擊秦，諸將從壁上觀，楚戰士無不以一當十，楚兵呼聲動天，諸侯軍無不人人惴恐。」

由此，可知宋義之頓兵不前，以軍略自解，頗有掩飾其怯戰之嫌；而楚軍新銳之士氣，「無不以一當十」，這也許使老於戎行的章邯，也起望而生畏之心。如果作者的看法不錯，則王離之被俘，或由於秦軍之不能合作，而不是三世為將的因果報應了。

捌、蘇 秦——苦學有成的合縱家

一、引 言

昔在杭州，曾經看到麒派老生高百歲演〈六國封相〉國劇，從蘇秦游說秦王不成，見辱於妻嫂，後來苦學有成，游說趙王成功，身兼六國首相，衣錦還鄉，嫂氏膝行相迎的故事，演來頗為動人。來臺以後，曾於電視中見其片段，舞臺演出中迄未見其全貌。此劇殆為海派所擅，而為京朝派角色所不為歟？然蘇秦為戰國時期著名的外交家，史家言縱橫家術者，必以蘇秦為首，是當時組織南北諸侯的聯合陣線以抵抗秦國的東侵者，蘇秦殆為第一個成功之人。其兄蘇代、蘇厲繼之，雖不如蘇秦之成功，但承蘇秦之餘緒，仍影響當時國際政局甚大。其合縱之成功，我們今天看來，足以了解當時平民知識分子對時代負責的積極精神和建功立業的個人慾望，象徵中華民族的蓬勃朝氣。但是我們坦白的說，蘇秦是政客，而不是政治家；他是以利祿為出發點，而不是以政治理想為努力目標，以卓然不群的人格和善於解決問題的政治長才，來貢獻於國家社會。可是他苦學有成，足為我們青年學子取法的意義，仍然是很大的。這是筆者要特別介紹的基本原因。

蘇秦，這個戰國時代的雄辯家和外交家，在我們一般歷史的教育中，常常被提到。如《三字經》這部從前啟蒙生必讀的小書，其中說到「頭懸梁、錐刺股」的故事，那就是蘇秦苦學時的情形。現代的教科書中，講到戰國時代，必及於合縱連橫的外交政策，也必提及蘇秦與張儀。因此，蘇秦的名字，是大家所熟悉的。這裡所要介紹的蘇秦，主要的是他在戰國這個蘊釀全國統一的大時代中，他所處的是什麼地位？他的師承是怎樣的？他學的到底是什麼？他向各國諸侯所說的到底是些什麼？

二、籍貫與師承

關於蘇秦的籍貫與師承，《史記．蘇秦列傳》一開頭便這樣說：

「蘇秦者，東周雒陽人也，東事師於齊，而習之於鬼谷子。」（《史記・蘇秦列傳》）

這位姓蘇名秦的歷史名家，是洛陽人，洛陽今屬河南省。由此，可知春秋、戰國之世，河南省實是人才輩出之地。如子產、吳起、商鞅、范雎以及張儀等，不是衛人，便是魏人。衛在戰國時已名存實亡，而為魏之附庸，故衛人實即魏人，所以他們都可算是籍隸於河南省的當時風雲人物，可是魏國一個人才也留不住，只有一個信陵君及其門下客，也在邯鄲解圍之役後留趙不返。

魏在惠王時即不能留用人才，是魏國的大損失，魏國國弱被侵絕非因為缺乏人才，而是天下人才出於魏而魏不能用，良可惜也。

蘇秦字季子，以字來判斷他是兄弟行中最小的一個，那麼蘇秦有幾個兄弟呢？據《史記·索隱》引譙周的話，則知他們兄弟共有五人：

「秦兄弟五人，秦最少，兄代，代弟厲，及辟鵠，並為游說之士」。（《史記索隱·蘇秦列傳》）

由此可知他們五兄弟，蘇代居長，蘇秦最小，兄弟五人都是游說之士。蘇代、蘇厲，在戰國合縱連橫盛行的時期，各有表現，蘇辟、蘇鵠則未有所聞，大概沒有什麼成就。據《史記》蘇秦以連橫說秦惠王不成，狼狽而歸時，「兄弟嫂妹妻妾，竊皆笑之」，則蘇秦尚有弟弟和妹妹，則蘇辟蘇鵠，似有一人為蘇秦之弟，但既字「季子」，則史公用「弟」字加在「兄」字之下，疑為行文便利之作，好在這個問題，並無多大關係，我們無須多費篇幅作此考證了。

蘇秦之師為鬼谷子，這位鬼谷先生，實在是一個神祕人物，既無姓，又無名，僅以其所居之地，稱為鬼谷，又以教書先生之故，而自稱為子。後人對他，傳說紛紛，莫衷一是。即鬼谷一地，又有若干不同的說法，如徐廣的《史記集解》，謂「潁川陽城有鬼谷，蓋是其人所居，因為號」，《集解》又引《風俗通義》說：「鬼谷先生，六國時縱橫家」。司馬貞《史記索隱》則謂：「鬼谷地名也，扶風池陽，潁川陽城，並有鬼谷墟，蓋是其人所居，因為號。」《索隱》又引樂臺（一作樂壹）注《鬼谷子》書云：「蘇秦欲神祕其道，故假名鬼谷。」我們把幾種說法，加以比較綜合，可得下列幾點結論：（一）鬼谷實有其地，且至少有兩處，稱為鬼谷；（二）鬼谷子實有其人，且有稱為《鬼谷子》的書；（三）鬼谷與鬼谷子，都是由於蘇秦欲神祕其說而假造出來的。依作者的看法，在戰國時大多數知識分子熱衷於名韁利鎖，仍有人不願意爭名奪利，連姓名都不願留傳而僅留一個假名字，這種憤世絕俗的人，如莊子之流便是。又如北宋時代的戚同文，其時一般知識分子都熱衷於考試求取功名，唯獨他隱居起來，以傳道授業解惑做他的終身事業。戰國動亂之世有鬼谷子這樣隱姓埋名的人是不足為奇的。他所居的地方，不止一處，把所居的地名都稱為鬼谷，而〈張儀列傳〉復載與蘇秦同事鬼谷子為師，史公去古未遠，其說必有所據，我們不能因後世疑無《鬼谷子》其書，並連鬼谷其人而亦疑之，那就未免太過分了，所以作者相信鬼谷子確有其人，是不成問題的。

至於《鬼谷子》這部書是不是鬼谷先生所撰，那是有問題的。按《鬼谷子》這部書，《漢書・藝文志》所不載，〈藝文志〉僅有〈鬼谷區〉三篇。〈藝文志〉載〈蘇子〉三十一篇，而梁七錄有《蘇秦》一書，樂壹謂「秦欲神祕其道，故假名鬼谷。」《隋書・經籍志》始在縱橫家下載有《鬼谷子》三卷，加註說：「皇甫謐注，鬼谷子，周世隱於鬼谷。」唐初的長孫無忌為《鬼谷子》作序，謂「鬼谷子楚人也，周世隱於鬼谷，梁有陶弘景注三卷，又有樂壹注三卷。」至《新唐書・藝文志》，則載有「《鬼谷》二卷，蘇秦撰；又三卷樂壹注。」《蘇子》三十一篇後世不傳，而《鬼谷子》一卷、二卷或三卷，有的說蘇秦撰，有的說鬼谷子撰，其書晚出，顯係後人補成。我們試看

《史記集解》的話：「《鬼谷子》有〈揣摩篇〉」，《史記索隱》引應劭的話：「〈揣情〉、〈摩意〉，是《鬼谷》之二章名」，由此可知《鬼谷子》一書的篇名，世有傳說，好事者遂續成其書。胡應麟說：

「鬼谷，縱橫之書也。余讀之，淺而陋矣。即儀、秦之師，其術宜不至猥下如是。柳宗元謂劉氏《七略》所無，蓋後世偽為之者，學者宜其不道。而高似孫輩輒取而尊信之，近世之耽之好之者，又往往而是也。甚矣，邪說之易於入人也。宋景濂（案即宋濂撰有《諸子辨》）氏曰：『鬼谷所言捭闔、鉤箝、揣摩等術，皆小夫蛇鼠之智，家用之則家亡，國用之則國僨，天下用之則失天下。其中雖有知性寡累等語，亦庸言耳。學士大夫所宜唾去，而宋人愛且慕之，何也？』其論甚卓，足破千古之偽。」

總之，《鬼谷子》之書，或原有之，而為蘇秦所撰《蘇子》三十一篇所本而擴充之，《蘇子》一書，既早已失傳，《鬼谷子》一書又復晚出，而為儒者所不樂道。此書最早為之作序者為晉皇甫謐，或謂即皇甫氏所託名而作的，是否如此？也不過是揣測之詞而已。

三、初次游說的失敗與發憤

鬼谷子既以縱橫之術為號召而傳授其說，又得蘇秦、張儀為其弟子，對戰國的局勢，頗有其影響，則其人當時負有時望，其學亦非淺薄而無心得者可比。但是蘇秦從鬼谷子受教以後，出而向秦惠文君（孝公之子）游說，那是完全失敗的。他對秦惠文君的說詞，具見於《戰國策》：

「大王之國，西有巴、蜀、漢中之利，北有胡貉、代馬之用，南有巫山黔中之限，東有肴、函之固。田肥美，民殷富，戰車萬乘，奮擊百萬，沃野千里，蓄積饒多，地勢形便，此所謂天府，天下之雄國也。以大王之賢，士民之眾，車騎之用，兵法之教，可以併諸侯，吞天下，稱帝而治。願大王少留意，臣請奏其效。秦王曰：『寡人聞之，毛羽不豐滿者，不可以高飛；文章不成者，不可以誅罰；道德不厚者，不可以使民；政教不順者，不可以煩大臣。今先生儼然不遠千里而庭教之，願以異日。』蘇秦曰：『臣固疑大王之不能用也。昔者神農伐補遂，黃帝伐涿鹿而禽蚩尤，堯伐驩兜，舜伐三苗，禹伐共工，湯伐有夏，文王伐崇，武王伐紂，齊桓任戰而伯天下。由此觀之，惡有不戰者乎？古者使車轂擊馳，言語相結，天下為一，約從連橫，兵革不藏；文士並餝（一作飭），諸侯亂惑；萬端俱起，不可勝理；科條既備，民多偽態；書策稠濁，百姓不足；上下相愁，民無所聊；明言章理，甲兵愈起；辯言偉服，戰攻不息；繁稱文辭，天下不治；舌弊耳聾，不見成功；行義約信，天下不親。於是，乃廢文任武，厚養死士，綴甲厲兵，效勝於戰場。夫徒處而致利，安坐而廣地，雖古五帝、三王、五伯，明主賢君，常欲坐而致之，其勢不能，故以戰續之。寬則兩軍相攻，迫則杖戟相橦，然後可建大功。是故兵勝於外，義強於內，威立於上，民服於下。今欲併天下，凌萬乘，詘敵國，制海內，子元元，臣諸侯，非兵不可！今之嗣主，忽於至道，皆惛於教，亂於治，迷於

言，惑於語，沈於辯，溺於辭。以此論之，王固不能行也。」（《戰國策卷三・秦一》）

我們細讀上述蘇秦對秦惠王的說辭，略可窺見那個時候的蘇秦，雖然是口若懸河，辯才無礙，但是有點賣弄才能、故弄玄虛、文不對題的毛病。他是縱橫家，是運用外交的策略來幫助秦國拓廣土地、增加人力，但是他所說的都是要秦惠王與關東諸侯打仗。秦惠王委婉地表示秦國的力量，還不能和關東諸侯開釁，只有等待秦國實力充足以後，再來借重蘇秦。這分明是對蘇秦的建議予以否決，沒有商量的餘地。可是不識相的蘇秦，還不知道見風轉舵，從外交方面挽回秦惠王對他的興趣，反而進一步說出許多歷史上建立政權或霸權的國王或大諸侯，都用戰爭來完成其地位。最後，他還激惠王一下，「以此論之，王固不能行也」這一句話便使秦惠王對他發生嫌惡之心，以後根本就不理蘇秦，蘇秦十次上書，惠王不睬不理。

我們從這一經過來看，蘇秦在鬼谷子那裡，沒有學到什麼東西，所學到的只是游說的皮毛而已。這是鬼谷子的學術沒有火候呢？還是蘇秦用力不深呢？我們從張儀出而游說，不久即能得志的一點來看，足證鬼谷子是有點門道的，而蘇秦之游說不成，是蘇秦自己的學識不夠。

蘇秦在秦，十次上書，未為秦惠王所理睬，寄居逆旅，資斧告罄，生活困難，只好返回故鄉洛陽的軒里，受盡了家人的奚落。試看《戰國策》下面的一段：

「黑貂之裘弊，黃金百斤盡，資用乏絕，去秦而歸。羸縢履蹻，負書擔橐，形容枯槁，面目犁黑，狀有歸（意同愧）色。歸至家，妻不下紝，嫂不為炊，父母不與言。蘇秦喟歎曰：『妻不以我為夫，嫂不以我為叔，父母不以我為子，是皆秦之罪也。』乃夜發書，陳篋數十，得太公《史記》作《周書》陰符之謀，伏而誦之，簡練以為揣摩，讀書欲睡，引錐自刺其股，血流至足。曰：『安有人主不能出其金玉錦繡，取卿相之尊者乎？』期年，揣摩成，曰：『此真足以說當世之君矣。』」（《戰國策卷三・秦一》）

蘇秦說秦，失敗而歸，其受窘於家人，其刻苦求學問之上進，在這一段的《戰國策》中，繪聲繪形，如見其人，如聞其聲。這裡我們當注意下列幾點：其一，蘇秦衣貂裘、囊百金入秦，他家道本屬寒素，戲劇家把蘇秦描寫成為一寒素之士，本與史實相符，那他這一筆資斧那裡來的呢？其二，蘇秦旅秦十次上書，把黃金百斤耗盡，這中間可能的原因，不是他生活奢靡，就是他向秦王左右送紅包。假定蘇秦每上書一次，則其旅秦的時間，當在一年左右，在這樣的短時間內，貂裘弊了，百斤黃金花完，弄得衣衫破敗，始知歸去，足證他毫無知事之明。其三，蘇秦的家以耕織為業，十足的是平民知識分子。其四，他擔書而歸，足證他向學之心仍甚切，雖自認為學有所成，仍攜書同行，足證他對於學問尚有繼續深造之意。其五，他最後努力而讀的書，不是鬼谷子的著作，而是太公的《陰符》之謀，又苦讀一年，夜以繼日的鑽研，始認為可以再出游說了，足證他在鬼谷子那裡並沒有學到什麼。刺股流血至足，這便是「錐刺股」的典故之由來了。他在這一段期間，真是發憤用功之極，他後來游說的成功，完全是將他這一年的苦學充分發揮。學問為濟世之本，雖縱橫之學，不足以言濟世，但是大丈夫欲求功名顯達，學問的造詣，乃是必要的，這一點，最值得我們青年的注意了。

《戰國策》與《史記》敘述蘇秦發憤讀書的時間，有顯著的不同，《史記》之說如下：

「東事師於齊，而習之於鬼谷先生。出遊數歲，大困而歸。兄弟嫂妹妻妾竊皆笑之，曰：『周人之俗，治產業，力工商，逐什二以為務。今子釋本而事口舌，困，不亦宜乎。』蘇秦聞之而慚，……於是得周書陰符，伏而讀之，期年，以出〈揣摩〉，……求說周顯王。顯王左右素習知蘇秦，皆少之。弗信。乃西至秦，秦孝公卒，說惠王。」（《史記・蘇秦列傳》）

蘇秦的家是寒素的耕織之家，他說秦惠王衣貂裘、攜金百斤，那裡來這樣優厚的資斧？這不是仍然是一個沒有著落的問題嗎？但是我們在《戰國策》趙的部分，找到他的黑貂裘與黃金的來源，那是他在趙國游說李兌而得的幫助。《戰國策》是這樣說的：

「蘇秦說李兌曰：『雒陽乘軒車，蘇秦家貧親老，無罷車駑馬，桑輪蓬篋羸幐，負書擔橐，觸塵埃，蒙霜露，越漳、河，足重繭，日百而舍，造外闕，願見於前，口道天下之事。』李兌曰：『先生以鬼之言見我則可，若以人之事，兌盡知之矣。』蘇秦對曰：『臣固以鬼之言見君，非以人之言也。』李兌見之。蘇秦曰：『今日臣之來也暮，後郭門，籍席無所得，寄宿人田中，旁有大叢。夜半，土梗與木梗鬥曰：「汝不如我，我者乃土也。使我逢疾風淋雨，壞沮，乃復歸土。今汝木之根，則木之枝耳。汝逢疾風淋雨，漂入漳、河，東流至海，氾濫無所止。臣竊以為土梗勝也。今君殺主父而族之，君之立於天下，危於累卵。君聽臣計則生，不聽臣計則死！』李兌曰：『先生就舍，明日復來見兌也。』蘇秦出。李兌舍人謂李兌曰：『……願君塞兩耳，無聽其談也。』明日復見，終日談而去……，蘇秦謂舍人曰：『昨日我談粗而君動，今日精而君不動，何也？』舍人曰：『先生之計大而規高，吾君不能用也。……雖然，先生明日復來，吾請資先生厚用。』明日來，抵掌而談，李兌送蘇秦明月之珠，和氏之璧，黑貂之裘，黃金百鎰。蘇秦得以為用，西入於秦。」（《戰國策卷十八・趙一》）

從上列的記載，我們可以了解，蘇秦從鬼谷子求學，在其歸途，即已從事游說，先說趙的第二號人物李兌，李兌對蘇秦的才識，尚稱欣賞，但為其舍人所阻，送他豐厚的一筆程儀，蘇秦乃以為資斧而入秦說秦惠王耳。說秦惠王不成，狼狽而歸，發憤用功，讀《太公陰符》，深有心得而再出游說。

這裡我們要談一談「太公陰符之謀」，到底是一部什麼書？我們對《陰符經》與陰符之謀，應該有個辨別。《陰符經》一卷，黃帝撰，這顯然是後人的偽託，此書出於唐李筌，《集仙傳》說：「唐李筌於嵩山虎口岩石室得此書，題曰『大魏真君二年七月七日道士寇謙之藏之名山，用傳同好。』已糜爛。筌鈔讀數千篇，竟不曉其義。後於驪山逢老母，乃授微旨，為之作註。」《崇文總目》有《陰符玄機》一卷，題為唐李筌撰。陳振聲《書錄解題》說：「《陰符玄機》即《陰符經》也。監察御史朱文國註。此書出於李筌，云得於驪山老母，舊註皆列於道家，文國以為兵書之祖，要之，非古書也。」由此，可知《陰符經》為道家之書，非寇謙之著，即為李筌託著。梁任公《古書真偽及其年代》中說：「其文簡潔，不似唐人文字，……未必為太公寇謙之作，置之戰國之末，與繫詞老子同時可耳，蓋其思想與二書相近。」要亦為想像之說。《隋書．經籍志》有《太公陰符錄》一卷，《周書》有《陰符》九卷，不著撰人，疑即托名於《太公陰符》之謀。相傳太公著有《六韜》與《陰符》。太公著有《兵法》，黃石公以之授張良者，此書失傳已久，係後人偽託。《史記．蘇秦列傳》：「得周書《陰符》，伏而讀之」，其說當本於《戰國策》。則戰國時《陰符》一書固尚在流傳。至東漢時，班固撰《漢書．藝文志》，即不載此書，是東漢初此書業已不傳了。至《六韜》一書，《漢書．藝文志》曾予著錄，足證東漢初期尚有此書。但〈藝文志〉將此書列於儒家，稱為《周史六韜》，亦不明言為太公所著，並加注云：「惠襄之間，或曰顯王時，或曰孔子問焉」，顏師古加以解釋：「即今之《六韜》也，蓋言取天下及軍旅之事，弢字與韜同也。」由此，可知太公兵法的《六韜》，與《漢志》所著錄的《六弢》，可能是另一部書，而《六弢》並非太公之原著。《隋書．經籍志》在兵家類著錄太公《六韜》五卷，注云：「梁六卷，周文王師姜望撰。」《六韜》為太公所作，至此完成了一套的說法。周氏《涉筆》云：「謂太公為兵家之祖，自漢人已然，本無所稽，僅以《陰符》有託而云爾。……《六韜》不知出何時，其屑屑共議，以家取國，以國取天下，……好事為之。」胡應麟《四部正訛》說：「尚父《六韜》，葉正則謂出孫吳後，近之。」又對《陰符篇》云：「主將有陰符，凡八等，克敵之符長一尺，破車之符長九寸，至失利之符長三寸而止。」蓋訛太公《六韜》者不識陰符之義，以為符節之符也。此雖五尺童子，

楚王：『苟來舉玉趾而見寡人，必與楚為兄弟之國，必為楚攻韓、梁，反楚之故地。』楚王美秦之語，怒韓、梁之不救己，必入於秦。有謀故殺（一作發）使之趙，以燕餌趙而離三晉。今王美秦之言，而欲攻燕，攻燕食未飽而禍已及矣。楚王入秦，秦、楚為一，東面而攻韓，韓南無楚，北無趙，韓不待伐，割挈馬兔而西走。秦與韓為上交，秦禍安移於梁矣。以秦之強，有楚、韓之用，梁不待伐矣。割挈馬兔而西走，秦與梁為上交，秦禍安攘於趙矣。以強秦之有韓、梁、楚與燕之怒，割必深矣。國之舉此，臣之所為來。臣故曰：事有可急為者。『及楚王之未入也，三晉相親相堅，出銳師以戍韓、梁西邊，楚王聞之，必不入秦，秦必怒而循攻楚，是秦禍不離楚也，便於三晉。若楚王入，秦見三晉之大合而堅也，必不出楚王，即多割，是秦禍不離楚也，有利於三晉。願王熟計之也急。』（《戰國策卷十八・趙一》）

這裡的問題，是誰給趙王說三晉互合之利？我們從內容來分析，這是三晉合縱的計劃，頗疑是蘇秦見趙王於華屋山下的說詞，也是蘇秦合縱計劃的基礎，所謂「三晉」，就是韓、魏、趙，都是秦東方的鄰國，此一計劃，不過是六國大聯合的初步。如果作者的看法不錯，那麼蘇秦在苦讀一年以後初出游說，尚未完成其六國合縱的構想。三晉以外的另外三國，是楚、燕、齊，在蘇秦整個的合縱計劃中，乃是第二步要聯合的國家。

趙王第一次與蘇秦相見，與談大悅，《史記》不載其說詞，故作者推論進上項說詞的是蘇秦，趙王既然認為蘇秦之說，頗有道理而非常高興，那麼是不是就重用蘇秦呢？不，他的國內尚有大臣在位，不予贊成，故蘇秦在趙，尚不能得志，只好東遊燕國，另向燕王作一番游說。蘇秦之在趙國得志，是在由燕返趙之後，請看《史記》的下面一段：

「趙肅侯令其弟成為相，號奉陽君。奉陽君弗說之（指蘇秦）。去游燕，歲餘而後得見。說燕文侯」（《史記・蘇秦列傳》）

太史公以為蘇秦的苦學在從師求學之後，學有所成，再出游說，先至周，次至秦，再次至趙，作者以《戰國策》為根據，不同意他的說法。但是初說秦王以連横，繼說趙王以合縱，其後即以合縱政策作為他游說的基本觀念。這裡我們要辨清這兩種政策其目的完全相反。連横是要成就秦的帝業，即統一全國的大業；合縱是聯合六國以抗秦，是延長割據分裂的局面。筆者再三強調戰國時代是醞釀我國統一的時代，這是那個時代的主流，而延長分裂則成為時代的逆流。蘇秦既要秦國統一於前，又使分裂局面延長於後，足以說明蘇秦的政治主張具有兩面性，前後自相矛盾，那便是自謀利祿的自私心所造成。筆者在前面說過蘇秦是政客而不是政治家，其故在此。若以這一點為基礎而與張儀相較，其品格是要降低一籌的。

蘇秦至燕是燕文侯二十九年的事。《史記》與《戰國策》，都載有蘇秦向燕文侯的說詞，茲摘錄《戰國策》原文如下：

「蘇秦將為從（同縱），北說燕文侯曰：『燕東有朝鮮、遼東，北有林胡、樓煩，西有雲中、九原，南有滹沱、易水，地方二千餘里，帶甲數十萬，車七百乘，騎六千匹，粟支十年。南有碣石、雁門之饒，北有棗栗之利。民雖不由田作，棗栗之實，足食於民矣。此所謂天府也。夫安樂無事，不見覆軍殺將之憂，無過燕矣。大王知其所以然乎？夫燕之所以不犯寇被兵者，以趙之為蔽於南也，秦、趙五戰，秦再勝而趙三勝，秦、趙相弊，而王以全燕制其後，此燕之所以不犯難也。且夫秦之攻燕也，踰雲中、九原，過代、上谷，彌地踵道數千里，雖得燕城，秦計固不能守也。秦之不能害燕亦明矣。今趙之攻燕也，發興號令，不至十日，而數十萬之眾，軍於東垣矣。渡滹沱，涉易水，不至四、五日，距國都矣。故曰：秦之攻燕也，戰於千里之外；趙之攻燕也，戰於百里之內。夫不憂百里之患，而重千里之外，計無過於此者！是故願大王與趙從親，天下為一，則國無患矣。』燕王曰：『寡人國小，西迫強秦，南近齊、趙。齊、趙，強國也。今主君幸教詔之，合從以安燕，敬以國從。』於是齎蘇秦車馬以至趙。」（《戰國策卷二十九・燕一》）

我們試把蘇秦對趙王的說詞和燕王的說詞以及與秦惠王的說詞，作一比較，雖然同時以國勢與所處的形勢作中心，但說秦惠王以鼓勵戰爭為重點，而不以其本行的外交政策連橫為重點，故其說令人有淺薄而近於牽強之感；至說趙王與燕王，則明揭聯合抗秦而為其本身的安全著想，見解深刻得多了，理由也動聽得多了。作者認為蘇秦之再出游說，應在苦讀一年之後，不僅是因為《戰國策》的史料較《史記》為早，而且還有上述的理由之故。蘇秦的說詞中，對燕國的範圍與統計數字，客觀的說，有其浮誇之處；但是「不憂百里之患，而重千里之外」的確是當時燕國的大失策。蘇秦此說，當有史實根據的。因為在蘇秦到達燕國的那一年，秦惠王以其女為燕太子婦（見《史記．燕召公世》），秦、燕有修好的跡象，秦、趙相敵對，而秦忽以女遠嫁於燕，其欲結好於燕，使燕轉變為秦的友邦，從趙的後方加以威脅，其用心顯然可見。此項事實，遂為蘇秦所運用，並以燕、趙相敵的對燕危機來打動燕文侯。蘇秦在那一次的游說，是完全成功的。

由於燕文侯的同意燕、趙相聯，於是蘇秦又到了趙國。趙國首相奉陽君趙成是反對蘇秦的，奉陽君手下的要人李兌也是反對蘇秦的，趙國贊成蘇秦的只有高高在上的趙肅侯。蘇秦第二次遊趙，說趙肅侯是成功的，但為奉陽君所不喜，故未獲祿位，只好東遊燕國。及說燕成功，而三度至趙，情勢大不相同。因為李兌這個奉陽君靈魂似的趙國要人發現趙國結納蘇秦之利，他向奉陽君說：

「齊、燕離則趙重，齊、燕合則趙輕。今君（指蘇秦）之（同至）齊，非趙之利也，臣竊為君不取也。奉陽君曰：『何吾合燕於齊？』對曰：『夫制於燕者蘇子也，而燕弱國也，東不如齊，西不如趙，豈能東無齊、西無趙哉！而君甚不善蘇秦，蘇秦能抱弱燕而孤於天下哉？是驅燕而使合於齊也。……故為君計，善蘇秦則取，不善亦取之，以疑燕、齊，燕、齊疑，則趙重矣。』」（《戰國策卷八．齊一》）

這裡，我們又要特別說明一點，《戰國策》中，向諸侯游說，只在利害二字上著眼。蘇秦以舌辯馳騁於六國時，亦即孟子游說魏、齊之時。梁惠王一見孟子，便說：「叟不遠千里而來，亦將有以利我國乎？」燕文公之後即燕易王，燕不久內亂，並為齊所伐，時孟子在齊，齊宣王以是否占領燕國的問題向孟子請教，孟子的回答是「取之而燕民悅，則取，取之而燕民不悅則弗取」。當時已是利害政治、權力政治的時代，而孟子到處以仁義與王道為言，此孟子游說之不合時宜處。李兌既以奉陽君結交蘇秦為有利，故蘇秦回趙的游說，比過去順利得多了。李兌要奉陽君結交蘇秦，這是表面的合作，而不是推誠的合作，此可在「善蘇秦則取、不善亦取之」的一句話中體會得出，政治上無誠意可言，戰國時已開其風氣了。

蘇秦這次至趙，有燕文侯送給他的車、馬、金、帛，所以儼然是一個國際要人的模樣了。蘇秦的時運，在他到達趙國的時候，真是大轉而特轉。而另一大轉變，便是他在趙國的大政敵奉陽君恰巧逝世了，所以他和趙王相見而長談，便格外容易取得趙王的信任。

他對趙王說的話是這樣的：

「天下卿相人臣及布衣之士，皆高賢君之行義，皆願奉教陳忠於前之日久矣。雖然，奉陽君而君不任事，是以賓客游士莫敢自盡於前者。今奉陽君捐館舍，君乃今復與士民相親也，臣故敢進其愚慮。竊為君計者，莫若安民無事，且無庸有事於民也。安民之本，在於擇交，擇交而得則民安，擇交而不得則民終身不安。請言外患：齊秦為兩敵而民不得安，倚秦攻齊而民不得安，倚齊攻秦而民不得安。故夫謀人之主，伐人之國，常苦出辭斷絕人之交也。願君慎勿出於口。請別白黑所以異，陰陽而已矣。君誠能聽臣，燕必致旃裘狗馬之地，齊必致魚鹽之海，楚必致橘柚之園，韓、魏、中山皆可使致湯沐之奉，而貴戚父兄皆可以受封侯。夫割地包利，五伯之所以覆軍禽將而求也；封侯貴戚，湯武之所以放弒而爭也。今君高拱而兩有之，此臣之所以為君願也。今大王與秦，則秦必弱韓、魏；與齊，則齊必弱楚、魏。魏弱則割河外，韓弱則效宜陽，宜陽效則上郡絕，河外割則道不通，楚弱則無援。此三策者，不可不孰計也。夫秦下軹道，則南陽危；劫韓包周，則趙氏自操兵；據衛取卷，則齊必入朝秦。秦欲已得乎山東，則必舉兵而向趙矣。秦甲渡河踰漳，據番吾，則兵必戰於邯鄲之下矣。此臣之所為君患也。

當今之時，山東之建國莫彊於趙。趙地方二千餘里，帶甲數十萬，車千乘，騎萬匹，粟支數年。西有常山，南有河漳，東有清河，北有燕國。燕固弱國，不足畏也。秦之所害於天下者莫如趙，然而秦不敢舉兵伐趙者，何也？畏韓、魏之議其後也。然則韓、魏，趙之南蔽也。秦之攻韓、魏也，無有名山大川之限，稍蠶食之，傅國都而止。韓、魏不能支秦，必入臣於秦。秦無韓、魏之規，則禍必中於趙矣。此臣之所為君患也。臣聞堯無三夫之分，舜無咫尺之地，以有天下；禹無百人之聚，以王諸侯；湯武之士不過三千，車不過三百乘，卒不過三萬，立為天子：誠得其道也。是故明主外料其敵之彊弱，內度其士卒賢不肖，不待兩軍相當而勝敗存亡之機固已形於胸中矣，豈揜於眾人之言而以冥冥決事哉！臣竊以天下之地圖案之，諸侯之地五倍於秦，料度諸侯之卒十倍於秦，六國為一，并力西鄉而攻秦，秦必破矣。今西面而事之，見臣於秦。夫破人之與破於人也，臣人之與臣於人也，豈可同日而論哉！夫衡人者，皆欲割諸侯之地以予秦。秦成，則高臺榭，美宮室，聽竽瑟之音，前有樓闕軒轅，後有長姣美人，國被秦患而不與其憂。是故夫衡人日夜務以秦權恐愒諸侯以求割地，故願大王孰計之也。臣聞明主絕疑去讒，屏流言之跡，塞朋黨之門，故尊主廣地彊兵之計臣得陳忠於前矣。故竊為大王計，莫如一韓、魏、齊、楚、燕、趙以從親，以畔秦。令天下之將相會於洹水之上，通質，刳白馬而盟。要約曰：『秦攻楚，齊、魏各出銳師以佐之，韓絕其糧道，趙涉河漳，燕守常山之北。秦攻韓魏，則楚絕其後，齊出銳師而佐之，趙涉河漳，燕守雲中。秦攻齊，則楚絕其後，韓守城皋，魏塞其道，趙涉河漳、博關，燕出銳師以佐之。秦攻燕，則趙守常山，楚軍武關，齊涉勃海，韓、魏皆出銳師以佐之。秦攻趙，則韓軍宜陽，楚軍武關，魏軍河外，齊涉清河，燕出銳師以佐之。諸侯有不如約者，以五國之兵共伐之。』六國從親以賓秦，則秦甲必不敢出於函谷以害山東矣。如此，則霸王之業成矣。」（《戰國策卷十九．趙二》）

蘇秦對趙王的這篇說詞，可以說是他的合縱政策的全部計劃。我們把這一篇說詞與「謂趙王曰」的那一篇說詞，再作綜合的比較，作者的觀感如下：（一）「謂趙王曰」的說詞，以三晉一體為政策的中心，而上面的說辭，仍以三晉密切的聯合為中心，即此，足以說明「謂趙王曰」這一篇說詞，即蘇秦在華屋山下對趙王的說詞。（二）蘇秦在華屋山下的說詞，以抗秦為總目標，而以三晉聯合為起點，在上面的說詞中，仍然是這個主題，但有具體的分析，指陳秦攻六國的任何一國，其他五國應盡之職的途徑，一一加以說明。(三) 華屋山下的說詞，未及燕齊，所以是六國合縱的初步計劃，而這次的說詞，乃是六國合縱計劃的整個構想了。所以作者認為蘇秦這次向趙王的說詞，是蘇秦游說的最精采部分，有目標、有步驟，而隱隱以趙為合縱的盟主。山東諸國「趙最強」、「如是則伯業成矣」，是他打動趙王之心的有效詞句，以視他向秦惠王初下說詞的空空泛泛，無深度、無辦法者，不可同日而語了。所以蘇秦游說的成功關鍵，仍然在於淵博的學識。

趙王聽了蘇秦這一番說詞，不僅可以解除趙國的困厄，而且還可以使趙國成為六國合縱的盟主，他自然高興，所以他對蘇秦的答覆，是：「寡人年少，蒞國之日淺，未嘗得聞社稷之長計；今上客有意存天下安諸侯，寡人敬以國從」「乃封蘇秦為武安君，飾車百乘，黃金千鎰，白璧百雙，錦繡千純」，並授以相印，要他到其他封建諸侯的國家去游說。這一次蘇秦的游說，完全成功，一如他在燕國的所為，而又有過之，蘇秦自此以趙國首相的地位，至其他諸侯游說，他已成顯赫的國際貴人。

五、分說韓、魏、齊、楚

蘇秦第三個游說的目標是韓國，那時候的韓王，是韓昭侯之子韓宣惠王，《史記·韓世家》不載蘇秦向韓宣惠王游說之事，而在〈蘇秦列傳〉中載有蘇秦的說詞與《戰國策》所載無甚出入，則其事絕不虛偽，何況韓國在蘇秦六國合縱計劃中，占有極重要地位！不過《戰國策》在此說詞中的第一句就說：「蘇秦為楚合縱說韓王」，一若蘇秦之赴韓游說，是為了楚國，其實與其說是為了楚國，無寧說是為了趙國，更是為了韓國。我們且看蘇秦對韓王的說詞：

「韓北有鞏洛成皋之固，西有宜陽商阪之塞，東有宛穰洧水，南有陘山，地方九百餘里，帶甲數十萬；天下之強弓勁弩，皆從韓出；韓卒超足而射，百發不暇止，遠者括洞胸，近者鏑掩心；韓之劍戟，則龍泉太阿，皆陸斷牛馬、水截鵠雁。夫以韓卒之勁，與大王之賢，乃西面而事秦，交臂而服焉。羞社稷而為天下笑，無大於此者也。是故願大王孰計之。大王無事秦，事秦必求宜陽成皋。今茲效之，明年又複求地。與之則無地以給之，不與則棄前功而受後禍。且夫大王之地有盡，而秦之求無已。以有盡之地，而逆無已之求，此所謂市怨結禍者，不戰而地已削矣。臣聞鄙諺曰：『寧為雞口，無為牛後。』今王西面交臂而臣事秦，何異於牛後乎？夫以大王之賢，挾強韓之兵，而有牛後之名，竊為大王羞之。」（《戰國策卷二十六・韓一》，《史記・蘇秦列傳》亦載此文）

蘇秦對韓宣惠王的說詞，完全是用激將法，他把韓國的形勢之險要，兵器之精良，士卒之勇敢，國力之富強，都作誇大性的陳說，歸結到韓王不善用其國力，甘作秦的「牛後」，來刺激韓王，完全具有煽動性的。無怪韓王聞之，要「忿然作色，攘臂按劍而仰天太息」地說：「寡人雖然不肖，必不能事秦。今主君以楚王之教詔之，敬奉社稷以從」了。我們從「楚王之教」的話來看，蘇秦也許先至楚國游說；可是《史記》把楚王的「楚」字作「趙」字，那就毫無問題了；即使楚字是正確的，但《史記》蘇秦游說於韓王之事，緊接在說趙以後，就韓的地位來看，趙在北，楚在南，而韓在中間，自趙而楚，必經韓國，故作者認為蘇秦先說韓國的可能性甚大。或者蘇秦在說韓王時，先以將說楚國之辭，向韓王作說明，然後用辭以激韓王耳。韓王對蘇秦的答覆，是「敬奉社稷以從」。由此，可知說韓是完全成功的。

蘇秦第四個要遊說的封建諸侯是魏國，當時的魏王是魏襄王，就是孟子所說的「望之不似人君，就之而不見所畏」的梁惠王之子。他的說詞如下：

「大王之坔（《史記》作地），南有鴻溝、陳、汝南，有（《史記》無「有」字）許、郾、昆陽、兆陵，舞陽、新郪；東有淮、潁、沂、黃、煮棗、海楊、無芒；稀有長城之界；北有河外、卷、衍、燕（《史記》無「燕」字）、酸棗，地方千里。地名雖小，然而廬田廡舍，曾無所芻牧牛馬之地。人民之眾，車馬之多，日夜行不休已（《史記》無「已」字而其下則有「輷輷殷殷」四字），無以異於三軍之眾。臣竊料之，大王之國，不下於楚。然橫人謀王，外交強虎狼之秦，以侵天下，卒有國患，不被其禍。夫挾強秦之勢，以內劫其主，罪無過此者。且魏，天下之強國也；大王，天下之賢主。今乃有意西面而事秦，稱東藩，筑帝宮，受冠帶，祠春秋，臣竊為大王愧之。臣聞越王勾踐以散卒三千，禽夫差於干遂；武王卒三千人，革車三百乘，斬紂於牧之野。豈其士卒眾哉?誠能振七威也。今竊聞大王之卒，武力二十餘萬，蒼頭二千萬，奮擊二十萬，廝徒十萬，車六百乘，騎五千匹。此其過越王勾踐、武王遠矣！今乃竭於辟臣之說，而欲臣事秦。夫事秦必割地效質，故兵為用而國已虧矣。凡群臣之言事秦者，皆奸臣，非忠臣也。夫為人臣，割其主之地以求外交，偷取一旦之功而不顧其後，破公家而成私門，外挾強秦之勢以內劫其主義求割地，愿大王之熟察之也。《周書》曰：『綿綿不絕，縵縵奈何；毫毛不拔，將成斧柯。』前慮不定，後有大患，將奈之何?大王誠能聽臣。六國從親，專新并力，則必無強秦之患。故敝邑趙王使使臣獻愚計，奉明約，在大王詔之。」

《戰國策卷二十三・魏一》

蘇秦對魏襄王的說詞，與韓王的說詞，採取同一路徑;但是魏襄王左右為秦王下說詞者眾，魏襄王也是個庸碌之人，很容易激動，所以只須輕輕一激，便把他引上合縱之道。他在魏把趙王代表的身分拿出來，讓魏襄王知道贊成合縱的已大有人在，使他不至於感到背秦而合縱的恐怖。由此可知，蘇秦在下說詞以前，對魏襄王的性格，已經作過一番研究。因此，經他一說，便得到魏襄王的肯定答覆。魏襄王說：「寡人不肖，未嘗得聞明教;今主君以趙王之詔詔之，敬以國從。」蘇秦在魏，也得到了圓滿的結果。

其次一個要游說的國家是齊國，當時的齊王是齊宣王，相當精明能幹，承其父威王之後，國力甚厚，國勢甚強，而且距秦較遠，中間尚有韓、魏兩國間隔著。故齊國對秦的恐怖心較薄，但齊國如能與五國相聯合，則合縱抗秦，才有強有力後盾，因此蘇秦必須下一番工夫，使齊王感到秦國的未來威脅，樂於加入合縱的計劃，合縱組織，才可有達成任務的把握。所以蘇秦說齊的任務，是異常重大的。

請看他對齊宣王所下的說詞：

「齊南有太山，東有琅邪，西有清河，北有渤海，此所謂四塞之國也。齊地方二千里，帶甲數十萬，粟如丘山。齊車之良，五家之兵，疾如錐矢，戰如雷電，解如風雨，即有軍役，未嘗倍太山、絕清河、涉渤海也。臨淄之中七萬戶，臣竊度之，下戶三男子，三七二十一萬，不待發於遠縣，而臨淄之卒，固以二十一萬矣。臨淄甚富而實，其民無不吹竽、鼓瑟、擊筑、彈琴、鬥雞、走犬、六博、蹹踘者；臨淄之途，車徇擊，人肩摩，連衽成帷，舉袂成幕，揮汗成雨；家敦而富，志高而揚。夫以大王之賢與齊之強，天下不能當。今乃西面事秦，竊為大王羞之。且夫韓、魏之所以畏秦者，以與秦接界也。兵出而相當，不至十日，而戰勝存亡之機決矣。韓、魏戰而勝秦，則兵半折，四境不守；戰而不勝，以亡隨其後。是故韓、魏之所以重與秦戰而輕為之臣也。今秦攻齊則不然，倍韓、魏之地，至闈陽晉之道，徑亢父之險，車不得方軌，馬不得並行，百人守險，千人不能過也。秦雖欲深入，則狼顧，恐韓、魏之議其後也。是故恫疑虛猲，高躍而不敢進，則秦不能害齊，亦已明矣。夫不深料秦之不奈我何也，而欲西面事秦，是群臣之計過也。今無臣事秦之名，而有強國之實，臣固願大王之少留

計。」（《戰國策卷八・齊一》）

蘇秦對齊宣王之說，著重在齊國之強與難受秦之來攻，事秦為失策，而以「無事秦之名而有強國之實」，來打動好勝心極強的齊宣王，所以他在前面以事秦為可愧之事，也是對齊宣王的激將術，由於齊宣王是相當明於事理的人，所以在蘇秦大灌迷湯之下，也就樂於接受他的建議，「敬奉社稷以從」了。這是蘇秦又一次的游說成功。

蘇秦第六個要邀約的國家——也是最後一個國家是楚國。但在他自齊至楚的途中，經過他的家鄉洛陽軒里，所以他返回家鄉，作一次探視。當時的蘇秦，已經掛著燕、趙、韓、魏、齊五國的相印了，《戰國策》記載其暄赫的聲勢，有如下述：

「當秦之隆，黃金萬鎰為用，轉轂連騎，炫黃於道，山東諸國，從風而服，使趙大重。……伏軾撙銜，橫歷天下，廷說諸侯之王，杜左右之口，天上莫之能伉。」（《戰國策卷三・秦一》）

他的聲勢富貴，盛況如此，所以說楚路過家門的時候，又有一段令人感慨的情節，《戰國策》所記的情形如下：

「將說楚王，路過洛陽，父母聞之，清宮除道設飲，郊迎三十里，妻側目而視，傾耳而聽，嫂蛇行匍伏，四拜，自跪而謝。蘇秦曰：『嫂何前倨而後卑也？』嫂曰：『以季子之位尊而多金。』」（《戰國策卷三・秦一》）

蘇秦對此，刺激頗為深刻。他慨歎地說：「貧窮則父母不子，富貴則親戚畏懼，人生世上，勢位富貴，蓋可忽視哉！」蘇秦兩次返家，家人態度的情況懸殊，活生生地畫出一幅世態炎涼圖。蘇秦對他嫂子的一問，也活生生地畫出了他的富貴驕人、小人得志的洋溢之態。故蘇秦對於合縱政策的外交之學，雖有研究而富心得，但其人格修養，還是十分的膚淺，以致對於至親骨肉，還不免在口舌之間，有報復之意，可以說是無聊之至。

《史記》對於蘇秦衣錦榮歸一事，載在說楚之後。據上述《戰國策》「將說楚王，路過洛陽」一語來看，那是在自齊赴楚途中返家的。但是《史記》記載蘇秦返家以後，有「我豈能佩六國相印乎」一語，如蘇秦尚未赴楚，事先必不可能說「佩六國相印」，則以說楚以後北往趙都時返家為是。請看《史記》關於此事的記載：

「於是六國從合而併力焉，蘇秦為從約長，併相六國，北報趙王，乃行過雒陽，車騎輜重，諸侯各發使送之，甚眾，疑（同擬）於王者。周顯王聞之恐懼，除道，使之效勞。蘇秦之昆弟妻嫂，側目不敢仰視，俯伏侍取食物，蘇秦笑謂其嫂曰：『何前倨而後恭也？』嫂委蛇蒲服以面掩地而謝曰：『見季子位高多金也！』蘇秦喟然嘆曰：『此一人之身，富貴則親戚畏懼之，貧賤則輕易之，況眾人乎？且使我有洛陽負郭田二頃，吾豈能佩六國相印乎？』於是散千金以賜宗族朋友。初蘇秦之燕，貸百錢為資。及得富貴，以百金償之，遍報諸所嘗見德者，其從者有一人獨未得報，乃前自言。蘇秦曰：『我非亡（同忘）子，子之與我至燕，再

三欲去；我至易水之上，方是時我困，故望子深，是以後子，子今亦得矣。』」（《史記・蘇秦列傳》）

《戰國策》的記載，與《史記》前半段的記載相同，但《戰國策》不及蘇秦酬報對他有德的人，亦不載其散千金之事。我們從這些記載來看，可知蘇秦對他的嫂嫂過往的言行舉止，雖然耿耿於心，用言語來損她，但他對於親戚朋友都還相當的厚道，要是蘇秦換了范雎，那對於那個同他到了燕國而再三求去之人，一定有他的好看了，可是蘇秦也並沒有對他有所惡報，只是言語之間稍稍表示了他的不滿。作者據此，懷疑「有德必報，有怨也必報」，可能是春秋晚期至戰國的時代風氣，伍員、范雎不過其尤著的事例吧？我們應該注意蘇秦的那句話：「使我有負郭田二頃，我豈能佩六國相印乎？」這是說薄有資產，足以墮人志氣，貧賤而能夠苦學向上，反足以造就其成才成功。孟子曾經說過：「天將降大任於斯人也，必先苦其心志，勞其筋骨，餓其體膚，空乏其身，行拂亂其所為，所以動心忍性，增益其所不能」，這也是戰國時代的風尚。由此，可知那個時代的有為之士的奮鬥精神了。

六、蘇秦利用張儀

蘇秦說趙，初有成就，那時候所最怕的，是秦國對趙國的攻擊。趙國雖然力量不弱，但是如果秦國來攻，其抵抗之是否能夠成功？仍然是大有問題的。如果趙國失敗，那便要使蘇秦整個合縱計劃，遭受到徹底的破壞。所以當蘇秦離開趙國向各方諸侯游說的時候，特別暗中支配他的同學張儀到秦，使張儀在秦國，暗裡幫助蘇秦，讓秦國不發動大兵，對趙施行攻擊。關於蘇秦暗中支助張儀入秦的事實，在〈蘇秦列傳〉中，只說了一句話：「蘇秦恐秦兵之至趙也，乃激怒張儀，入之於秦」，蘇秦如何激怒張儀？這一歷史事實，頗具戲劇性，而且也非常的巧妙，使張儀在不知不覺間憤怒蘇秦於前，而感激蘇秦在後，並替蘇秦在秦工作。請看〈張儀列傳〉的下面一段：

「蘇秦已說趙王而得相約從親，然恐秦之攻諸侯，敗約後負，念莫可使用於秦者，乃使人微感張儀曰：『子始與蘇秦善，今秦已當路，子何不往游，以求通子之願？』張儀於是之趙，上謁求見蘇秦。蘇秦乃誡門下人不為通，又使不得去者數日。已而見之，坐之堂下，賜仆妾之食。因而數讓之曰：『以子之材能，乃自令困辱至此。吾寧不能言而富貴子，子不足收也。』謝去之。張儀之來也，自以為故人，求益，反見辱，怒，念諸侯莫可事，獨秦能苦趙，乃遂入秦。蘇秦已而告其舍人曰：『張儀，天下賢士，吾殆弗如也。今吾幸先用，而能用秦柄者，獨張儀可耳。然貧，無因以進。吾恐其樂小利而不遂，故召辱之，以激其意。子為我陰奉之。』乃言趙王，發金幣車馬，使人微隨張儀，與同宿舍，稍稍近就之，奉以車馬金錢，所欲用，為取給，而弗告。張儀遂得以見秦惠王。惠王以為客卿，與謀伐諸侯。蘇秦之舍人乃辭去。張儀曰：『賴子得顯，方且報德，何故去也？』舍人曰：『臣非知君，知君乃蘇君。

蘇君憂秦伐趙敗從約，以為非君莫能得秦柄，故感怒君，使臣陰奉給君資，盡蘇君之計謀。今君已用，請歸報。』張儀曰：『嗟乎，此在吾術中而不悟，吾不及蘇君明矣！吾又新用，安能謀趙乎？為吾謝蘇君，蘇君之時，儀何敢言。且蘇君在，儀寧渠能乎！』」（《史記・張儀列傳》）

蘇秦與張儀是同窗好友，一如孫臏與龐涓，李斯之與韓非。龐涓嫉妒孫臏之能，把他的兩隻腳剁了，還不算，還要他的性命，後來孫臏也把龐涓亂箭射死。這是這一對同窗好友的下場。李斯與韓非都是荀卿的高足，李斯之材能不如韓非，秦始皇讀了韓非所著的書，深以未見此人為憾，因派兵攻韓，迫使韓國把韓非送到秦國；李斯恐怕秦王政信任韓非，影響李斯的地位，乃譖韓非，謂「非終為韓，不為秦」，最後還把韓非毒死，這是這一對同窗好友的結果。蘇秦對張儀則不然。當他派人諷示張儀見蘇秦，見時以僕妾之食招待張儀，並且責他不能自求富貴，使他一怒離趙而入秦。蘇秦對張儀的行動，使人感到他之刻薄寡恩。但蘇秦卻暗中派人跟隨入秦，資其車馬金帛，使張儀之能見秦王而獲重用，意在使張儀感激其厚意，成全其合縱計劃。則蘇秦之對張儀，雖然他的出發點是自私，然較諸龐涓之對孫臏，李斯之對韓非，實在厚道到不知多少倍了。筆者要特別說明兩點：其一，戰國時代之游士，能說諸侯而獲重用，不完全靠口舌之能，恐怕還要大量送紅包，職是以言，范雎之說秦王，並無紅包攻勢，其能見用，蓋亦幸矣。其二，妾的地位，戰國時代，殆與廝僕相似，其飲食也與主婦不同，社會的階層很分明。張儀受到了蘇秦的資助而見重於秦王，張儀對蘇秦的感激，也不是一句空話，真正地做到終蘇秦之合縱政策的時代，並沒有向秦王建議伐趙。這兩位師兄弟，一個佩六國相印而為縱約長，一個陰握秦國的大權，他們兩人在十多年間，操縱了整個戰國的局勢，他們始終有同窗之誼的。我們試一研究蘇秦對張儀的一套，完全是權術機詐的陰謀，以後張儀對六國所使用的，也都是權術與機詐，這大概是鬼谷子學術的基本精神吧？我們更從蘇秦之學更得力於太公陰符之謀的一點來看，作者深疑所謂陰符之謀，其權術機詐的程度，恐又高出於鬼谷學之上。世傳陰符之謀，充滿了伐人國、滅人家的謀略，足見太公原著的《陰符》，完全是權變機謀之學，殆無可疑。

張儀入秦得用，蘇秦游說諸侯得成，合縱計劃完全成功。故史言蘇秦用於趙，而秦東關之道不通，及合縱既成，蘇秦乃遺書秦王，使其知關東諸侯聯合抗秦的實況，秦王為之震動，秦國自此不向關東諸侯用兵者達十五年。我們可以說這個十五年，是蘇秦的時代，但是實際上張儀暗中相助之力，也不在小。

七、合縱政策的動搖與幻滅

但是，合縱政策的基礎，建築在秦國的對關東諸侯的重大壓力之上。秦國的壓力一鬆，這個利害關係各不相同的縱約集團，本身便發生了許多裂痕；何況天下游說之士，並不限於蘇秦、張儀二人。明顯地說，其他許多游說之士，正在待機而動，以謀取功名富貴。六國裂痕愈多，他們的機會也愈多。終於有一個與張儀聲望相似的叫做公孫衍的人，就在秦王面前獻計，作拆散合縱政策的建議。公孫衍這個人，從他的名字來看，顯然是一個魏國的貴族之裔，曾經在魏國做過下級軍官，名曰犀首，相當於唐代的虎牙將軍。公孫衍和張儀是不相和睦而不能並存的。張儀相秦，不言伐趙，公孫衍乘其隙，為秦國策動齊、魏兩國以伐趙。此事見於〈蘇秦列傳〉而不見於〈田敬仲完世家〉與〈魏世家〉，亦不見於趙世家，即犀首如何說齊、魏，亦不見於《戰國策》。但《戰國策》有秦攻趙，蘇秦向秦王有所陳說的文字，此所謂秦攻趙，而蘇秦尚在趙國，大概就指這一件事了。蘇秦向秦王這樣說的：

「臣聞明王之於其民也，博論而技藝之，是故官無乏事而力不困；於前言也，多聽而時用之，是故事無敗業而惡不章。臣愿王察臣之所謁，而效之於一時之用也。臣聞懷重寶者，不以夜行；任大功者，不以輕敵。是以賢者任重而行恭，知者功大而辭順。故民不惡其尊，而世不妒其業。臣聞之：百倍之國者，民不樂後也；功業高世者，人主不再行也；力盡之民，仁者不用也；求得而反靜，聖主之制也；功大而息民，用兵之道也。今用兵重申不休，力盡不罷，趙怒必於其己邑，趙僅存哉！然而四輪之國也，今雖得邯鄲，非國之長利也。意者，地廣而不耕，民羸而不休，又嚴之以刑罰，則雖從而不止矣。語曰：『戰勝而國危者，物不斷也。功大而權輕者，地不入也。』故過任之事，父不得於子；無已之求，君不得於臣。故微之為著者強，察乎息民者為用者伯，明乎輕之為重者王。』秦王曰：『寡人案兵息民，則天下必為從，將以逆秦。』蘇子曰：『臣有以知天下之不能為從以逆秦也。臣以田單、如耳為大過也。豈狄田單、如耳為大過哉？天下之主亦盡過矣！夫慮收亡齊、罷楚、敝魏與不可知之趙，欲以窮秦折韓，臣以為至愚也。夫齊威、宣，世之賢主也，德博而地廣，國富而用民，將武而兵強。宣王用之，後富韓威魏，以南伐楚，西攻秦，為齊兵困於崤塞之上，十年攘地，秦人遠跡不服，而齊為虛戾。夫齊兵之所以破，韓、魏之所以僅存者，何也？是則伐楚攻秦，而後受其殃也。今富非有齊威、宣之餘也，精兵非有富韓勁魏之庫也，而將非有田單、司馬之慮也。收破齊、罷楚、弊魏、不可知之趙，欲以窮秦折韓，臣以為至誤。臣以從一不可成也。客有難者，今臣有患於世。夫刑名之家，皆曰『白馬非馬』也。已若白馬實馬，乃使有白馬之為也。此臣之所患也。昔者，秦人下兵攻懷，服其人，三國從之。趙奢、鮑佞將，楚有四人起而從之。臨懷而不救，秦人去而不從。不識三國之憎秦而愛懷邪？忘其憎懷而愛秦邪？夫攻而不救，去而不從，是以三國之兵困，而趙奢、鮑佞之能也。故裂地以敗於齊。田單將齊之良，以兵橫行於中十四年，重申不敢設兵以攻秦折韓也，而馳於封內，不識從之一成惡存也。』於是秦王解兵不出於靜態諸侯休，天下安，二十九年不相攻。」（《戰國策卷十八・趙一》）

《戰國策》此文，載於蘇秦說李兌之後，按《戰國策》諸文的次序，並不以時間作排列，而蘇秦說六國合從，秦惠王患之，知趙為合縱之中心，故發兵以攻趙，時張儀已在秦，但並未勸阻秦惠王而止秦兵。按蘇秦為合縱之策以抗秦，秦惠王當深惡之，其入秦豈不等於身入虎口？由此言之，蘇秦之親說秦王，似不可能。此文中有蘇子曰字樣。按《戰國策》常稱的蘇子，是蘇代，或蘇秦不入秦，而由蘇代以代之耳。但是，蘇秦不入秦，秦兵不退，則合縱勢將瓦解；故蘇秦不能不身入重地乎？我們試細讀蘇秦向惠王之說詞，引據史實，證明合縱抗秦為不可能之事，以與惠王知蘇秦合縱而怒，而伐趙，觀其「寡人案兵息民，則天下必為從以逆秦」的話，可能惠王攻秦是為了破縱；而蘇秦一席話，以縱為不可能，雖似前後矛盾，但卻有破除秦惠王之憂慮的作用，因得止秦之兵，故蘇秦雖身赴重地，而安然無恙。《史記》言合縱之策成，秦兵不敢出函谷關者十五年，上述《戰國策》之文則言諸侯不相攻者二十九年，在時間上雖有十四年的出入，但合縱政策卻可以使秦兵與諸侯之間，有一段相安無事的時間，那是無可懷疑的事實。

秦國雖有一段時間不與諸侯相爭，但六國的諸侯之間，卻仍有相互攻伐之事。其相攻最早發生的是燕齊之戰與燕噲的讓國於子之。及齊國伐趙之後，秦兵雖退，但趙王對於蘇秦卻開始不信任了，尤其是齊、魏之聯兵攻趙，使趙王對蘇秦表示了很大的不滿意，蘇秦因內心恐懼，東走燕國。其時燕易王在位，秦惠王已以女妻燕太子，秦、燕關係在增進中，齊又乘燕喪，伐取燕地，易王對蘇秦也頗加責讓。他說：

「往日先生至燕，而先王（燕文公）資先生見趙，遂約六國從。今齊先伐趙，次至燕，以先

生之故，為天下笑。先生能為燕得侵地乎？」（《史記・蘇秦列傳》）

蘇秦對燕易王之責讓，內心頗感慚愧，允赴齊，向齊王下說詞。蘇秦這次到齊，似已是齊湣王在位了。這個時候，秦國拆散合縱政策，已在積極進行。其對齊，則以稱東帝為條件。蘇秦至齊，正好秦約齊稱東帝的時候，因而齊王一見蘇秦，便以稱東帝之事的利害問蘇秦。《戰國策》載有齊王與蘇秦的問答如下：

「蘇秦自燕至齊，見於華章南門。齊王曰：『湣，子之來也？秦使魏冉致帝，子以為何如？』對曰：『王之問臣也卒，而患之所從者微。今不聽，是恨秦也；聽之，是恨天下也。不如聽之以卒秦，勿庸稱也，以為天下。秦稱之，天下聽之，王亦聽之。先後之事，帝名為無傷也。秦稱之而天下不聽，王因勿稱，其於收天下也，此大資也。』」（《戰國策卷十二・齊四》）

蘇秦這一段說詞，為齊王打算，可以說十分的合情合理，因而已得齊王的歡心，但是蘇秦還恐怕齊王對於其間的利害，猶有所疑，因為秦欲雙方稱帝，似乎還附有條件，條件為何？似乎是秦伐趙而齊伐宋，秦伐趙，對合縱的影響太大。其時合縱政策，已搖搖欲墜，但其基礎尚在，恢復容有可能，蘇秦深恐齊王貪伐宋之利，所以他進一步說：

「『齊秦立為兩帝，王以天下為尊秦乎？且尊齊乎？』王曰：『尊秦釋帝，則天下愛齊乎？且愛秦乎？』王曰：『愛齊而憎秦。兩帝立，約伐趙，孰與伐宋之利也？』對曰：『伐宋利。』對曰：『夫約，然與秦為帝，而天下獨尊秦而輕齊。齊釋帝，則天下愛齊而憎秦，伐趙不如伐宋之利。故臣願王明釋帝以就天下，倍約儐秦，勿使爭重，而王以其間舉宋。夫有宋則衛之陽城危，有淮北則楚之東國危，有濟西則趙之河東危，有陰平陸則梁門不啟，故釋帝而貳之，以伐宋之事，則國重而名尊。燕楚以刑服，天下不敢不聽，此湯、武之舉也。敬秦以為名，而後使天下憎之，此所謂以卑易尊者也。願王之熟慮之也。』」（《戰國策卷十二・齊四》）

齊王，不管是齊宣王也好，齊湣王也好，都是依仗國力，好大喜功的人，故秦以帝尊齊，齊王是聽得進的；約齊伐宋，以廣其地，齊王也聽得進的。蘇秦要齊王勿先稱帝，而得天下之心的利，齊王雖然認為可以，但仍於心不甘；這一點，蘇秦似已感覺到了，所以進一步說明齊不稱帝而擯秦之約，並自行伐宋之利。「國重而名尊，……天下不敢不聽，此湯武之舉也」，齊王對此，自然心花怒放而樂於採取蘇秦的建議了。依作者的看法，蘇秦作如此的說辭，目的仍在維護合縱政策，但是如果齊國伐宋而領有其地，齊、楚之間的嫌隙加深，對於合縱，仍然是一個大打擊。推蘇秦之意，這比齊、秦聯合，使秦國加兵於趙要好得多了。後來齊王固然拒絕稱帝，固然興兵伐宋，使楚國對齊頓生惡感，更助成齊國北併燕國的野心，合縱政策也就瀕於破產了。

但是，蘇秦此次赴齊，目的是在為燕索回被齊侵略所占之領土，不是專為齊王解釋稱帝之利害，所以他還要找機會向齊王另下說詞，以達成其任務。終於他得到另一機會，向齊王游說。他那一次的說詞，《史記》所載如下：

「蘇秦見齊王，再拜，俯而慶，仰而弔。齊王曰：『是何慶弔相隨之速也？』蘇秦曰：『臣問飢人所以飢而不食烏喙（毒藥名）者，為其充腹與餓死同患也。燕雖弱小，即秦王之少壻也。大王利其十城，而長與彊秦為仇，今使弱燕為雁行，而彊秦救其後，以招天下之精兵，是食烏喙之類也。』齊王愀然變色曰：『然則奈何？』蘇秦曰：『臣聞古之善制者，轉禍為福，因敗為功，大王誠能聽臣計，即歸燕之十城，燕無故而得十城，必喜；秦王知以己故而歸燕之十城，亦必喜，此所謂棄仇讎而得石交者也。夫燕秦俱事齊，則大王號令天下，莫敢不聽，是王以虛辭附秦，以十城取天下，此霸王之業也。』王曰：『善。』乃歸燕之十城。」

《史記・蘇秦列傳》

蘇秦此次在齊，不但以口舌為燕取得十城，而且還說齊湣（同閔）王以不與諸侯相爭之利，仍是顧全合縱政策的用心。他的說詞如下：

「臣聞用兵而喜先天下者憂，約結而喜主怨者孤。夫後起者藉也，而遠怨者時也。是以聖人從事，必藉於權而務興於時。夫權藉者，萬物之率也；而時勢者，百事之長也。故無權籍，倍時勢，而能事成者寡矣。今雖干將、莫邪（利劍名），非得人力，則不能割劌矣。堅箭利金，不得弦機之利，則不能遠殺矣。矢非不銛，而劍非不利也，何則？權藉不在焉。何以知其然也？昔者趙氏襲衛，車舍人不休傳，衛國城割平，衛八門土而二門墮矣，此亡國之形也。衛君跣行，告溯於魏。魏王身被甲底劍（一作砥），挑趙索戰。邯鄲之中騖，河、山之間亂。衛得是藉也，亦收餘甲而北面，殘剛平，墮中牟之郭。衛非強於趙也，譬之衛矢而魏弦機也，

居而謀王，強大而喜先天下之禍也。昔者萊、莒好謀，陳、蔡好詐，莒恃越而滅，蔡恃晉而亡，此皆內長詐，外信諸侯之殃也。由此觀之，則強弱大小之禍，可見於前事矣。語曰：『麒驥之衰也，駑馬先之；孟賁之倦也，女子勝之。』夫駑馬、女子，筋骨力勁，非賢於騏驥、孟賁也。何則？後起之藉也。今天下之相與也不並滅，有而案兵而後起，寄怨而誅不直，微用兵而寄於義，則亡天下可蹻足而須也。明於諸侯之故，察於地形之理者，不約親，不相質而固，不趨而疾，眾事而不反，交割而不相憎，俱彊而加以親。何則？形同憂而兵趨利也。何以知其然也？昔者齊、燕戰於桓之曲，燕不勝，十萬之眾盡。胡人襲燕樓煩數縣，取其牛馬。夫胡之與齊非素親也，而用兵又非約質而謀燕也，然而甚於相趨者，何也？何則形同憂而兵趨利也。由此觀之，約於同形則利長，後起則諸侯可趨役也。故明主察相，誠欲以伯王也為志，則戰攻非所先。戰者，國之殘也，而都縣之費也。殘費已先，而能從諸侯者寡矣。彼戰者之為殘也，士聞戰則輸私財而富軍市，輸飲食而待死士，令折轅而炊之，殺牛而觴士，則是路君之道也。中人禱祝，君翳釀，通都小縣置社，有市之邑莫不止事而奉王，則此虛中之計也。夫戰之明日，尸死扶傷，雖若有功也，軍出費，中哭泣，則傷主心矣。死者破家而葬，夷傷者空財而共藥，完者內酺而華樂，故其費與死傷者鈞。故民之所費也，十年之田而不償也。軍之所出，矛戟折，鐶弦絕，傷弩，破車，罷馬，亡失之大半。甲兵之具，官之所私出也，士大夫之所匿，廝養士之所竊，十年之田而不償也。天下有此再費者，而能從諸侯寡矣。攻城之費，百姓理襜蔽，舉衝櫓，家雜總，身窟穴，中罷於刀金。而士困於土功，將不釋甲，期數而能拔城者為亟耳。上倦於教，士斷於兵，故三下城而能勝敵者寡矣。故曰：彼戰攻者，非所先也。何以知其然也？昔智伯瑤攻范、中行氏，殺其君，滅其國，又西圍晉陽，吞兼二國，而憂一主，此用兵之盛也。然而智伯卒身死國亡，為天下笑者，何謂也？兵先戰攻，而滅二子患也。日者，中山悉起而迎燕、趙，南戰於長子，敗趙氏；北戰於中山，克燕軍，殺其將。夫中山千乘之國也，而敵萬乘之國二，再戰北勝，此用兵之上節也。然而國遂亡，君臣於齊者，何也？不嗇於戰攻之患也。由此觀之，則戰攻之敗，可見於前事。今世之所謂善用兵者，終戰比勝，而守不可拔，天下稱為善，一國得而保之，則非國之利也。臣聞戰大勝者，其士多死而兵益弱；守而不可拔者，其百姓罷而城郭露。夫士死於外，民殘於內，而城郭露於境，則非王之樂也。今夫鵠的非咎罪於人也，便弓引弩而射之，中者則善，不中則愧，少長貴賤，則同心於貫之者，何也？惡其示人以難也。今窮戰比勝，而守必不拔，則是非徒示人以難也，又且害人者也，然則天下仇之必矣。夫罷士露國，而多與天下為仇，則明君不居也；素用強兵而弱之，則察相不事。彼明君察相者，則五兵不動而諸侯從，辭讓而重賂至矣。故明君之攻戰也，甲兵不出於軍而敵國勝，衝櫓不施而邊城降，士民不知而王業至矣。彼明君之從事也，用財少，曠日遠而為利長者。故曰：兵後起則諸侯可趨役也。臣之所聞，攻戰之道非師者，雖有百萬之軍，比之堂上；雖有闔閭、吳起之將，禽之戶內；千丈之城，拔之尊俎之間；百尺之衝，折之衽席之上。故鍾鼓竽瑟之音不絕，地可廣而欲可成；和樂倡優侏儒之笑不之，諸侯可同日而致也。故名配天地不為尊，利制海內不為厚。故夫善為王業者，在勞天下而自佚，亂天下而自安，諸侯無成謀，則其國無宿憂也……」（《戰國策卷十二・齊十五》）

蘇秦對齊湣王這篇游說詞，與過去對六國國王所說的宗旨，幾乎完全相反。從他說趙王開始，一路經燕、韓、魏、齊、楚而復返於趙，都是以六國團結一致，對抗秦國，所說無非對各國所處的地位之重要，所備兵力的強大，作一番陳述；然後陳述他對抗秦國的計劃，如秦國攻那一國，其他各國應如何出兵救援，應如何整兵待敵等等，當時六國都有恐秦病，所以都聽他的話，因而完成六國一體的團結。但是，這次他對齊湣王的說詞，以伯王之業期許齊國，這是打動齊閔王的有力因素；但是，他詞鋒一轉，要齊湣王不可貿然發兵以攻他國，甘為戎首，而為其他諸侯所圍攻；他建議齊王，要愛民、順民，不可浪費民力、民財與國帑，不可稱強而屢屢用兵，使民敝於內，怨結於外，以致亡國破家。以縱橫家而重言仁義，此為蘇秦思想之大轉變。其強調明主應該做的事情，略具管仲所說的要旨，其言仁義又略近於儒家。這真是蘇秦思想的轉變嗎？不，他知道齊湣王好戰，而齊國對宋，對燕，更有莫大的興趣，六國之間的戰端一起，秦必乘之，合縱政策，便要冰消瓦解了。故蘇秦以伯王之業說齊湣王，要他施行仁義，不先發兵攻擊其他諸侯，以苟延合縱政策而已。燕國就在齊不克攻的原則下，得到安全，所以他這一番話，也是為燕的安全著想的。

合縱政策最可怕的因素是六國自相殘殺，蘇秦不希望齊國攻擊他國，即對合縱中心的趙國，也不希望它不要攻擊他國的，趙王是首先贊成合縱政策的，但他之所以贊成合縱政策，與蘇秦的構想不同。蘇秦是希望六國互相親善，互相團結，使秦國不敢來攻，即來攻，任何諸侯都要一致對抗。而趙王的構想與此大異，他是希望藉六國合縱，避免秦國的來攻，但趙國卻利用秦國不來攻擊的機會，向其他諸侯發動攻擊，以擴大其領土，增加其人力。所以合縱政策完成以後的不久，趙國便要向諸侯用兵，蘇秦也不表贊同而力阻之，我們從六國互相攻擊之不可避免的一點來看，可知合縱政策的本身是沒有前途的；更從合縱各國一經秦攻則必各自推委，畏縮不前的一點來看，可知合縱的基礎並不堅強；但是合縱的效果，並不是沒有的，合縱完成以後也曾發生過幾次對秦的聯合作戰，使六國割據的局面延長了一段時間，這顯然是合縱政策的實際效果了。

例如，秦圍邯鄲，魏、楚相繼救趙，這便是合縱政策的餘音，可是樂毅統五國之兵攻齊，其中便有秦國，足證合縱政策的後期，已經敵我不分了。明顯地說，戰國時代，本是醞釀全國統一的時代，合縱政策以保持割據的封建諸侯為目標，對時代潮流而言，是一種反動，所以其勢難於持久，那是必然的趨向了。

八、蘇秦的危機

蘇秦這個口若懸河的雄辯家，到處游說成功，成為國際第一號風雲人物，因而引起嫉妒，在所難免的。如他說燕文公成功而西赴趙國時，燕國方面便有人妒忌他，說他是反覆無信之人，所以燕王便對他有不信任的趨向。及說齊王返燕十城，齊國方面也有人詆毀蘇秦，說他是「左右賣國反覆之臣」，並且誣他「將作亂」。這種譭謗之言，傳入蘇秦耳中，蘇秦便也惶恐起來，於是去齊，而復返燕國，自以為燕取得十城，燕王必對他感激，一定再度的重用他。不料他返燕以後，燕王對他十分冷淡，並不委以官職，蘇秦因而向燕王抱怨似的地說：

『臣，東周之鄙人也，無有分寸之功，而王親拜之於廟而禮之於廷。今臣為王卻齊之兵而攻得十城，宜以益親。今來而王不官臣者，人必有以不信傷臣於王者。臣之不信，王之福也。臣聞忠信者，所以自為也；進取者，所以為人也。且臣之說齊王，曾非欺之也。臣棄老母於東周，固去自為而行進取也。今有孝如曾參，廉如伯夷，信如尾生。得此三人者以事大王，何若？』王曰：『足矣。』蘇秦曰：『孝如曾參，義不離其親一宿於外，王又安能使之步行千里而事弱燕之危王哉？廉如伯夷，義不為孤竹君之嗣，不肯為武王臣，不受封侯而餓死首陽山下。有廉如此，王又安能使之步行千里而行進取於齊哉？信如尾生，與女子期於梁下，女子不來，水至不去，抱柱而死。有信如此，王又安能使之步行千里卻齊之彊兵哉？臣所謂以忠信得罪於上者也。』燕王曰：『若不忠信耳，豈有以忠信而得罪者乎？』蘇秦曰：『不然。臣聞客有遠為吏而其妻私於人者，其夫將來，其私者憂之，妻曰『勿憂，吾已作藥酒待之矣』。居三日，其夫果至，妻使妾舉藥酒進之。妾欲言酒之有藥，則恐其逐主母也，欲勿言乎，則恐其殺主父也。於是乎詳僵而棄酒。主父大怒，笞之五十。故妾一僵而覆酒，上存主父，下存主母，然而不免於笞，惡在乎忠信之無罪也？夫臣之過，不幸而類是乎！』」（《史記・蘇秦列傳》）

蘇秦這一番說詞，使燕易王竟為所動，因而復其故官，待遇較前更為優厚。蘇秦至此，應該認為滿足，可以安於一時了。但是另一恐怖事件，仍使蘇秦無法安心居住服官於燕國。原來，燕文公夫人，即燕易王之母，與蘇秦私通，事為燕易王所知，易王倒也頗有雅量，不僅不罪蘇秦，反而事之加厚，可是蘇秦本人，畢竟有愧於內心，深恐將來必遭誅戮，因而抱定去燕至齊的決心，他要去齊的理由，是這樣的：

「臣居燕，不能使燕重；而在齊，則燕必重。」（《史記・蘇秦列傳》）

燕王對於蘇秦要去齊的意見，加以贊成。於是蘇秦假裝得罪了燕王，從燕逃走到齊國。按照《史記》的記載，蘇秦這次赴齊，是在齊宣王的晚年，但是我們從秦使魏冉致帝一事來看，蘇秦上次赴齊，已是齊湣王的時代了，不過這中間的距離，並不太遠。

蘇秦既又至齊，對齊湣王，要他做兩件事：一件事是厚葬齊宣王，以明齊湣王的孝心；另一件事是建造大的園囿，表示齊國的國力和齊王的得意。這兩件事，對好大喜功的齊湣王來說，自然都表示贊成。實際上蘇秦作這樣的建議，固然在卜得齊湣王的歡心，但是更大的目的，是在消耗齊國財力，使齊國不再有充足的能力與燕國為敵，還是為燕國的安全著想。蘇秦對燕，還頗有拳拳之忱。極可能由於這種拳拳之忱，使燕國的反對蘇秦的那一派，怕他捲土重來，復掌燕國的政權，所以對蘇秦之戒備仍深。但是，最後殺死蘇秦卻是齊人。

蘇秦在齊王面前，言聽計從，引起了齊大夫的妒忌，爭寵不遂，就派人向蘇秦下毒手，刺殺蘇秦，蘇秦受創甚重，自問不能再生，臨死還施一鬼計，使刺殺的人，自出就戮。蘇秦的鬼計是這樣的：

「臣即死，車裂臣以徇於市，曰：蘇秦為燕作亂於秦。如此，則臣之賊必得矣。」《史記・蘇秦列傳》

齊王果如蘇秦之計，於是殺蘇秦者自以為有功，向齊王出首。齊王因執而殺之。蘇秦在臨死之前，仍施陰謀，以自報其仇，一如吳起之繞楚王之屍而走，使射殺吳起之人，箭及楚王之屍，楚臣將箭射王屍之人執而殺之，故亦能自報其仇。陰謀家以陰謀起而以陰謀終，蘇秦與吳起都是實際的例子。燕人聞蘇秦之死，是為了燕國，因頗以不及為蘇秦報仇為憾。蘇秦既死，齊人亦漸知蘇秦之種種建議，實有為燕破齊之意，因恨燕。對後日在燕子之亂事中幾乎把燕國滅了，是有其重大關係的。

蘇秦既死，他的合縱計劃，雖然已呈瓦解之勢，但其餘緒仍連綿了若干時間，則與其兩個哥哥有不少的關係。他的兩個哥哥是蘇代和蘇厲。史公謂：「蘇秦之弟曰蘇代，代弟蘇厲」，代弟蘇厲是不錯的，作者舊亦以為蘇代為蘇秦之弟的根據在此。後經考證，乃知蘇代為蘇秦的長兄。蘇代、蘇厲是看到蘇秦學縱橫術而獲致富貴，乃亦繼起為縱橫之學，後來在國際間也相當的活躍，也相當地影響當時的國際局勢。《戰國策》所稱的蘇子，大部分皆指蘇代。

九、合縱的餘音

蘇秦在日，蘇代、蘇厲都未見有很多的活動。蘇秦死後，蘇代乃往見燕王，當時的燕王是噲在位，正因為齊人發現蘇秦為燕破齊的陰謀，正在惶恐之中，蘇代正好在此時去向燕王噲遊說：

『臣東周之鄙人也，竊聞王義甚高甚順。鄙人不敏，竊釋鉏耨而干大王，至於邯鄲，所聞於邯鄲者，又高於所聞東周。臣竊負其志，乃至燕廷，觀王之群臣下吏，大王天下之明主也。』王曰：『子之所謂天下之明主者，何如者也？』對曰：『臣聞之，明主者務聞其過，不欲聞其善。臣請謁王之過。夫齊、趙者，王之仇讎也；楚、魏者，王之援國也。今王奉仇讎以伐援國，非所以利燕也。王自慮此則計過，無以諫者，非忠臣也。』王曰：『寡人之於齊、趙也，非所敢欲伐也。』曰：『夫無謀人之心而令人疑之殆，有謀人之心而令人知之拙謀未發而聞於外則危。今臣聞王居處不安，食飲不甘，思齊報齊，身自削甲札，妻自組《甲絣》，曰：『有大數矣，有之乎』？』王曰：『子聞之寡人，不敢隱也。我有深怨積怒於齊，而欲報之二年矣。齊者，我讎國也，故寡人之所欲報也，直患國敝力不足矣。子能以燕報齊，寡人奉國而委之於子矣。』對曰：『凡天下之戰國七，而燕處弱焉。獨戰則不能有所附，則無不重。南附楚則楚重，西附秦則秦重，中附韓、魏則韓魏重。且茍所附之國重，此必使王重矣。今夫齊王，長主也，而自用也。南攻楚五年，蓄積散；西困秦三年，民憔悴，士罷敝；北與燕戰，覆三軍，獲二將；而又以其餘兵南面西舉，五千乘之勁宋。而包十二諸侯，此其君之欲得也，其民力竭也，安猶取哉？且臣聞之，『數戰則民勞，久師則兵敝。』王曰：『吾聞齊有清濟濁河，可以為固，有長城鉅防，足以為塞。誠有之乎？』對曰：『天時不與，雖有清濟濁河，何足以為固？民力窮敝，雖有長城鉅防，何足以為塞？且異日也，濟西不役，所以備趙也；河北不師，所以備燕也。今濟西、河北盡以役矣，封內敝矣。夫驕主必不好計，而亡國』之臣貪於財，王誠能毋愛寵子母弟以為質，寶珠玉帛以事其左右，彼且德燕而輕亡宋，則齊可亡已。王曰：『吾終以子受命於天矣。』曰：『內寇不與，外敵不可拒。王自治其外，臣自敝其內，此乃亡之之勢也。』』（《戰國策卷二十九・燕一》）

蘇代的口舌之辯，也不是等閒之輩，但是他並沒有政治的大目標，只以陰謀取祿位，更不如蘇秦之尚有政治目標與政治道德之可比了。原來蘇代在燕，已與燕王噲之權臣子之相深交，他以明主向燕王噲灌迷湯，用合縱的舊觀念，意欲燕與韓、魏、楚相聯，以圖齊、趙，實際上是一番假話，他是要利用燕國來謀取他在齊國的地位，復利用他在齊國的地位來加重燕相子之的權力，使子之在燕更能脅迫燕王噲，以成就其奪取燕國的政權。燕王噲就落在蘇代這種圈套中，讓位給子之，以此而燕國大亂，幾為齊國所滅。

蘇代密啣燕王之命，偕同燕國的質子，南赴齊國，無法直接見到齊王，他先見齊國的聞人淳于髡。淳于髡是一個善用比喻而富有幽默感的雄辯家，因此蘇代也以幽默性的比喻詞來說動淳于髡。他說：

「人有賣駿馬者，比三旦立市，人莫之知。往見伯樂曰：『臣有駿馬欲賣之，比三日立於市，人莫與言；願子還而視之，去而顧之，臣請獻一朝之賈。』伯樂乃還而視之，去而顧之，一旦而馬價十倍。今臣欲以駿馬見於王，莫為臣先後者，足下有意為臣伯樂乎？臣請獻白璧一雙，黃金千鎰，以為馬食。淳于髡曰：謹聞命矣。入言之王而見之，齊王大說蘇子。」（《戰國策卷三・燕二》）

蘇代之得見齊王，雖用一則伯樂相馬的故事，說動淳于髡，但是尤其重要的是「白璧一雙，黃金千鎰」，這是戰國時代游說之士需要致送大紅包的又一例證。蘇代對齊王說些什麼？史所不載，以意測之，總不外大灌齊王的迷湯，以滅燕之利說齊王而已。

蘇代既得齊王的信任，於是又做了齊王的代表，赴燕為子之加油。正好燕王問他：齊王（《戰國策》作齊宣王）為何如人？於是他又向燕王噲大放厥詞了。他說：

『（齊王）必不霸！』燕王曰：『何也？』對曰：『不信其臣。』（《戰國策卷二十九・燕一》）

蘇代這一簡單的回答，暗示燕王噲要信任其大臣子之。這位子之，本是蘇秦的兒女親家，又是蘇代的好朋友。燕王噲對於蘇代的暗示，懂得他的意思，因而大大地增加了對子之的信任，子之也以百金贈予蘇代，隨便他怎樣使用。不久之後，便有鹿毛壽建議燕王噲把政權讓給子之，以致造成燕國的大亂，齊趁機伐燕，燕幾於滅亡。燕王噲待蘇代不薄，破燕對蘇代也並沒有多大好處，僅僅乎獲得齊王之信任而已。故蘇代之為政客，視蘇秦等而下之了。

蘇代雖然對燕國挑起了一場幾於亡國的大禍，緊接著齊國也幾於亡國，但燕、齊兩國對蘇代似仍十分重視其言論，尤其是勵精圖治的燕昭王，對蘇代的建議，依然常常採用。不過，在燕國大亂，子之與燕王噲俱被殺的一段時間，蘇代、蘇厲二人，都恐怕被害，都逃到齊國，時齊國之禍未顯，故齊王對他們兄弟二人依然優遇之。蘇代曾經到過魏國，魏國為了見好於燕，特將蘇代逮捕，齊王還出力營救他，齊王派使者到魏國去，要求釋放蘇代。齊使對魏王的說詞，仍然是縱橫家的一套。他說：

「齊請以宋封涇陽君，秦不受。秦非不利有齊而得宋地也，不信齊王與蘇子也。今齊魏不和，如此其甚，則齊不欺秦。秦信齊，齊秦合，涇陽君有宋地，非魏之利也。故王不如東蘇子，

秦必疑而不信蘇子矣，齊秦不合，天下無變，伐齊之形成矣。」（《戰國策卷二十九・燕一》）

按涇陽君即秦昭王之異母弟，甚受宣太后之寵愛，在秦的地位甚為重要。時齊欲伐宋，得其地後，為了結好於秦，而將轉贈之於涇陽君，但秦不受。秦之不受，以中隔韓、魏之故，亦未必對齊之不信任。齊使者以此說魏王，使返蘇代，而以齊秦相疑為諸侯聯合伐齊之好機會，魏王不審其虛實，盲從之，遂釋蘇代，使至宋。由此，可知齊之重視蘇代的程度了。戰國策士之得逞其說，很多是由於諸侯之無知，這裡又一個例子。

後來齊國果然進攻宋國了，宋國獨力難當，國亡在即，蘇代這個善變的政客，既因齊國之助而脫禍於魏，但見宋國危在旦夕，則又為宋求助於燕，要燕昭王想辦法使秦國伐齊以存宋。他送信給燕昭王說：

「夫列在萬乘，而寄質於齊，名卑而權輕。秦、齊助之伐宋，民勞而實費。破宋，殘楚淮北，肥大齊，讎強國，國弱也。此三者，皆國之大敗也，而足下行之，將欲以除害取信於齊也。而齊未加信於足下，而忌燕也愈甚矣。然則足下之事齊也，失所為矣。夫民勞而實費，又無尺寸之功，破宋肥讎，而世負其禍矣。足下以宋加淮北，強萬乘之國也，而齊并之，是益一齊也。北夷方七百里，加之以魯、衛，此所謂強萬乘之國也，而齊并之，是益二齊也。夫一齊之強，而燕猶不能支也，今乃以三齊臨燕，其禍必大矣。雖然，臣聞知者之舉事也，轉禍而為福，因敗而成功者也。齊人紫敗素也，而賈十倍。越王勾踐棲於會稽，而後殘吳霸天下。

此皆轉禍而為福，因敗而為功者也。今王若欲轉禍而為福，因敗而為功乎？則莫如遙伯齊而厚尊之，使使盟於周室，盡焚天下之秦符，約曰：『夫上計破秦，其次長賓之秦。』秦挾賓客以待破，秦王必患之。秦五世以結諸侯，今為齊下；秦王之志，苟得窮齊，不憚以一國都為功。然而王何不使布衣之人，以窮齊之說說秦，謂秦王曰：『燕、趙破宋肥齊尊齊而為之下者，燕、趙非利之也，弗利而勢為之者，何也？以不信秦王也。今王何不使可以信者接收燕、趙。今涇陽君若高陵君先於燕、趙，秦有變，因以為質，則燕、趙信秦矣。秦為西帝，趙為中帝，燕為北帝，立為三帝而以令諸侯。韓、魏不聽，則秦伐之。齊不聽，則燕、趙伐之。天下孰敢不聽？天下服聽，因驅韓、魏以攻齊，曰愁反宋地，而歸楚之淮北。夫反宋地，歸楚之淮北，燕、趙之所同利也。并立三帝，燕、趙之所同愿也。夫實得所利，名得所愿，則燕、趙之棄齊也，猶釋敝屣。今王之不收燕、趙，則齊伯必成矣。諸侯戴齊，而王獨弗從也，是國伐也。諸侯戴齊，而王從之，是名卑也。王不受燕、趙，名卑而國危；王收燕、趙，名尊而國寧。夫去尊寧而就卑危，知者不為也。』秦王聞若說也，必如刺心然，則王何不務使知士以若此言說秦？秦伐齊必矣。……」（《戰國策卷二十九・燕一》）

蘇代這封信，目的是在藉說秦以三帝之利，使秦伐齊，俾危宋得存，燕仇得報，尤其是後者，燕昭王最聽得進的，但是蘇代最重要的步驟，是要燕國派使者赴秦，向秦王說以伐齊以收燕、趙之利，所謂三帝說，不過是一種尊秦為帝的事實，以速秦之伐齊而已。名雖為燕以弱齊，實際上只是存宋。可是弱齊以便報仇，這正是燕昭王所求之不得的事，因此燕昭王對於蘇代頓生好感，便召他返燕而善待之。他說：「先人嘗有德蘇氏，子之之亂而蘇氏去燕，燕欲報仇非蘇氏莫可。」達到了。

由此，可知燕昭王之復重蘇氏，是為了向齊報仇，而蘇代復重於燕，他的利祿的慾望，也就達到了。他對齊的是否忠實？早已置之腦後，而惟與燕昭王共謀伐齊，以圖富貴。《戰國策》以燕之破齊，歸功於蘇代，事亦不然。燕之勝齊，乃樂毅之功，即聯合五國而共破齊軍，也出於樂毅之策劃與游說和統兵作戰，與蘇代無關，讀者諸君欲知其詳，可參考本書樂毅一文。由此觀之，合縱政策，自蘇秦而蘇代，不復以合六國而與秦為敵，反挾秦自重，以自報其仇，合縱政策的本質，完全不存在了。

蘇代既為燕昭王所重，拜為上卿，奉車百乘，南使於齊，實欲使其為間諜，乘機說齊以利燕，但蘇代卻有所顧慮。他所顧慮者，是怕燕昭王信其左右之言，對蘇代不利，所以他在臨去之前，又說了蘇秦曾經說燕王噲那段故事，以堅昭王對他的信心。他而且激燕昭王一下：

『足下以愛之故與？（按係指拜為上卿賜車百乘游齊之事）則不與愛子與諸舅、叔父，負床之孫，不得而乃以與無能之臣，何也？王之論臣何如人哉？今臣之所以事足下者忠信也，恐以忠信之故，見罪於左右。』王曰：『安有為人臣盡其力，竭其忠而得罪乎？』（《戰國策卷二十九・燕一》）

於是蘇代復將周人在外為官，三年不返，其妻通人的故事作譬喻，其結論則為：今臣為足下使於齊，恐忠不信不諭其左右」，要燕昭王無制於群臣。但是燕昭王畢竟是一個精明的國王，他對蘇代的要約，不能不有所疑慮，把他心裡的話告訴蘇代：「寡人甚不喜訑者言也。」蘇代也不能不再度說明策士兩面說法乃出於不得已，他仍然以說故事的方式，來打動燕昭王。他說：

「周俗賤媒，為其兩譽也。之（同至）男家曰女美，之女家曰男富。然而周之俗，不自為取妻。且夫處女無媒，老而不嫁；舍媒而自衒，弊而不售，順而無敗。售而不弊者，唯媒而已矣。且事非權不立，非勢不成，夫使人坐受成事者，唯訑者耳。」《戰國策卷二十九・燕一》

所謂訑者，就是專說不實在的話之人。燕昭王對游說之士，專說不實在的話，表示不信任，蘇代則以說媒人為比喻。從蘇代的話中，我們可以知道男女婚配，其時已非借重於媒妁之言不可。媒妁對男女雙方所說的都是假話，雖明知其為假話，但男婚女嫁，仍非媒妁不可。他以游說之士，比諸媒妁，可以說是最為恰當，他是承認游士所說，大部分為謀取自己的利益而對雙方都說假話，但兩個或以上的諸侯之聯合、非假助於游士不可，其言甚為坦白，反而卜得燕昭王的信任。不過蘇代，後來倒是真的忠實於燕的。下面是兩個具體的事實：

其一，蘇代為了燕昭王要應秦王之約而赴秦，勸阻之。《戰國策》有這樣一段：

「秦召燕王，燕王欲往，蘇代約燕王曰：『楚得枳而國亡，齊得宋而國亡，齊楚不得以有枳、宋事秦者，何也？』是則有功者，秦之深讎也。秦取天下，非行義也，暴也。秦之行暴，正告天下。告楚曰：『蜀地之甲，輕舟浮於汶，乘夏水下江，五日而至郢；漢中之甲，輕舟出於巴，乘夏水下漢，四日而至五渚。寡人積甲宛東下隨，智者不及謀，勇者不及怒，寡人如射隼矣。王乃待天下之攻函谷，不亦遠乎?』楚王為是之故，十七年事秦。秦正告韓曰：『我起乎少曲，一日而斷太行。我起乎宜陽而觸平陽，二日而莫不盡繇。我離兩周而觸鄭，五日而國舉。』韓氏以為然，故事秦。秦正告魏曰：『我舉安邑，塞女戟韓氏，太原卷下軹道，道南』陽，封冀，兼包兩周。乘夏水，浮輕舟，強弩在前，銛戟在後。決滎口，魏無大梁；決白馬之口，魏無濟陽；決宿胥之口，魏無虛頓丘。陸攻則擊河內，水攻則滅大梁。魏以為然。故事秦，秦欲攻安邑，恐齊據之，則以宋委於齊，曰：『宋王無道，為木人以象寡人，射其面。寡人地絕兵遠，不能攻也。王苟能破宋有之，寡人如自得之。』已得安邑，塞女戟，因以破宋為齊罪。秦欲攻韓，恐天下救之，則以齊委於天下。曰：『齊人四與寡人約，四欺寡人，必率天下以攻寡人者三。有齊無秦，無齊有秦，必伐之，必亡之。』已得宜陽、少曲，致藺、離石，因以破齊為天下罪。秦欲攻魏重楚，則以南陽委於楚。曰：『寡人固與韓且絕矣。殘均陵，塞黽隘，苟利於楚，寡人如自有之。』魏棄與國而合於秦，因以塞黽隘為楚罪。兵困于林中，重燕、趙，以膠東委於燕，以濟西委於趙。已得講於魏，質公子延因犀首攻趙，兵傷於離石，遇敗於馬陵。而重魏，則以葉、蔡委於魏。已得講於趙，則劫魏，魏不為割。困則使太后、穰侯為和，嬴則兼欺舅與母。適燕者『曰以膠東，適趙者曰以濟西，適魏者曰以葉、蔡，適楚者曰以塞鄳阸，適齊者曰以宋，必令其言如循環，用兵如刺蜚，母不能知，舅不能約。』龍賈之戰，岸門之戰，封陵之戰，高商之戰，趙莊之戰，秦之所殺三晉之民數百萬，今其生者皆死，秦之孤也。西河之外，上雒之地，三川晉國之禍，三晉之半，秦禍如此其大，而燕、趙之秦者，皆以爭事秦，說其主，此臣之所大患。」（《戰國策卷三十・燕二》）

我們從「蘇代約燕王」的約字來看，可能這個時候，蘇代已以燕使的身分，駐在齊國，其對秦國對六國所用的方法，那便是連橫，也就是拆散合縱的一套，他並不直接勸止燕昭王入秦，而只是說：「秦禍如此其大，而燕趙之秦者，皆以爭事秦說其主，此臣之所大患也。」他所說的對象是勵精圖治而精明幹練的燕昭王，所以不用正面的口號式的說詞，輕輕點到，燕昭王自然覺悟而不赴秦約了。燕昭王之所以要入秦赴約，目的是在得秦助以向齊報仇，事秦的後果，較諸報齊尤為惡劣。故燕昭王自此更信任蘇代。

其二，是蘇代設法使齊趙不合而使燕趙相合，並設法弱齊，約燕王伐齊。蘇代原是要直接說合燕趙的，所以他說趙以伐齊之利，趙不從，乃轉入齊國，使齊國自絕於趙，趙乃自然與燕相合。這中間的蘇代，又是陰謀百出。他既約燕兵攻齊，又使人勸齊湣王以蘇代為將以拒燕。他所派的說客，對齊湣王的說詞，也是甚為巧妙。那位受蘇代之使的不知名人士說：「燕之攻齊也，欲以復振古地也。燕兵在晉而不進，是則兵弱而計疑也。王何不令蘇子將而應燕乎？夫以蘇子之賢，將而應弱燕，燕破必矣。燕敗則趙不敢不聽，是王破燕而服趙也。」齊湣王聽了這一番說詞，真的使蘇代為將，蘇代還故意的以不知兵而謙辭，齊湣王不聽，蘇代乃率齊兵與燕戰，齊軍大敗，燕人得甲首二萬人。這便是蘇代所說的弱齊之謀。蘇代兵敗，自請處分，湣王以為過失在他自己，因不罪蘇代。蘇代又使人說齊湣王：「日者齊不勝於晉下，此非兵之過，齊不幸而燕有天幸也，今燕又攻陽城及狸，是以天幸自為功也。王復使蘇子應之，蘇子先敗王之兵，其後必勝以報王矣。」天真的齊湣王，又派蘇代為將，蘇代還固辭不肯，終於又喪失三萬齊兵，造成齊民的怨憤，於是蘇代更為書，約燕昭王伐齊。樂毅率五國聯軍以攻齊，就是這樣造成的。

十、政客的典型

後來燕惠王的時代，趙國要對燕國用兵，蘇代又為燕國勸止趙兵，其時，燕已破齊，蘇代當已歸燕國，因赴趙以說趙惠王，他仍然用淺顯易明的故事作比喻的。他說：

「臣來，過易水，蚌方出曝，而鷸啄其肉，蚌合而拑其喙，鷸曰：『今日不雨，明日不雨，即有死蚌。』蚌亦謂鷸曰：『今日不出，明日不出，即有死鷸。』兩者不肯相舍，漁者得而並禽之。今趙且伐燕，燕趙久相支以弊大眾，臣恐強秦之為漁父也，故願王之熟計之也。」

《戰國策卷三十・燕二》

這一則童話式的故事，便是普傳於我國社會的鷸蚌相爭，漁翁得利的典故。辭義淺顯，但頗能動人聽聞，趙王頗受感動，因稱善而止伐燕之兵。蘇代這一舉動，固然是燕、趙兩利，實際上都是為燕著想，我們從蘇代假燕王之節使齊，而暗中鼓勵子之竊國，復激動齊國去伐燕，幾乎使燕國滅亡，游士之振人之國與亡人之國，真是一個可怕的力量。此後，蘇代又為燕工作，以詐術取得齊王之信任，實際上卻處處為燕國工作，浸浸而想盡方法，削弱齊的國際地位與精銳的武裝力量，使燕國得到勝利，而齊國幾致亡國。這是游士之可怕的另一例子。蘇代說：「因其強而強之，乃可折也；因其廣而廣之，乃可折也」，這大概就是太公陰符之謀的一部份，然其陰謀鬼計之得逞，都是由於國君之缺點太多與不明事理，所以不能識破他的詐術。蘇代後此既得齊湣王之信任，位高權重，其自利的目的實已達到，而仍為燕工作不已，甚至想盡方法以弱齊國，此為戰國游士的另一風格。但他對燕昭王獨如此忠悃，不惜自蹈其身於危險之境地，意或前此的殘破燕國而內心負有深深的歉疚？如果這一看法不錯，則蘇代為人，尚有良知，尚有其百非一是之處。《戰國策》在蘇代約燕王阻其入秦之後，加上一段說：

「燕昭王不行，蘇代復重於燕，燕反約諸侯從親，如蘇秦時。或從或不，而天下由此宗蘇氏之從約，代厲皆以壽死，名顯諸侯。」（《戰國策卷三十・燕二》）

這裡所說的「燕反約諸侯從親」，當指合五國之兵伐齊而言，此雖並非蘇代一人之功，而他卻也有相當的貢獻。蘇代、蘇厲均能壽終，不如蘇秦之被刺而死，死後還因復仇而遭車裂之慘，一若蘇秦之惡尤視蘇代為甚者。然縱橫家以嫻於當世的形勢，善於從利害方面打動其被說的對象，初無道義是非可言，故不為天下後世所鑑諒。太史公為蘇氏兄弟立傳於《史記》，他自己說：

「蘇秦兄弟三人，皆游說諸侯以顯名，其術長於權變，而蘇秦被反間以死，天下共笑之，諱學其術。然世言蘇秦多異，異時事有類之者，皆附之蘇秦。夫蘇秦起閭閻，連六國從親，此其智有過人者。吾故列其行事，次其時序，毋令獨蒙惡聲焉」（《史記・蘇秦列傳》）

由此，可知漢時對蘇秦，已不齒其人，太史公之為其作傳，以其有「過人之智」，而不令「獨蒙惡聲」。實際上，歷代亂世，以縱橫之術興風作浪者，大有人在；即盛世，亦頗有「兩面人」，或圖自利，或謀挑撥離間，也何嘗沒有！作者所以在當前的時代要介紹蘇秦，獨取其苦學有成一點，來勉我青年讀者，還要特別指出：他不是政治家，而是政客。政客完全以私利為出發點，滅人國、亡人家，在所不計，蘇代以媒妁自況，殆為不易之論。如果讀者諸君，對政治有興趣，則切不可為政客，而應為政治家，為自己所信奉的政治理想而獻身奮鬥，以利國而利民。作者對孟子這樣一位聖賢之徒而亦作遊說之士，深深佩服他抱道自守，合則留、不合則去，窮則獨善其身，達則兼善天下的抱負。

玖、張　儀——顛是倒非的連橫家

一、寒微的家世

戰國之世，言合縱連橫的政客，必蘇秦、張儀連稱，他們都是鬼谷子的學生，張儀的聰明才具與學問造詣，高出蘇秦之上，蘇秦也自己認為不如張儀。在他們游說諸侯的時候，蘇秦與張儀，初期都深受折辱。蘇秦經發憤一年，心得始深，首先得逞其說於燕、趙，身佩六國相印，而為縱約長，聲勢暄赫，炙手可熱，其成名早於張儀。蘇秦常川駐趙，其言其行，一舉一動，都足以影響六國諸侯。但其縱約長的官職，實是有名無實，六國諸侯，雖深受其影響，卻沒有給予他實際的權力。所以他的勢力乍看之下很雄厚，卻很容易消失。反不如張儀自為秦相以後，轉輾擔任各國首相，常有實權在握之有所依恃，但是這兩個同門師兄弟，分別掌握合縱與連橫的兩方面，操縱了天下的諸侯，成為他們的時代，是無可懷疑的事實。

張儀是魏人，據呂不韋門客所撰的《呂氏春秋》，稱為魏之餘子，按周公實行周官之制以後，凡公族之嫡子，可以繼承王位與官爵，其小宗或非嫡妻（即正室的太太）所出之子，則稱為餘子。由此言之，則張儀也是魏的支庶之裔，至張儀而流為平民了。《史記正義》引《左傳》之言，謂「晉有公族、餘子、公行，杜預云：皆官卿之嫡，為公族大夫，餘子、嫡子之母弟也，公行庶子，掌公戎行也。」此可為張儀出身的註腳，其為貴族出身，當非無據。

張儀既是平民，其學成而游說諸侯，並無其他奧援，僅以口給舌辯爭取名位，並無紅包可送，這是張儀起初游說的重大弱點。他第一個游說的對象是楚國。總算他的運氣不壞，不如蘇秦初遊趙國僅能與趙國的二等要人李兌接觸；而張儀在楚，竟能與楚國首相接談，而且為楚相的座上客。但是他游說楚相而遭受重大的挫辱，其故就在一個貧字。據說，有一天楚相和他飲宴，正好楚相失去了一塊價值很高的璧玉。楚相的左右追查失璧的原因，認為這塊璧玉極可能是張儀偷的，因為張儀是一個「貧而無行」的人。於是把張儀抓起來，掠笞達數百之多。張儀雖然受此苛責，但他仍矢口否認，楚相對此也無可奈何，只好把他放了。張儀因此狼狽而回。

張儀回到家中，其妻倒不像蘇秦的家人，並沒有以不理睬來刺激他，只是勸他不要再讀書游說，以求非分的富貴，徒然受到苦楚與侮辱。張儀的答覆，只是要他的妻子看一看他的舌頭是否尚在？其妻笑他說「舌在也。」張儀告訴他的妻子說：「足矣。」這則小故事，可知張儀對他的舌辯是很自負的。固然，後來靠他優秀辯才，在各國間跑來跑去，都做首相，其暄赫而見重於諸侯，一如蘇秦。

張儀之得入秦國，受到秦惠王的重視，是出於蘇秦的主動，(詳見蘇秦一文)。張儀得到蘇秦從趙王那裡送來的車馬、金璧做他的後盾，在秦國便得了重用。這裡我們要引孟子游說諸侯的行色之壯，來說明當時的窮游士是很難得獲逞的。孟子游說的時候，前車數十乘，從者數百人，孟子的學生問孟子何以如此的奢侈浪費？孟子對此問題，當然有一番官冕堂皇的解釋，但是實際上這是當時的風氣，不作如此的排場，不易被諸侯所重視。張儀入秦，見了秦惠王以後聚談之下，即取得秦國的客卿地位。此與蘇秦入秦的時機不同，因蘇秦對於連橫之說，並無多大心得，這固然使惠王看他不起，但是另一重要原因，是因為商鞅初受誅戮，秦惠王對游說之士，頗具戒心，所以對遠來的蘇秦不感興趣。及蘇秦聯合六國成功，游士的聲勢大振，而秦國本身人才甚少，游士見秦王不歡迎，亦裹足不前，秦王因深感人才不夠，大起恐慌，故張儀得以盛大的行裝入秦而一說成功。這種時勢之不同，使游士有了幸與不幸的分別。張儀得志於秦，他的第一件事，便是向楚相下警告，他向楚相的檄文說：

「始吾從若飲，我不盜而（同爾）璧，若笞我。若善守汝國，我且盜而城。」(《史記・張儀列傳》)

我們從張儀的檄文來看，可以知道他的心胸狹小。他初為客卿，未必即能專秦國之政令，更未必能為了他的私仇，發動秦國的大兵以攻楚。但他卻不顧一切，要讓楚相知道他已在秦國得勢，要報「盜璧」的大恥辱，他那種小人得志便猖狂的神氣，徒使我們感到這個人一旦得志，其盛氣實迫人太甚。張儀初見秦惠王，說些什麼？《史記》所不載，但《戰國策》略卻有下面的一段：

「臣聞之，弗知而言為不智，知而不言為不忠，為人臣不忠當死，言不審亦當死。臣願悉言所聞，大王裁其罪。臣聞天下陰魏陽趙，連荊（即楚）固齊，收餘韓成從，將西南與秦為難，臣竊笑之。世有三亡，而天下得之，其此之謂乎？臣聞之曰：『以亂攻治者亡，以邪攻正者亡，以逆攻順者亡。』今天下之府庫不盈，囷倉空虛，悉其士民，張軍數千百萬，白刃在前，斧質在後，而皆去走不能死，罪其百姓不能死也，其上不能殺也。言賞則不與，言罰則不行，賞罰不行，故民不死也。今秦出號令而行賞罰，不攻、無攻相事也。出其父母懷衽之中，生未嘗見寇也，聞戰頓足徒裼，犯白刃，蹈煨炭，斷死於前者比是也，夫斷死與斷生也不同，而民為之者貴奮也。一可以勝十，十可以勝百，百可以勝千，千可以勝萬，萬可以勝天下矣。今秦地形斷長絕短，方數千里，名師數百萬，秦之號令賞罰，地形利害，天下莫如也。以此與天下，天下不足兼而有也。是知秦戰未嘗不勝，攻未嘗不取，所當未嘗不破也；開地數千里，此甚大功也。然而甲兵頓，士民病，蓄積索，田疇荒，囷倉虛，四鄰諸侯不服，伯王之名不成。此無異故，謀臣皆不盡其忠也。臣敢言往昔，昔者齊南破荊，中破宋，西服秦，北破燕，中使韓、魏之君，地廣而兵強，戰勝攻取，詔令天下，濟清河濁，足以為限，長城、鉅坊，足以為塞。齊，五戰之國也，一戰不勝而無齊。由此觀之，夫戰者萬乘之存亡也。且臣聞之曰：『削株掘根，無與禍鄰，禍乃不存。』秦與荊人戰，大破荊，襲郢，取洞庭、五都（渚）、江南。荊王亡奔走，東伏於陳。當是之時，隨荊以兵，則荊可舉。舉荊，則其民足貪也，地足利也。東以強齊、燕，中陵三晉，然則是一舉而伯王之名可成也，四鄰諸侯可朝也。而謀臣不為，引軍而退，與荊人和。今荊人收亡國，聚散民，立社主，置宗廟，令帥天下，西面以與秦為難，此固已無伯王之道一矣。天下有比志而軍華下，大王以詐破之，兵至梁郭，圍梁數旬，則梁可拔。拔梁，則魏可舉……四鄰諸侯可朝也。而謀臣不為，引軍而退，與魏氏和，令魏氏收亡國，聚散民，立社主，置宗朝，此固已無霸王之道二矣。前者穰侯之治秦也，用一國之兵，而欲以成兩國之功。是故兵終身暴靈於外，士民潞病於內，伯王之名不成，此固已無伯王之道三矣。趙氏，中央之國也，雜民之所居也。……賞罰不信，地形不便，……悉其士民，軍於長平之下，以爭韓之上黨，大王以詐破之，拔武安。當是時，趙氏上下不相親也，貴賤不相信，然則是邯鄲不守，拔邯鄲，完河間……降代、上黨，……不用一領甲，不苦一民，皆秦之有也。……舉趙則韓必亡，韓亡則荊、魏不能獨立，則是一舉而壞韓，蠹魏，挾荊，……而謀臣不為，引軍而退，與趙氏為和。……是謀臣之拙也。且夫趙當亡不亡，秦當伯不伯，天下固量秦之謀臣一矣。乃復悉卒以攻邯鄲，不能拔也，望甲兵怒，戰慄而卻，天下固量秦力二矣。軍乃引退，併於李下，大王又併軍而致與戰，非能厚勝之也。……天下固量秦力三矣。內者量吾謀臣，外者極吾兵力，由是觀之，臣以天下之從，豈其難矣。……今秦地斷長續短，方數千里，名師數百萬，秦國號令賞罰，地形利害，天下莫

> 如也。以此與天下，天下可兼而有也。臣昧死望見大王，言所以舉破天下之從，舉趙亡韓，臣荊、魏，親齊、燕，以成伯王之名，朝四鄰諸侯之道。大王試聽其說，一舉而天下之從不破，趙不舉，韓不亡，荊、魏不臣，齊、燕不親，伯王之名不成，四鄰諸侯不朝，大王斬臣以徇於國，以主為謀不忠者。」（《戰國策卷三・秦一》）

《戰國策》此文，同樣見於《韓非子》續集，這一說詞，是韓非子的？還是張儀的？是一個問題。張儀說話的對象，既是秦惠王，但穰侯執秦國之政，已在惠王的後期，而且長平之役，兩次的圍邯鄲之役，都是昭襄王時代的事，所以這一篇說詞，頗疑不是張儀的，如果是韓非對秦王的說詞，那麼其對象就是秦王政了，秦王政的時代，合縱已成尾聲，不復能為秦國之患，而所說秦王好幾次失去霸天下的機會，而歸其故於謀臣之不忠，似乎也失去了說話的目標。但在這篇說詞，檢討謀臣之失策與不忠，實為重心，且其散縱連橫之說，亦恰合張儀作說客的要求。在這篇說詞中，舉趙，亡韓，臣荊、燕，親齊、燕，是連橫的基本策略，又似甚合張儀的口吻，而且中間幾句前後重複，因此作者懷疑中間一段是後人竄入的。不過竄入部分，為時甚早，碩學通儒如劉向，在其定《戰國策》時已經如此，可見為時之早了。

周室，天下之市朝也，而王不爭焉，顧爭於戎狄，去王業遠矣。」（《戰國策卷三・秦一》）

張儀伐韓的理由是充足的，但其前提則為親魏善楚，以迫兩周；目的達到以後，則又「侵楚魏之地」。由此，可知張儀以伐韓為手段，而以侵楚為其真正的目的，這中間自有個人的恩怨在內，我們但看張儀對楚相所下之警告，便可窺知張儀之用意所在了。不僅如此，張儀事秦，以折散合縱，連合山東諸侯為根本政策。而在他的政策中，以結好齊、燕為原則，與蘇秦之合縱政策，正如針鋒之相對。故蘇秦資張儀入秦，要他暗中阻止秦兵伐趙，他自己也以蘇秦在，不言伐趙，作為對蘇秦的報答。可是，他的伐韓與親齊、燕，對合縱政策的破壞來說，實較伐趙尤為惡劣。當時的政策，以個人利祿為重，視友誼與諾言如敝屣，這裡又是一個顯著的例子。張儀之伐韓與親齊、燕，就是後來范雎的遠交近攻政策。但是張儀的時代，秦國國力尚未能以伐韓為必可獲勝，此因縱約已成，諸侯必聯兵以相救，故秦惠王在司馬錯力言攻韓之不利，與伐蜀之必可獲勝，且可以增強秦國之國力，他就決定採取錯之主張，暫時置韓事於不顧。所以張儀對秦王的第一次建議，秦王並沒有採取，反而採取司馬錯的主張。據《華陽國志》的記載，張儀雖主張伐韓，但張儀也有參與伐蜀的軍事行動。《華陽國志》有如下一段的原文：「秦遣張儀自子午道伐蜀，王（蜀王）自葭萌禦之。敗績，走至武陽，為秦軍所害，秦遂滅蜀，因滅巴、蜀二郡。」上面一段的《華陽國志》，其最後一句，頗為費解。應該說「因滅巴，置巴、蜀二郡」。

其時的苴國已為蜀國所滅。巴是苴君的友邦，乃向秦求救。但秦在滅蜀之役，遂亦滅巴。國際間無道義，自古已然。張儀本是一個玩弄信義的人，但是他雖在伐蜀的辯論中，敗於司馬錯，可是他仍然參加定蜀之戰，做了司馬錯的副手，此在張儀來說，已經是了不起的信義了。

張儀的伐韓論，所以敵不過司馬錯的征蜀論，那是因為伐韓論在形勢上有許多弱點，為司馬錯抓住，把張儀的理由，駁得體無完膚。試看《戰國策》下面的一段：

「臣聞之，欲富國者務廣其地，欲強國者務富其民，欲王者務博其德。……今王之地小民貧，故臣願從事於易……今攻韓劫天子。劫天子，惡名也，而未必利也，又有不義之名，而攻天下之所不欲，危！臣請謁其故：『周天下之宗室也；齊、韓、周之與國也。周自知失九鼎，韓自知亡三川，則必將二國併力合謀，以因乎齊、趙，而求解乎楚、魏。以鼎與楚，以地與魏，王不能禁。此臣所謂危，不如伐蜀之完。」（《戰國策卷三・秦一》）

我們從司馬錯與張儀的辯論中，可知戰國策士的說詞，初不以國家的利害，作客觀的衡量，而只是為其私利著想。我們客觀的說，司馬錯的征蜀論，較之張儀的伐韓論，乃為秦國的利益著想，自然以征蜀論為平穩而有利。但是要從兩個方案中選擇較適當的方案，也要靠國君的智慧。秦的國君，始終具有選擇良好方案的能力，故游士雖眾說紛陳，但終於對秦有利。不若燕王噲等無智到選擇的能力都沒有，這也是為什麼六國之所以亡，而秦所以終能藉游士（平民知識分子）之力而統一全國的原因。

三、張儀在秦的宦海浮沉

張儀說秦王而得重用，最早的官職是客卿，名位雖尊，但並無實際的權力。但張儀終能憑藉他的才能，逐漸取得重要地位。他在秦惠文君的時代與公子華圍蒲陽而降之。張儀既得蒲陽，但仍向秦惠王建議把蒲陽還給魏國，並以秦公子繇為駐魏特別代表（人質），秦王悉予採納。張儀拿這件事作為游說資本，反向魏王建議：「秦遇魏甚厚，魏不可以無禮。」魏人以為然，乃以上郡與少梁割給秦國，並向秦國道謝。按蒲為河東的魏地，不過是一個邑，而上郡乃魏西河的魏地，是一大片領土。以蒲換取上郡，自然是一件極為划算的事，而且還使魏失去河西的據點，對秦國的安全來說當然極關重要。何況秦、魏的關係，經此一個波折，反而密切起來，這些都是張儀對秦的貢獻。

因此，秦惠王對張儀頓加信任，便任張儀為相。在任四年，使秦惠稱王，惠王本稱惠文君，至此稱王，也算是張儀的大貢獻了。張儀在秦相任內的第五年，又為秦國攻取了現今的陝北。在上郡建築了一道要塞。又二年，且與齊、楚的首相會於齧桑，增加秦在國際上的地位，對關東諸侯的合縱政策受到相當的打擊。但在齧桑之會後，張儀回返秦國，便解除首相的職務。

當時秦國的權勢，是在樗里疾手中。樗里疾是秦惠王的異母弟，素有「滑稽多智」，與「智囊」之稱，他在惠王八年以右更率師征曲沃，取其城；率師伐趙，敗趙軍，虜趙將莊豹；翌年助魏章攻楚，敗楚將屈丐，取漢中地，封為樗里子，號嚴君。無何，惠王去世，武王繼位，逐張儀魏章，而以樗里疾與甘茂為左右丞相，張儀雖已被逐，但一心爭奪秦的相位，因以計貶樗里疾。張儀的詭計是這樣的：

「張儀之殘樗里疾，重而使之楚，因令楚為之請相於秦，張子謂秦王曰：『重樗里疾而使之楚者，將以為國交也。今身在楚，楚王因為請相於秦。臣聞其言曰：王欲窮儀於秦乎？臣請助王，楚王以為然，故請相也。今王誠聽之，彼必以國事楚王』。」（《戰國策卷三・秦一》）

張儀這一段話中，可以知道他的毒計，使樗里疾以秦國特別代表的重要身分而使楚。這個秦王是惠王還是武王，值得一談。我們可以說是自惠王晚年至武王時期的樗里疾，可以說已經一帆風順了，但尚未為專政的秦相，他成為秦右相，是在武王的時代，然而武王時張儀已被逐。在〈秦本紀〉與〈樗里疾列傳〉中，都沒有樗里疾使楚之事，〈張儀列傳〉中亦然。但樗里使楚，在上述《戰國策》中見之，此事當為不虛。意或樗里疾使楚時雖為相，但尚有甘茂為左丞相，其權不專，樗里疾當有不滿的表示，故為張儀所乘，在其使楚之後，造作謠言，以激怒秦武王。恰巧秦武王是一個心粗氣暴的武夫性格，故一聞張儀所造的謠言，立即脾氣大發，樗里疾不能不出走了。戰國策士，不僅擅於口舌，且多奸惡之計，蘇秦、張儀可作代表。此殆鬼谷學之精華所在乎？然張儀之術，或尚不如蘇秦，以蘇秦復獲太公《陰符》之謀故也。

張儀和甘茂也是不能相處的，此可在關於漢中問題的處理中見之。漢中本屬楚國，樗里疾對楚作戰時為秦所占。張儀對於秦有漢中，認為不利，所以他向秦王建議以漢中與楚。他說：

「有漢中，蠹！種樹不處者，人必害之；家有不義之財，則傷。本漢中邊，為楚利此，國累也。」（《戰國策卷三・秦一》）

張儀這一建議，用意何在？我們無從了解，也許張儀為了日後進身於楚國，先下一個進身之階的伏筆，但其計卻為甘茂破壞。甘茂認為「地大多邊」，此乃必然之事，中原多故，日後秦國如有聯楚的需要時，可以把漢中為結楚的手法，這個時候無緣無故的以漢中與楚，將來用什麼作為結交楚國的工具呢？在這場辯論中，張儀當然又落了下風。我們客觀的說，當時秦國已經占領了巴與蜀，漢中為秦國與巴、蜀間往來的必經之路，秦國如何可以犧牲漢中，讓這個咽喉重地被時與秦國為敵的楚國所有呢？故張儀之以漢中與楚，和甘茂之留漢中以備將來之用，都不是正論。戰國策士，動輒以天下形勢為言。我們深信張儀、甘茂不會不知道這種形勢的，但是卻作如此的不經之談，令人驚異。按甘茂為下蔡人，嘗從下蔡的史舉先生學百家之學，他的腹笥甚廣，而游說也是他賴以起家的基本工夫。漢中的取得，甘茂也有功績，他便是以此項功績而成為秦的左丞相。甘茂之得說秦惠王而見用，是由於樗里疾與張儀的介紹。張儀與甘茂對漢中問題的處理，意見不合，此或為張儀故作驚人之議以試秦武王，為其去甘茂之試探乎？

四、張儀為魏相的目的

從另一角度看，張儀的被逐，出而為魏相，可能是一套陰謀，其主要目的還是為了秦國利益，一如蘇秦兄弟之自燕至齊為燕國間諜相同。其時魏國國王是魏襄王，張儀至魏，即說魏襄王事秦，魏襄王不從。秦國讓張儀去秦任魏相，旨在使魏國率先事秦，作為天下諸侯的創導。魏襄王的反對，使秦的原來目的不能達到，於是秦王怒而伐魏，取曲沃。但在暗中，仍厚結張儀，期望張儀能夠在將來發生作用。張儀在魏四年而魏襄王卒，其子哀王繼位，張儀復作事秦的建議，哀王仍然反對張儀乃暗中邀秦兵攻魏，魏軍雖然抗拒，但為秦軍所敗。其明年，齊軍也來攻魏，敗魏軍於觀津，秦軍乘魏軍有事於東方，三度興兵伐魏，先敗韓國申差之軍，斬首達八萬之眾，聲勢之大，足使魏國震慄。張儀便在這樣的機會中，更向魏哀王作建議事秦的。他說：

「魏地方不至千里，卒不過三十萬。地四平，諸侯四通，條達輻湊，無有名山大川之阻。從鄭至梁，不過百里；從陳至梁，二百餘里。馬馳人趨，不待倦而至梁。南與楚境，西與韓境，北與趙境，東與恰境，卒戍四方，守亭障者參列。粟糧漕庾，不下十萬。魏之地勢，國外戰場也。魏南與楚而不與齊，則齊攻其東；東與齊而不與趙，則趙攻其北；不合於韓，則韓攻其西；不親於楚，則楚攻其南。此所謂四分五裂之道也。且夫諸侯之為從者，以安社稷、尊主、強兵、顯名也。合從者，一天下、約為兄弟、刑白馬以盟於洹水之上以相堅也。夫親昆弟，同父母，尚郵政的錢財。而欲恃詐偽反覆蘇秦之餘謀，其不可以成亦明矣。大王不事秦，秦下兵攻河外，拔卷、衍、燕、酸棗，劫衛取晉陽，則趙不南；趙不南，則魏不北；魏不北，則從道絕；從道絕，則大王之國欲求無危不可得也。秦挾韓而攻魏，韓劫於秦，不敢不聽。秦、韓為一國，魏之亡可立須也，此臣之所以為大王患也。為大王計，莫如事秦，事秦則楚、韓必不敢動；無楚、韓之患，則大王高枕而臥，國必無憂矣。且夫秦之所欲弱莫如楚，而能弱楚者莫如魏。楚雖有富大之名，其實空虛；其卒雖眾，多言而輕走，易北，不敢堅戰。魏之兵南面而伐，勝楚必矣。夫虧楚而益魏，攻楚而適秦，內嫁禍安國，此善事也。大王不聽臣，秦甲出而東，雖欲事秦而不可得也。且夫從人多奮辭而寡可信，說一諸侯之王，出而乘其車；約一國而反，成而封侯之基。是故天下之游士，莫不日夜搤腕瞋目切齒以言從之便，以說人主。人主覽其辭，牽其說，惡得無眩哉？臣聞積羽沉舟，群輕折軸，眾口鑠金，故願大王之熟計之也。」（《戰國策卷二十三・魏二》）

張儀這一次說魏王帝秦，由於魏在多次受攻而敗之後，魏哀王覺得他的話不無道理，而且不帝秦，秦在勝韓之後，必然移兵攻魏，張儀威脅之曰：「秦甲出而東，雖欲事秦而不可得也」，又以辭去相位要挾之。魏哀王至此，不得不屈服了。因而對張儀說：「寡人惷愚，前計失之，請稱東藩，築帝宮，受冠帶，祠春秋，效河外」，因張儀而事秦。張儀這一番說詞，表面上是為魏國打算，在這樣的形勢之下，聽起來自然言之成理，但是實際上，他是秦國派來的間諜，骨子裡都是為了秦的利益，魏哀王是不知道的。可是魏哀王畢竟是一國之王，犧牲國君的尊嚴，依附秦國，作其外藩，於心終有不甘。他的內心，另有一番打算：只要在這一形勢稍為寬解以後，他的帝秦，便也有了問題。此後的魏秦關係，反翻了好幾次，便是這個道理，雖以秦國之威脅，張儀的善辯，要使魏國永遠帝秦，還是不可能的。

張儀說魏王帝秦成了功，因而凱旋返秦，仍為秦相。其後，秦國對魏國的壓力減輕，魏復背秦，而與山東諸國相縱親，其間距離，不過三年。秦又出兵攻取魏之曲沃，魏只好又事秦國。凡此種種，都是我們國家將趨向於統一的反動，也不完全由於游士之策動，也不僅是魏國如此。魏國再事秦國以後，秦國有伐齊的打算，齊國因與楚相縱親，於是張儀又離秦而相楚，造成另一個政治糾紛的浪潮。

五、張儀相楚及其目的

齊楚相善以與秦戰，秦王（《戰國策》作秦惠王）以為慮，要張儀想辦法拆散他們的團結。張儀請秦王畀以車幣而使楚，南見楚王。時楚國國王是一個性格爽朗而天真的國王，那就是楚懷王。懷王聽說張儀到了，掃除館舍，親予接待，非常客氣的向張儀說：「此僻陋之國，子何以教之。」

張儀因而向楚懷王下說詞。《史記》記其說詞如下：

「大王誠能聽臣，閉關絕約於齊，臣請獻商於之地六百里，使秦女得為大王箕帚之妾。秦、楚娶婦嫁女，長為兄弟之國，此北弱齊而西益秦也，計無便此者。」（《史記・張儀列傳》）

從這一段說詞來看，張儀和楚懷王好像是舊相識，而且楚懷王對張儀好像十分信任似的，足證張儀在秦得勢以後，曾遊楚而其辭得售，故懷王信之耳。《戰國策》有張儀說楚王以連橫之詞，當為取得楚王信任的關鍵。張儀向楚王的說辭，也是張儀遊說辭的精彩的部分，他的說詞是這樣的：

「秦地半天下，兵敵四國，被山帶河，四塞以為固。虎賁之士百餘萬，車千乘，騎萬疋，粟如丘山。法令既明，士卒安難樂死。主嚴以明，將知以武。雖無出兵甲，席卷常山之險，折天下之脊，天下後服者先亡。且夫為從者，無以異於驅群羊而攻猛虎也。夫虎之與羊，不格明矣。今大王不與猛虎而與群羊，竊以為大王之計過矣。凡天下強國，非秦而楚，非楚而秦。兩國敵侔交爭，其勢不兩立。而大王不與秦，秦下甲兵，據宜陽，韓之上地不通；下河東，取成皋，韓必入臣於秦。韓入臣，魏則從風而動。秦攻楚之西，韓、魏攻其北，社稷豈得無危哉？……臣聞之，兵不如者，勿與挑戰；粟不如者，勿與持久。夫從人者，飾辯虛辭，高主之節行，言其利而不言其害，卒有楚禍，無及為已，是故願大王之熟計之也。秦西有巴蜀，方船積粟，起於汶山，循江而下，至郢三千餘里。舫船載卒，一舫載五十人，與三月之糧，下水而浮，一日行三百餘里；里數雖多，不費馬汗之勞，不至十日而距扞關；扞關驚，則從竟陵已東，盡城守矣，黔中、巫郡非王之有已。秦舉甲出之武關，南面而攻，則北地絕。秦兵之攻楚也，危難在三月之內。而楚恃諸侯之救，在半歲之外，此其勢不相及也。夫恃弱國之救，而忘強秦之禍，此臣之所以為大王之患也。且大王嘗與吳人五戰三勝而亡之，陳卒盡矣；有偏守新城而居民苦矣。臣聞之，攻大者易危，而民弊者怨於上。夫守易危之功，而逆強秦之心，臣竊為大王危之。且夫秦之所以不出甲於函谷關十五年以攻諸侯者，陰謀有吞天下之心也。楚嘗與秦構難，戰於漢中。楚人不勝，通侯、執珪死者七十餘人，遂亡漢中。楚王大怒，興師襲秦，戰於藍田，又郤。此所謂兩虎相搏者也。夫秦、楚相弊，而韓、魏以全制其後，計無過於此者矣，是故願大王熟計之也。秦下兵攻衛、陽晉，必開扃天下之匈，大王悉起兵以攻宋，不至數月而宋可舉。舉宋而東指，則泗上十二諸侯，盡王之有已。凡天下所信約從親堅者蘇秦，封為武安君而相燕，即陰與燕王謀破齊共分其地。乃佯有罪，出走入齊，齊王因受而相之。居二年而覺，齊王大怒，車裂蘇秦於市。夫以一詐偽反覆之蘇秦，而欲經營天下，混一諸侯，其不可成也亦明矣。今秦之與楚也，接境壤界，固形親之國也。大王誠能聽臣，臣請秦太子入質於楚，楚太子入質於秦，請以秦女為大王箕帚之妾，效萬家之都，以為湯沐之邑，長為昆弟之國，終身無相攻擊。臣以為計無便於此者。故敝邑秦王，使使臣獻書大王之從車下風，須以決事。」（《戰國策卷十四・楚一》）

張儀對楚王下說詞之時，蘇秦已死。我們試以蘇秦對楚威王說以合縱之利的全詞，以與張儀說楚懷王以連秦之利的全詞，加以比較，真可以說是公說公有理，婆說婆有理，令人眼花撩亂，不知適從。但以楚國的利害為觀點來看，只有一個方向是有利的，那就是聯合抗秦雖無多大前途，但可以延長楚國的壽命，天假以便，使楚國英主輩出，則以楚國之地利，未嘗不可與秦爭一日之短長。但與秦相合則不然，我們試看張儀口中的楚，在楚懷王面前是一套，那簡直是一個與秦並稱的強國；但在魏哀王面前，則說楚國是大而無當只有空架子，其實力且在魏下。楚之實力，至少不在魏之下，但其大而無當，兵多而不精，地大而不富，那也確是事實，秦、楚是絕不能相提並論的。可知張儀在楚懷王面前，稱為強國，顯然是一種諛詞。諛詞對於一位庸主來說，是最中聽的，所以懷王中了張儀的圈套，而不自知。他的結論是秦、楚聯姻，長為友邦，楚還可以得到秦女的湯沐邑之利，於是，楚懷王的內心，大為激動，便以非常感激的口吻，答覆張儀：「楚國僻陋，託東海之大，寡人幼小，不習國家之長計；今上客教以明制，寡人聞之，敬以國從。」於是遺使以車百乘，獻雞駭之犀、夜光之璧於秦王。這是張儀上次說楚王的結果，張儀的心目中，對楚王的豪爽與愚蒙，實在已經有操縱的十分把握。正好秦王要他想辦法拆散齊、楚的關係，他便願意向楚國一試。我們看到楚懷王對張儀的歡迎之忱，與張儀對楚王率直的建議，可知楚之對張儀已經有了極好的印象，而張儀的建議，不過是賡續上次的談判，問題便輕易地得到了解決，楚懷王心中十分的高興。

秦、楚作成了這一筆交易以後，楚王大喜，群臣皆賀，但是另一個著名的游士陳軫獨以為弔，楚懷王質問他：「寡人不興師發兵得六百里地，群臣皆賀，而子獨弔，何也？」於是陳軫向楚王申說他的理由：

「夫秦之所以重楚者，以其方齊也。今閉關絕約於齊，則楚孤，秦奚貪夫孤國而予之商於之地六百里？張儀至秦，必負王。是北絕齊，而西生患於秦也，而兩國之兵必俱至！善為王計者，不若陰合而陽絕於齊，使人隨張儀，苟與我地，絕齊未晚也；不與我地，陰合謀計也。」

《史記・張儀列傳》

陳軫的說法，確有其道理，只要楚懷王有考察事理的能力，應當對陳軫的建議，加以考慮，接納。無奈懷王已受張儀的先入之辭，已被美色與領土衝昏了頭腦，竟然以張儀的虛言為可信之詞，嚴飭陳軫閉口，要他靜待楚之得地，楚王更以相印授張儀，送他一筆厚厚的程儀。而且懷王真的先與齊相絕，遣一將軍為代表，到秦國去受地，楚懷王是那樣的天真，張儀是那樣的狡獪，懷王被弄於股掌之上而不自知，可笑亦復可憐。

張儀這個奸詐百出的游士，帶了楚國使者到達秦國，偽裝墮車受傷，三個月不向秦王覆命，愚蠢到可憐程度的楚懷王，還以為秦國對楚國絕齊的態度不夠明朗，因而進一步的對齊無禮。齊、楚之間，本來隔著一個宋國，楚王為了對張儀表示連秦的決心與絕齊的堅定，乃使勇士借道於宋，借了宋國的通行證（符），到達齊國，特別去辱罵齊王。齊王因亦大怒，不惜低聲下氣的向秦國結交。至此，張儀知道了楚王已經完全中計，乃入朝秦王，謂楚使者：「願以奉（同俸）邑六里以獻大王左右」。楚使者力爭商於之地六百里，張儀不允。使者還報楚王。楚王知被張儀所玩弄，因而惱羞成怒，發兵攻秦。陳軫至此，復請發言，力勸楚王因而賂秦，約秦攻齊，使失於秦國的領土，從齊國取得補償，而秦、楚關係，可得改善，楚國尚可保全。無奈楚懷王怒氣難消，不聽陳軫的勸告，終於在漢中與藍田兩處進兵攻秦，但皆遭挫敗，楚軍損失甚為重大，而韓、魏兩國也乘機襲楚，前鋒到達今河南西南部的鄧，楚軍因後路將斷，不得已而退回，時為楚懷王十七年。

楚兵攻秦不勝，不得已而與秦議和。意氣用事的楚懷王，別無條件，只是要求得到張儀，反願以黔中地為易，連秦國願以漢中之地的一半予楚都不在乎，張儀至此，自告奮勇的願意赴楚，秦王了解楚懷王將甘心於張儀，認為張儀不可身入虎口，自去送死。但是張儀認為沒有關係，他有脫身的把握。他說：

「臣善其左右靳尚，靳尚又能得事於楚王幸姬鄭袖，袖所言，無不從者。且臣以前使負楚以商於之約，今秦、楚大戰，有惡；臣非面謝，楚不解，今大王在，楚不宜敢取儀；殺儀以便國，臣之願也。」（《史記・楚世家》）

張儀之願赴楚國，自認為不至於死，有兩大理由：一個理由是他和靳尚相善，一個理由是楚王不敢得罪於秦王，所謂「殺儀以利國，臣之願也」，是他在秦王面前固作漂亮話，真是所謂鬼話。戰國游士，好以死為言，以取悅於他們游說的對象，那是常有之事，安有游士而以身死為忠於其主之義行哉！張儀的兩大理由，實際上只有一個，楚懷王意氣之深如此，他那裡還顧到楚國的利害，管他秦王不秦王，這些都是將來的事，快一時之意而殺張儀，這是極可能的事。所以張儀的脫身把握，只靠靳尚與鄭袖，張儀把楚懷王看得很透，英雄難渡美人關，何況懷王本是庸主，還距離英雄一大節呢！故張儀之挺身而出，不是大膽，而是胸有成竹。原來張儀曾有德於鄭袖，《戰國策》有這樣一段的記載：

「張儀之楚，貧。舍人怒而歸。張儀曰：『子必以衣冠之敝，故欲歸。子待我為子見楚王。』當是之時，南后、鄭袖貴於楚。張子見楚王，楚王不說。張子曰：『王無所用臣，臣請北見晉君。』楚王曰：『諾。』張子曰：『王無求於晉國乎？』王曰：『黃金珠璣犀象出於楚，寡人無求於晉國。』張子曰：『王徒不好色耳？』王曰：『何也？』張子曰：『彼鄭、周之女，粉白墨黑，立於衢閭，非知而見之者，以為神。』楚王曰：『楚，僻陋之國也，未嘗見中國之女如此其美也。寡人之獨何為不好色也？』乃資之以珠玉。南后、鄭袖聞之大恐。令人謂張子曰：『妾聞將軍之晉國，偶有金千斤，進之左右，以供芻秣。』鄭袖亦以金五百斤。張子辭楚王曰：『天下關閉不通，未知見日也，願王賜之觴。』王曰：『諾。』乃觴之。張子中飲，再拜而請曰：『非有他人於此也，願王召所便習而觴之。』王曰：『諾。』乃召南后、鄭袖而觴之。張子再拜而請曰：『儀有死罪於大王。』王曰：『何也？』曰：『儀行天下遍矣，未嘗見人如此其美也。而儀言得美人，是欺王也。』王曰：『子釋之。吾固以為天下莫若是兩人也。』」（《戰國策卷十四．楚一》）

這一段故事，足以看到張儀的機警和隨機應變的才能。楚王看到衣冠穿著破敝的張儀，本來毫無興趣，已經沒有進一步說話的機會，可是他在臨走之前，投其所好的說出中原女孩子之美來吸引其注意，他要把中原的美麗女孩子弄到楚王身邊，這原是遭南后與鄭袖大妒忌，而張儀卻在得到兩位后妃的賄賂後，反言其天下無敵的美，使楚王、南后與鄭袖皆大歡喜，而他自己也就轉貧為富，而且還留楚王後日相見的大好機會。這是張儀的機智過人之處。南后與鄭袖自然內心非常感激張儀。張儀所以不但善靳尚，而且還與獨擅宮中之寵的鄭袖有深淵源。這是脫禍的最可靠的力量，而秦國的國力之強與秦王的信任之深，反而成為附帶的條件了。由此，可知楚懷王的弱點實在太多，其被張儀所愚，終至客死異國，就是他這些弱點在作弄他。如果他沒有這些弱點，張儀雖奸詐，亦何能為力哉！

張儀既至楚，楚懷王真的把張儀囚禁起來，將殺之。靳尚固然為了要救張儀，向懷王寵姬鄭袖下說詞。他說：

「『子亦知子之賤於王乎？』鄭袖曰：『何也？』靳尚曰：『秦王甚愛張儀而不欲出之，今將以上庸之地六縣賂楚，以美人聘楚，以宮中善謳者為媵。楚王重地尊秦，秦女必貴，而夫人出矣，不若為言為出之。』」（《史記・張儀列傳》）

按《史記》所說靳尚對鄭袖所下的說詞，是經過濃縮的，實際上並不如此簡單。《戰國策》對此，所記比較詳細。靳尚先對楚王說：

「拘張儀，秦王必怒，天下見楚王無秦也，楚必輕矣。乃謂王之幸」夫人鄭袖曰：「子亦知自賤於王乎？」鄭袖曰：「何也？」尚曰：「張儀者秦王之忠信有功臣也，今楚拘之，秦王欲出之。秦王有愛女而美，又簡擇宮中佳麗好翫習音者，以懽從之，資之金玉寶器，奉以上庸六縣為湯沐邑，欲因張儀內之。楚王必愛秦女以為重，依張儀，挾寶地以為資，勢為王妻以臨於楚。王惑於虞樂，必厚尊親愛之而忘子，子益賤而日疏矣。」鄭袖曰：「願委之於公，為之奈何？」曰：「子何不急言王出張子，張子得出，德子無已時，秦女必不來，而秦必重子，子內擅楚之貴，外結秦之交，畜張子以為用，子之子孫，必為楚太子矣，此非布衣之利也。」《戰國策卷十五．楚二》

靳尚這一番話的內容，可能顯然是張儀編造的謠言，由此可知張儀入楚後，首先祕密地見到靳尚，或托人先以向鄭袖的說詞通知靳尚。張儀既把此項謠言告靳尚，便大大方方的就懷王之囚了。鄭袖聽了靳尚的話，妒忌之心大熾，於是日夜在懷王面前嘀嘀咕咕：

「人臣各為其主用，今地未入秦，秦使張儀來，至重王。王未有禮而殺張儀，秦必大怒，攻楚。妾請母子俱遷江南，毋為秦所魚肉也。」《史記．張儀列傳》

這位鄭袖，真也擅於做作，他分明是中了張儀所編謠言的毒，與未來的秦女爭風吃醋，但表面上卻以秦有禮楚無禮，楚必被攻為理由，順便推出她將有離懷王而去江南之意。被美色迷了心竅的楚懷王，面對著心愛的人，哭哭啼啼的說著殺張儀之害，口口聲聲要離開他，他的心早就軟了。首先是後悔必殺張儀的決心，其次就依鄭袖的要求，便把張儀赦了。張儀尚未離楚，而聞蘇秦死，乃反說楚懷王以事秦之利，《史記》所記的說辭，便是本文所載《戰國策》張儀第一次以連橫說懷王之詞。作者認為這一段說詞，不應該出現在此時，如果照史公所說，則張儀在楚始知蘇秦死，又如何能洞悉蘇秦自燕至齊的祕密？按此項祕密，是齊國後來發現的。因知，史公所記，與事實發生的程序，是有若干距離的，按〈楚世家〉張儀既被釋，尚未離楚，屈原請懷王殺，張儀此事在〈張儀列傳〉也有記載，〈屈原列傳〉亦略及之；但皆不如〈張儀列傳〉所言之詳。

《史記》所記屈原的話如下：

「前大王既欺於張儀，張儀至，臣以為大王烹之，今縱弗忍殺之，又聽其邪說，不可！」

這裡所說的邪說，就是楚王原先以得張儀而交黔中為條件，張儀已來楚，懷王應以黔中地予秦；懷王以為釋張儀可以不交黔中，此必儀有所說也。懷王此時忽然清醒起來，認為不該釋放張儀，但是張儀跑得很快，追之不及，語見〈屈原列傳〉。由此，可知張儀被釋以後，恐中途有變，所以急急忙忙的離開楚國。由此言之，他怎會有閒時間以長篇大論來說服懷王乎？後來秦王要和楚懷王結婚姻之好，約懷王相晤。色迷迷的楚懷王又怦然心動，大臣有勸懷王勿赴者，屈原尤以為不可；而懷王稚子子蘭以為當行。楚懷王不聽屈原的忠言，而偏偏聽信他的愛子之說，終於入秦，在武關被秦兵裁斷歸路。後來逃至趙國，趙國不納，終於客死於秦。這位楚懷王一生誤於忠奸不分，利害不明和女色方面。太史公在〈屈原列傳〉中，有下列一段話，可以作為認識懷王的參考，更可作為千古抉擇計劃的標準。史公說：

「人君無智愚賢不肖，莫不欲求忠以自為，舉賢以自佐，然亡國破家相屬焉，而聖君治國，累世不見者，所謂忠者不忠，而所謂賢者不賢也。懷王以不知忠臣之分，故內惑於鄭袖，外欺於張儀，疏屈平而信上官大夫，令尹子蘭（按子蘭之為令尹乃懷王被困於秦後之事），兵挫地削，亡其六郡，身客死於秦，為天下笑，此不知人之禍也。」（《史記・屈原賈生列傳》）

筆者曾經說過戰國游士之得逞其說，得遂其陰謀，其最主要的因素，就是由於國君沒有辨別能力，不識忠奸的分別。楚懷王在楚王中還算是一個中等智慧之人，但其辨別能力，實在太差，這也可以看到秦國之得天獨厚了。

六、張儀以連橫說韓、齊、魏、燕與魏

張儀逃出楚國，路經韓國，又向韓王逞其如簧之舌，以連橫之利，實即以秦國之利說韓王，張儀對韓王的說詞，一派秦、韓強弱形勢的比較，使韓王聞之而戰慄，不知不覺間從其所請，而墮其術中，尊事秦王。他說：

「韓地險惡，山居，五穀所生，非麥而豆；民之所食，大抵豆飯藿羹；一歲不收，民不厭糟糠；不滿九百里，無二歲之所食。料大王之卒，悉之不過三十萬，而廝徒負養，在其中矣，

為除守徼亭障塞，見卒不過二十萬而已矣。秦帶甲百餘萬，車千乘，騎萬匹，虎摯之士，跿趹科頭，貫頤奮戟者，至不可勝計也。秦馬之良，戎兵之眾，探前趹後，蹄間三尋者，不可稱數也。山東之卒，被甲冒胄以會戰，秦人捐甲徒裎以趨敵，左挈人頭，右挾生虜。夫秦卒之與山東之卒也，猶孟賁之與怯夫也，以重力相蚜，猶烏獲之與嬰兒也。夫戰孟賁、烏獲之士，以攻不服之弱國，無以異於墮千鈞之重，集於鳥卵之上，必無幸用處。諸侯不料兵之弱，食之寡，而聽從人之甘言好辭，比周以相飾也，皆言曰：「聽吾計則可以強霸天下。」夫不顧社稷之長利，而聽須臾之說，詿誤人主者，無過於此者矣。大王不事秦，秦下甲據宜陽，斷絕韓之上地；東取成皋、宜陽，則鴻臺之宮，桑林之苑，非王之有已。夫塞成皋，絕上地，則王之國分矣。先事秦則安矣，不事秦則危矣。夫造禍而求福，計淺而怨深，逆秦而順楚，雖欲無亡，不可得也。故為大王計，莫如事秦。秦之所欲，莫如弱楚。而能弱楚者莫如韓。非以韓能強於楚也，其地勢然也。僅王西面而事秦以攻楚，為敝邑，秦王必喜。夫攻楚而私其地，轉禍而說秦，計無便於此者也。」（《戰國策卷二十六・韓一》）

張儀所說秦大韓小，秦強韓弱，其實際情況，並沒有很大的誇張。當時秦國的心腹之患為韓魏，而其最大的敵人是齊楚。齊隔韓、魏，而楚與秦直接相鄰，故秦最患楚之強大。蘇秦所說的「與楚、楚重，與秦、秦重」，是有其理由的。張儀所說韓攻楚，既得地，又使秦王喜，前者是韓的利益，而實際上韓、楚相攻，真正得到利益的是秦國。故為六國的生存計，合縱是唯一的生路；

蘇秦的計劃，倒真為六國延長生命的途徑，而張儀則僅以秦之聲威威脅鄰國，以鄰國之利益為餌，使向秦國而已。秦勢強大，故為連橫之說，易於收效；六國勢弱，利害又不一致，甚至互相衝突，故蘇秦合六國為縱，其事甚難。如果蘇秦與張儀同時以合縱連橫的利害，辯論於各國諸侯之前，則各國諸侯之所選擇者，恐非連橫而為合縱了。可是合縱之說在前，合力攻秦，而所出兵力不同，所作之戰爭努力不同，因而嫌隙叢生，連橫之說乘之，遂得逞其伎倆耳。但是，張儀以連橫之說遊楚，其所用的原則，是秦強楚亦強，各以領土之索取維繫其關係，終於使兩國關係趨於惡劣，這足以說明他的游說的方向有問題了。那一次見韓王而說以連橫，那就找對了對象。以強大的秦國壓迫韓國，韓國那裡來的抵抗力？餌以事秦而向楚發展之利，韓王安得而不動聽！那就無怪於韓王於聽到張儀的事秦伐楚說而大喜過望地說：「客幸而教之，請比郡縣，築帝宮，祠春秋，稱東藩，效宜陽。」

這裡的問題，是韓王真的甘心事秦嗎？那就與魏的接受連橫說而事秦一樣。口頭上是答允了，但是真的要把他的重要基地讓給秦國，便又成問題。秦最重視宜陽，張儀一席談，使韓「效宜陽」，秦真的要占宜陽，韓又不肯而以兵戎相見了。當時首當秦兵之衝的弱小諸侯之內心的矛盾，由此可見了。

張儀說韓王有成，遂返秦國，秦惠王大喜，封為武信君，賞以采邑五。又使張儀東遊於齊，以連橫之說，向齊湣王進言。張儀對齊湣王的說詞，又是一套。我們且看他向湣王說些什麼：

「天下強國無過齊者，大臣父兄殷眾富樂，無過齊者。然而為大王計者，皆為一時說而不顧萬世之利。從人說大王者，必謂齊西有強趙，南有韓、魏，負海之國也，地廣人眾，兵強士勇，雖有百秦，將無奈我何！大王覽其說，而不察其至實。夫從人朋黨比周，莫不以從為可。臣聞之，齊與魯三戰而魯三勝，國以危，亡隨其後，雖有勝名而有亡之實，是何故也？齊大而魯小。今趙之與秦也，猶齊之於魯也。秦、趙戰於河漳之上，再戰而再勝秦；戰於番吾之下，再戰而再勝秦。四戰之後，趙亡卒數十萬，邯鄲僅存。雖有勝秦之名，而國破矣！是何故也？秦強而趙弱也。今秦、楚嫁子取婦，為昆弟之國；韓獻宜陽，魏效河外，趙入朝黽池，割河間以事秦。大王不事秦，秦驅韓、魏攻齊之南地，悉趙涉河關，指摶關，臨淄、即墨非王之有也。國一日被攻，雖欲事秦，不可得也。是故願大王熟計之。」（《戰國策卷八．齊一》）

張儀這一篇說詞，先把齊國的強與大，捧了齊湣王一陣，然後以楚、韓、魏、業已事秦，來威脅齊湣王，順便帶出事秦之利。這中間有許多浮誇不實之處，但是好大喜功的齊湣王，不察實情，竟也為張儀的虛偽誕妄之詞所動，對張儀表示欽佩。他說：「齊僻陋隱居，託於東海之上，未嘗聞社稷之長利；今大客幸而教之，請奉社稷以事秦」，於是獻漁鹽之地三百於秦。張儀說齊，也算得到了成功，但是齊國君臣對事秦，那真正是名義上的表示，實情完全不同。而且齊王自此深恨張儀，張儀到什麼地方，齊兵便攻到什麼地方。如秦出張儀，張儀相魏，而齊即攻魏，即為一例。

張儀使齊既成，又北進至趙，說趙王以事秦之利。趙是秦的鄰國，位於秦國的東北方，秦國與趙國經常作戰，而且常常獲得勝利。所以張儀對趙王的游說詞，與韓、魏相似，是用秦國的強大威力，來懾服趙國。他說：

「大王收率天下以儐秦，秦兵不敢出函穀關十五年矣。大王之威，行於天下山東。弊邑恐懼懾伏，繕甲厲兵，飾車即，習馳射，力田積粟，守四封之內，抽簽居懾處，不敢動搖，唯大王有意督過之也。今秦以大王之力，西舉巴蜀，并漢中，東收兩周而西遷九鼎，守白馬之津。秦雖辟遠，然而心忿悁含怒之日久矣。今宣君有微甲鈍兵，軍於澠池，愿渡河逾漳，據番吾，迎戰邯鄲之下。愿以甲子之日合戰，以正殷紂之事。敬使臣先以聞於左右。」（《戰國策卷十九・趙二》）

由張儀對趙王的這一番說詞，可知張儀在秦出發之前，如何由秦王統兵至澠池，邀約趙王，脅以威，制以力，是有一套整個計劃。著稱於我國歷史的澠池之會，可以說張儀所一手導演的。按照《史記》的紀載，張儀說齊王在前，說趙王在後；既是他對趙王在後，但是他對齊王的說詞，已有「趙入朝澠池」之語，然則澠池之會，果在張儀說齊王之前歟？戰國年期與事跡往往而歧，這裡又是一個例子。關於澠池之會，已詳於廉頗一文。時趙國藺相如在相位，廉頗掌兵權，文事武備，均有可觀，故澠池會上，秦占不到什麼便宜，但是張儀對此，則有不同的說法。

張儀既以嚴重的威脅口吻，向趙王挑釁，接著便是拿出他游說的看家本領，希望趙王屈服於他的強辯之下，他繼續下去說：

「凡大王之所信以為從者，恃蘇秦之計。熒惑諸侯，以是為非，以非為是，欲反覆齊國而不能，自令車裂於齊之市。夫天下之不可一亦明矣。今楚與秦為昆弟之國，而韓、魏稱為東蕃之臣，齊獻魚鹽之地，此斷趙之右臂也。夫斷右臂而求與人鬥，失其黨而孤居，求欲無危豈可得哉？今秦發三將軍，一軍塞午道，告齊使興師度清河，軍於邯鄲之東；一軍軍於成皋，驅韓、魏而軍於河外；一軍軍於澠池。約曰，四國為一，以攻趙，破趙而四分其地。是故不敢匿意隱情，先以聞於左右。臣切為大王計，莫如與秦遇於澠池，面相見而身相結也。臣要求案兵無攻，願大王之定計。」（《戰國策卷十九・趙二》）

張儀在說明秦久欲發兵攻趙以後，便說出秦兵攻趙的計劃，合四國之力而進兵，以四分趙地為約，那是他進一步的脅迫趙王了。這裡又見到「齊獻魚鹽之地」的話，那又是先說齊而後說趙了，這也許史公定說齊在說趙之前的根據吧！秦兵單獨出兵攻趙，趙已難於抵當，何況又與韓魏齊聯合出兵，三面環攻！因此便得到趙王屈服的結果。《戰國策》記其結果說：

「先王之時，奉陽君相，專權擅勢，蔽晦先王，獨制官（《史記》作綰事）；寡人宮居，屬於師傅，不得與國謀。先王棄群臣，寡人年少，奉祠之日淺，私心固竊疑焉。以為一從不事秦，非國之長利也。乃且願變心易慮，剖地謝前過以事秦。方將約車趨行，而適聞使者之明詔。於是乃以車三百乘，入朝澠池，割河間以事秦。」（《戰國策卷十九・趙二》）

趙王這一段答覆的話，把趙的反秦政策，都推在奉陽君身上，這完全不是事實。奉陽君是反對蘇秦的人。蘇秦初次入趙，只與李兌相見，連奉陽君的面都沒有見到；第二次入趙，與趙王見於華屋之下，趙王心然蘇秦的合縱計劃，但以奉陽君之故，未能取得趙正式的同意；及蘇秦說燕成功，以燕王特使的身分，還說趙王，而奉陽君已死。故趙王委過奉陽君，完全不是事實。

不過，這是一種向張儀自己轉圜的遁詞，我們也無須以史實來責趙王。但所謂「入朝澠池」此即澠池之會，在趙來說，未必具有朝秦的意義，而秦人特作入朝於秦視之耳。因此，作者頗疑《戰國策》一書站在秦國的立場說話，是秦人編成的一部書，也未可知。不過，合縱計劃，由於各國諸侯之間的利害衝突，自相攻伐，其作用已抵消了一大半；其聯合攻秦，也沒有什麼結果；故其本身破綻百出，維護為難，及蘇秦死而主謀無人，已成瓦解之勢；故張儀出遊各國，鼓其如簧之舌，說以事秦之利，而所至有相當的作用耳。

燕是張儀最後游說的一個國家，他向燕昭王所下的說詞，其主要的著眼點是挑撥燕與趙的關係。燕與趙本是蘇秦合縱政策的組織中心。雖然後來趙以受攻於秦而不信任蘇秦，但蘇秦在燕，仍能往來於燕齊之間，維持著殘餘的合縱局面。張儀既說齊趙，復至燕，那便是拆散東方合縱小局面而予以最後的摧毀了。張儀對燕昭王的說詞，是這樣的：

「大王之所親，莫如趙。昔趙王（《史記》作趙襄子是對的，《戰國策》作燕王完全錯誤）以其姊為代王妻，欲并代，約與代王遇於句注之塞。乃令工人作為金斗，長其尾，令之可以擊人。與代王飲，而陰告廚人曰：『即酒酣樂，進熱啜，即因反鬬擊之。』於是酒酣樂進取熱啜。廚人進斟羹，因反鬥而擊之，代王腦涂地。其姊聞之，摩笄自刺也。故至今有摩笄之山，天下莫不聞。夫趙王之狼戾無親，大王之所明見知也。且以趙王為可親邪？趙興兵而攻燕，再圍燕都而劫大王，大王割十城乃卻以謝。今趙王已人朝澠池，效河間以事秦。大王不事秦，秦下甲云中、九原，驅趙而攻燕，則易水、長城非王之有也。且今說趙之於秦，猶郡縣也。不敢妄興師以征伐。今大王事秦，秦王必喜，而趙不敢妄動矣。是西有強秦之援，而南無齊、趙之患，是故愿大王之熟計之也。」（《戰國策卷二十九・燕一》）

張儀以趙襄子暗殺其姊丈而奪其國的故事，作為趙王不可信賴的證據，那真是大膽的假設了。趙襄子開疆拓土之功，也不可不推崇代王夫人之義與節。可是，燕昭王是一個聰明幹練的誓報國仇的有為之君。燕國在喪亂之餘，仍懼強秦之來襲，對趙雖無戒心，但能得秦國為遙遠的支持，未嘗不是爭取安全與時間，以便建設其國家，培養其實力，藉以完成他復仇雪恥的宏願，倒也不失為有效的途徑。所以張儀說燕以事秦之利，「西有強秦之援」「南無齊趙之患」，是燕昭王最聽得進的話，我們可以說張儀為秦謀而燕昭王則自為其國，正是各得其所。所以燕昭王也就欣然的說：

「寡人蠻夷僻處，雖大男子裁如嬰兒，言不足以求正，謀不足以決事，今大客幸而教之，請奉社稷，西面事秦，獻常山之尾五城」。（《戰國策卷二十九・燕一》）

燕昭王所說的客氣話，事實上句句是真話。燕在戰國諸侯的最東北部，北有匈奴，東北有東

七、張儀的被排擠與重為魏相

原來，秦國賞識張儀才能的，只有秦惠文王一人，其他的要人，或以權位的爭奪而惡張儀，或以其無信無義而不直其所為，或更以僅憑口舌之辯而得富貴，對治國治軍行政並無真才實學而卑視之，所以張儀在秦政府中政敵甚多。及其自燕返秦，而秦惠王已患病，未至咸陽而惠王已逝，惠王子武王繼位。武王為東宮時，常聞不滿張儀的種種論調，故已不滿張儀之為人。及繼王位，反對張儀的許多臣子，日夜在武王面前攻擊張儀的短處，不但說他無信，而且還說他賣國求榮，於是武王對張儀便下除去的決心了。上面說過齊湣王對張儀的游說，雖然出於一時的高興，答允他事秦的要求，並獻魚鹽之地；但張儀離齊以後，越想越不是味道，所以派使臣前往秦國，提出責問。其實這不能責怪張儀，但武王素來不喜歡張儀，至此變成憎惡張儀了。同時，張儀不能得秦武王的諒解與信任的消息，被各國駐秦代表所悉，立刻把這個消息傳到他們的本國。各國諸侯對事秦一事，本來出於極端的勉強，他們只是害怕不從張儀的建議，這個善於顛倒是非的說客，一定要在秦王面前花樣百出以不利其國；他們之所以屈從，原是出於敷衍他的面子，免於得罪了這個小人，遭受其危害。至此，知道新的秦王並不信任張儀，他的建議，不再有興風作浪的危險，於是紛紛叛秦，又復互相結合，與秦為敵。這正好給秦武王以責怪張儀的資料。張儀至此，其地位便有極端的危險了。

張儀何等機警而見機，他審察他在新王繼位以後，至少在短期內不能鞏固其地位，弄得不好，而且還有生命的危險，於是他作退一步的打算，離秦國而另求發展了。關於張儀的去秦，《史記》有不同的記載：在〈秦本紀〉中說是張儀是自己要求為國工作而至魏國的。我們從張儀在武王初接位時的設法陷害一位新貴樗里疾而去之的故事中，可以知道張儀初返秦時，仍然想方法鞏固其地位；但是後來審察到形勢的險惡，乃自請赴魏，恐係事實。而當時秦武王逐張儀的消息，普傳於國際，那又是張儀的一種鬼計，使魏對張儀不生疑心，而以相位的重責大任授張儀耳。張儀要求去魏的理由，是這樣的：

「『儀有愚計，願效之。』王曰：『柰何？』對曰：『為秦社稷計者，東方有大變，然後王可以多割得地也。今聞齊王甚憎儀，儀之所在，必興師伐之。故儀願乞其不肖之身之梁，齊必興師而伐梁。梁齊之兵連於城下而不能相去，王以其閒伐韓，入三川，出兵函谷而毋伐，以臨周，祭器必出。挾天子，按圖籍，此王業也。』」（《史記・張儀列傳》，《戰國策》亦載此文）

秦武王本欲藉故去張儀，張儀自己求去，自然歡迎之不暇，故陽示逐張儀，而別以革車三十乘，把張儀送入大梁，在當時的國際上又惹出一場大糾紛來。

張儀至魏，魏任其為相，是很有波折的。魏哀王初聞張儀至魏，無條件的予以歡迎。但是他的臣下張丑勸阻魏哀王，魏哀王不從其勸，張丑退，但並不甘心，仍向魏王進言。他設了一個比喻，他說：

「王亦聞老妾事其主婦者乎？子長色衰，重家而已。今臣之事王，若老妾之事其主婦者。」

《戰國策卷二十三・魏一》

張丑以老妾事主婦來比喻自己事魏王的忠心，他認為魏國不應該把張儀置於高位的。魏哀王對於張丑這個比喻，頗為感動，於是張儀在魏，一時難於獲得重任。此外，魏國還有一個人對於張儀來魏頗不滿意，這個人也是舌辯家，一稱犀首的公孫衍，他認為張儀為相，將對他不利，所以他運用國際的壓力，使張儀不能為魏相。他所運用的與國是韓國，派人向韓國的執政大臣韓公叔說：

「張儀以（一作已，二字相通）合秦、魏矣。其（指張儀）言曰：『魏攻南陽，秦攻三川，韓氏必亡。』且魏王之所以貴張子者欲得地，則韓之南陽舉矣。子盍少委焉，以為衍功，則秦魏之交可廢矣。如此則魏必圖秦而棄儀，收韓而相衍。」《戰國策卷二十三・魏一》

公孫衍要韓國少割一點南陽之地給魏國，作為他的功勞，來破壞張儀的魏相地位，其陰險有如此者。據《戰國策》的原文，公孫衍不僅破壞張儀成功，並且也達到了自己的目的；史公據此，稱「公叔以為便，因委之犀首以為功，果相魏，張儀去。」按公孫衍向韓國公叔的說詞，下於魏王將相張儀的時候，《戰國策》有「魏王將相張儀，犀首以為弗利，故令人謂韓公叔」之語。由此言之，張儀未嘗一日為魏相甚明。然張儀曾為魏相，乃為顯著的事實，此在《戰國策》，亦有跡象可尋。請看《戰國策》下面的一段：

「史舉非犀首於王。犀首欲窮之，謂張儀曰：『請令王讓先生以國，王為堯、舜矣；而先生弗受，亦許由也。衍請因令王致萬戶邑於先生。』張儀說，因令史舉數見犀首，王聞之而弗任也，史舉不辭而去。」（《戰國策卷二十三・魏二》）

公孫衍如果是魏相，那可以直接向魏王進言，何必要借重張儀？由此可知張儀在魏國的地位，必高於公孫衍，其為魏相亦明矣。不僅如此，《戰國策》的另二段文字，且有張儀為魏相的明文，請看下面二段的《戰國策》原文：

「陳軫告楚之魏。張儀惡之於魏王曰：『軫猶善楚，為求地甚力。』左爽謂陳軫曰：『儀善於魏王，魏王甚信之，公雖百說之，猶不聽也。公不如以儀之言為資，而得復楚。』」（《戰國策卷十六・楚三》）

「張子儀以秦相魏，齊、楚怒而欲攻魏。」（《戰國策卷二十三・魏一》）

由前一段，可知張儀在魏，魏王言聽計從，權勢暄赫，非其他游士所能動搖，則其為魏相也明矣。由後一段，則張儀入魏以後的不久，即為魏相，即《戰國策》亦明言之矣。其自相矛盾如此，史公在〈犀首列傳〉中，偶一不慎而使後人疑為張儀未嘗一日為魏相了。

張儀既為魏相，最為憤怒的，是楚與齊，而以齊為尤甚。故齊兵即向魏國進攻。因而使張儀的處境，甚為困難。張儀對此，有兩個策略來應付這惡劣的環境。一個策略是向秦國請救兵，一個策略是向齊、楚求解攻，請看《戰國策》下面的幾段：

「張儀欲假秦兵以救魏，左成子謂甘茂曰：『子不（疑脫「如」字）予之。魏不反秦兵，張子不反秦。魏若反秦兵，張子得志於魏，不敢反於秦矣。張子不去秦，張子必高子。』」《戰國策卷三・秦一》

「張子儀以秦相魏，齊、楚怒而欲攻魏。雍沮謂張子曰：『魏之所以相公者，以公相則國家安，而百姓無患。今公相而魏受兵，是魏計過也。齊、楚攻魏，公必危矣。』張子曰：『然則奈何？』雍沮曰：『請令齊、楚解攻。』雍沮謂齊、楚之君曰：『王亦聞張儀之約秦王乎？曰：『王若相儀於魏，齊、楚惡儀，必攻魏。魏戰而勝，是齊、楚之兵折，而儀固得魏矣；若不勝魏，魏必事秦以持其國，必割地以賂王。若欲復攻，其敝不足以應秦。』此儀之所以與秦王陰相結也。今儀相魏而攻之，是使儀之計當於秦也，非所以窮儀之道也。』齊、楚之王曰：『善。』乃遽解攻於魏。」《戰國策卷二十三・魏一》

由此，可知張儀在國際關係的運用上，的確有他一套辦法。上述左成子對甘茂的建議，須作解釋。按秦武王初立，以樗里疾為右相，以甘茂為左相，張儀已用陰謀去樗里疾，甘茂當然也是他要排去的目標，甘茂之與張儀不睦，是必然之勢，及張儀為魏向秦求取援軍，甘茂之不欲發兵相援，也是必然之勢。但是左成子卻不以為然。他認為秦兵援魏，參加拒齊楚的戰爭，如果犧牲重大，張儀必然不能退返；如果戰勝而秦兵自魏返國，則張儀在魏的地位穩固，也必然不返國。如果張儀返秦，則甘茂之富貴難保，而張儀之地位，必在甘茂之上，所以左成子是主張援魏的。《戰國策》雖然沒有明說其結果，但甘茂為之心動，殆為必然了。

但是齊、楚解去攻魏之兵，實際上還是游士的說服之功。上述雍沮對張儀的建議，而為張儀所採取，雍沮是以秦王與張儀相約的陰謀作為說服齊、楚兩國的理由，是很動聽的。實際上使齊的還有張儀的舍人叫做馮喜的這個人。《史記》有下面的一段：

「……齊果興師伐之。梁哀王恐。張儀曰：『王勿患也，請令罷齊兵。』乃使其舍人馮喜之楚，借使之齊，謂齊王曰：『王甚憎張儀；雖然，亦厚矣王之託儀於秦也！』齊王曰：『寡人憎儀，儀之所在，必興師伐之，何以託儀？』對曰：『是乃王之託儀也。夫儀之出也，固與秦王約曰：「為王計者，東方有大變，然後王可以多割得地。今齊王甚憎儀，儀之所在，必興師伐之。故儀願乞其不肖之身之梁，齊必興師伐之。齊梁之兵連於城下而不能相去，王以其間伐韓，入三川，出兵函谷而無伐，以臨周，祭器必出。挾天子，案圖籍，此王業也。」秦王以為然，故具革車三十乘而入之梁也。今儀入梁，王果伐之，是王內罷國而外伐與國，廣鄰敵以內自臨，而信儀於秦王也。此臣之所謂『託儀』也。』」（《史記‧張儀列傳》，《戰國策》亦有此文）

由此，可知當時所謂齊、楚攻魏，實以齊國為主力，而齊湣王之攻魏，完全是個人的意氣用事。故經游士喻以利害，也就罷兵而去了，馮喜說齊王的理由，也就是雍沮的理由。由此推之，也許說詞的內容是雍沮的主意，雍沮只說楚王，而實際赴齊游說者是馮喜。其所以要從楚國轉一個圈子，大抵是為了齊王的成見甚深，使臣來自魏國，或不見納，枉論向齊王說詞了；所以要從楚去齊，偽裝成為與張儀無關係的說客。戰國游士之鬼計多端，此其一例。張儀為魏相，至多不過一年多，隨即去世，並沒有重入秦國，更為秦相。太史公將蘇秦與張儀作過一番比較——他說：

「夫張儀之行事甚於蘇秦，然世惡蘇秦者，以其先死，而儀振暴其短以扶其說，成其衡道。要之，此兩人真傾危之士哉！」（《史記・張儀列傳》）

八、張儀的主要政敵

《史記》對於兩人的批評，可以說是相當地扼要而公道。我們平心而論，游士到了張儀的時代，品格又低了一大節。蘇秦開始游說，雖然以連衡為政策；但自他在秦失敗，苦學有成，則以合縱為政策，直到他死，這個原則並沒有變；但是他跑來跑去，陰謀百出，甚而至於置身險地而為其所愛的國家工作，還有一點可取之處；游士初無信義可言，但蘇秦還有一點信義。而張儀則連一點信義都沒有了。我們看他對楚懷王的那一套，把天真爽直的懷王，玩弄於股掌之上，有欺人太甚之感。蘇秦在燕、在趙、在齊，都有他的政治競爭的人，最後，他的性命依然喪在他的政陳軫是為了楚國的生存而發，但游士之間互相傾軋，積不相能，由此可見了。秦惠王不信張儀言，未殺陳軫，乃陳軫之幸。後來秦惠王相張儀，而陳軫不能不出奔至楚了。至楚懷王之不信陳軫之言，那是楚國的不幸，尤其是楚懷王的不幸了。

至於公孫衍與張儀之間，在張儀未為相之前，公孫衍已經設計窘困張儀了。這裡有兩則故事：

「秦惠王死，公孫衍欲窮張儀，李讎謂公孫曰：『不如召甘茂於魏，召公孫顯於韓，起樗里子於國。三人者皆張儀之讎也。公用之，諸侯必見張儀之無秦矣。』」（《戰國策卷四・秦二》）

「義渠君朝於魏。犀首聞張儀復相秦，害之。犀首乃謂義渠君曰：『道遠不得復過，請謁事情。』曰：『中國無事，秦得燒掇焚杅君之國；有事，秦將輕使重幣事君之國。』其後五國伐秦。會陳軫謂秦王曰：『義渠君者，蠻夷之賢君也，不如賂之以撫其志。』秦王曰：『善。』乃以文繡千純，婦女百人遺義渠君。義渠君致群臣而謀曰：『此公孫衍所謂邪？』乃起兵襲秦，大敗秦人李伯之下。」（《史記・張儀列傳》）

由此可知公孫衍是張儀的剋星，那兩個謀害張儀的計劃，不僅使張儀受困，而且秦國也遭受大災害。按義渠為戎人之國，在今甘肅東部義渠一帶，居涇渭二水上游，本是游牧的藏族，至戰國之世，已定居在這一帶，農牧並重，惟尚未接受中原文化，其起居飲食，仍然保持游牧族的習慣。公孫衍為了使政敵張儀失去相位，致不惜利用戎人來攻擊秦國，幸而其時的秦國，國力已經相當的雄厚，故李伯之敗，並未影響秦國的立國之本，如果秦國的國力是在秦孝公變法以前的情形，那就不堪設想了。戰國游士，至張儀的時代，個人利益與權位，高於一切，甚至於連戎人之國都利用作為對付其政敵的工具，風氣之壞，至公孫衍、張儀而又創一格了。張儀與蘇秦為同門兄弟，張儀入秦，是蘇資助的；但在蘇秦死後，張儀游說其連橫政策時，常常詆毀蘇秦，而且還指責其個人陰私。所謂情誼，在張儀時代的游士來看，已經是分文不值。蘇秦游說時，對連橫政策，雖亦攻許，但是只說到「衡人之言」為止，並沒有指名道姓的罵人，更沒有罵張儀，而張儀則不然。所以史公批評他們二人：「張儀之行事，甚於蘇秦」，是公正的結論。

由於《戰國策》與《史記》所載張儀的工作時間，常有出入，有許多處我們還看到秦昭王時代的事。因此，張儀究竟在什麼時代活躍於秦國與國際之間，是值得一談的問題。我們且把下列諸事，扼要記述起來，以便了解張儀工作的時間，究竟在秦的那一個時期：

一、蘇秦說趙縱約初成，恐秦攻諸侯敗約，乃使人微感張儀，資之入秦，按蘇秦始倡合縱，是在周顯王三十六年，顯王三十一年秦孝公卒，子惠文君立，蘇秦苦學一年，始與趙王會於華屋之下，則其初說趙王當在顯王三十五年，其說惠文君當在三年前，時惠文君在位已三年。由此可知張儀入秦的可能年代是惠文君四年，最遲也不過周顯王三十六年（西元前三三三年），是年六國合縱成立，秦則為惠文君四年。

二、合縱之約成，蘇秦以告惠文君，惠文君謂寒泉子曰：「蘇秦欺寡人，欲以一人之智，反覆東山（按應作山東）之君，從以欺秦……吾欲使武安子（按即白起）往喻意焉。寒泉子曰：不可！夫攻城墮邑，請使武安子，善我國家，使諸侯，請使客卿張儀。」（《戰國策卷三．秦一》）由此可知惠文君四年，張儀已在秦，其職位為客卿。

三、惠文君五年陰晉（魏地）人犀首為秦大良造。

四、惠文君十年，張儀相秦。

五、惠文君十四年，惠文君稱王，改為惠王元年，張儀與齊楚等大臣會於齧桑。

六、惠王三年，張儀相魏，時周顯王四十六年（西元前三二三年）。

七、惠王七年，樂池相秦。

八、惠王八年，張儀復相秦，是年齊殺蘇秦，張儀說齊，佩齊相印，時周為慎覲王四年西元前三一七年）。

九、惠王九年，司為錯伐蜀滅之。

十、惠王十二年，張儀相楚，亦即佩相印而已。

十一、惠王十年，張儀連橫說六國。

十二、惠王十三年卒，子武王繼位。

十三、武王元年，從張儀說，資以入魏，為魏相。

十四、武王二年，初置丞相，以樗里疾、甘茂為左右相。按張儀在秦，曾害樗里疾，秦王怒，樗里疾出奔，則其時甘茂獨為左相耳。此與張儀假秦兵，獨由左相決定，其事相合，是年張儀卒於魏。

上列的年代，大體上是不會錯誤的。由此，可知公孫衍與張儀曾同事秦惠王，核以李龤向公孫衍建議為難張儀的話，與公孫衍對義渠君的話，時間上似尚有出入。故公孫衍與張儀，實又等而下之的政客。然張儀之得善終，以視蘇秦之被刺而死，死屍又車裂者，為幸甚多了。

了一身破爛的衣服，數九寒天，抖索不已，須賈看到了，心中十分不忍，就把一件綈袍送給范睢，讓他禦寒。這是〈贈綈袍〉的主軸故事。但是丞相張祿為什麼不肯接見須賈？後來見了須賈又是一種什麼結果？戲劇中把原因和結果都演了出來。情節十分曲折動人，使人有戲劇化的感受。第一齣戲的內容，使觀眾對〈贈綈袍〉的主題，有點兒毫不相干與莫名其妙之感。全部的戲劇故事是這樣的：范睢是一個學問淵博、膽略過人的平民知識分子，投在魏大夫須賈門下，做一名舍人。當時魏國宰相，是王室的貴族名叫魏齊，此人名位甚高，而才具平庸，不但沒有什麼主張，而且舉措十分乖謬。當時的齊國，已是齊襄王田法章在位。田法章就是樂毅下齊七十餘城時的齊湣王之子，在齊國幾近亡國的大災難中，仗著田單的過人才智從而光復齊國，勵精圖治，國勢復強。齊國的慘敗，魏國也參加了樂毅聯國的作戰。故齊國再度強盛，魏國恐齊國報復而十分害怕，想要結好於齊，又苦於無適當的使臣，難於與齊國重修舊好。魏齊對此，作了一個決定，交給他門下的大夫須賈去辦。須賈為人，既貪婪自私，而又毫無辦法；因此，在接受此項任命以後，非常的煩悶，范睢見狀，問其何以如此？須賈便把使齊之事相告。范睢便自告奮勇，願意伴同前去，定可說服齊國。須賈因而半信半疑的帶著范睢，向齊國出發。齊王在接見須賈之後，固然異常惱怒，責備魏國對齊國的不義，須賈張口結舌，不知所對。范睢乃挺身而出，反責齊國在魏國圍趙、圍韓的兩役中，都出兵擊魏，使魏國蒙受慘重的損失；齊國對魏不義在先，因此魏人對齊有深刻的仇恨。魏之隨燕進兵於齊，亦非故意尋仇，不過是為了齊國太強，聊以自保而已，而今強秦崛起於西方，魏國固首當其衝；然魏亡，齊國必接著受禍，齊、魏有唇齒相依之勢，怎可不棄嫌修好，共圖保全！范雎這一席說詞，使齊王猛然省悟，改容相待，並且非常賞識范雎的才智，要求他留仕齊國。范雎竭力推辭，他的理由是：本隨魏使同來，中途捐棄而使須賈一人返國，乃為不義。齊王無奈，只好隨范雎的心願，不加勉強；但卻備了一分厚禮送到館驛，而且還特別宴請范雎。范雎對此，僅接受齊王的邀宴和禮單，而把送來的禮物，全部退還。不料齊王送給范雎的禮單，卻被須賈檢取，在他們回國以後，須賈把如何折服齊王，使齊王願與魏國修好的功勞，完全作為他自己能言善辯的結果，更故意阻撓范雎，使不得與魏齊相見。

不僅如此，他還進一步以范雎接受齊王的厚禮，誣其將出賣魏國，將齊王的那張禮單作為范雎賣國的罪證。魏齊這個沒有主張且不辨是非的人，信以為真，反向須賈問如何處置范雎。須賈因建議把范雎打死，棄於荒郊，以果野狼之腹。魏齊果然召見范雎，責其出賣魏國，不由分說，將范雎暴打之後棄於郊外。范雎雖被暴打一頓，但尚未氣絕，經過一段時間逐漸醒轉，在曠野作痛苦的呻吟。這也是范雎命不該絕，其故人陳瑜路經其地，聞呻吟聲而往視，乃將范雎救回，在密室中療傷，並囑其妻為范雎發喪，證實其業已死亡，而范雎本人則改名張祿，隱姓埋名，不求聞達，以避須賈的誣害。他為什麼改稱張祿呢？因為他的禍患，由於張口辯說，求取利祿而來，故以此為名，以示惕勵和警覺。范雎至此，初無仕進之意，不過苟全性命而已。推范雎之意，他在魏國有所仕進，必待魏齊須賈死了以後。他基本上也沒有逃出魏國，仕於秦邦的企圖，而且事實上也無此可能。

不過，范雎畢竟是名韁利鎖場中人物，而他的朋友陳瑜也認為范雎的改名隱居，終究不是一個了局，時時替他的老朋友謀求出路。事有湊巧，一日，陳瑜在酒樓中遇見一位長嘘短嘆的酒客。問了姓名以後，知道此人姓王名稽，是奉了秦王之命，周遊列國，訪求賢才，為秦佐理國政。王稽走遍了其他國家，毫無所獲；今至最後一站的魏國，仍未有所遇，只好回秦領罪了。陳瑜聞此消息，遂盛道張祿的才能，介紹他們秘密會談。王稽經與范雎長談後，也認為范雎是一位不可多得的人才，遂密車載與俱返。一路上談談說說，王稽問他何以佐秦君？范雎便以秦王勢弱，太后主政，穰后權重，治秦非增強君權不可；而君權增強以後，便應以遠交近攻為政策。王稽對張祿的見解，非常欽佩，於是力薦於秦王，經秦王與張祿數度會談以後，知其可託以國，即以張祿為相。張祿既專秦國之政，遂實施其遠交近攻的策略。魏國是秦國東方的緊鄰，因此魏國備受兵禍，岌岌可危，因而有結交張祿丞相以緩和秦國加兵於魏的情勢。以下便是須賈至秦，與范雎相見於館驛而贈以綈袍的情節了。

須賈在秦很久，苦守館驛，要求進見張祿丞相，始終不獲接見，即使在張祿大宴各國的使節或代表，也不讓須賈進入相府，予以款待。須賈到相府的次數多了，連相府看門的人都熟識他，而且也都討厭他。所以他悶住館驛，煩惱非常，及范雎以一附寒酸落魄之相之同鄉的名義求見，一見之下，知為范雎，驚詫之餘，憐其衣著單薄而贈以綈袍，劇情至此，把主題總算做了交待。

范雎見其苦悶，問知原因，自謂在相府的一位管家處幫閒，可以設法引見秦相，須賈狂喜，乃隨其至相府。相府守衛見二人至，恭敬行禮，須賈猶以為對自己的禮貌，有點兒受寵若驚。范雎囑其稍待，己則揚長而入。須賈在門外久無消息，乃向守門人要求進去看范雎。門者告以並無范雎其人，須賈乃描述范雎的形貌，門者告以此即張祿丞相，須賈於是大吃一驚，繼思方纔有贈袍之誼，范雎或不至於過分為難；正疑慮交併間，相府忽傳須賈進見，乃報名而入，則見各國使者分坐兩旁，而中間高坐者即為范雎，固然范雎就是張祿，已經貴為秦相了。須賈乃叩頭如搗蒜，口稱死罪。范雎乃宴各國使臣，獨以飼料一蘿，款待須賈。須賈躊躇有頃，為了魏國的生存，只好硬著頭皮，以飼料為食。范雎乃止之，數其相欺與相害之罪，並令齊使王孫賈出場，對質所謂受禮賣國的誣陷。王孫賈就是須賈與范雎使齊時，代表齊王，款待他們的齊臣。須賈至此，無地自容，范雎乃告以速回魏國，將范雎的眷屬與陳瑜一家護送至秦，由魏齊親來，以修兩國之好。戲劇至此，高潮迭起，而以范、陳的眷屬至秦和魏齊入秦修好為結束。這一劇情，脫不了大報復、大團圓的一套。但是，魏齊入秦修好，乃為改良的新本，據說原本則為魏齊逃入趙國，趙畏強秦，即以魏齊之頭送至秦國，求得秦國的諒解，那是一悲慘的結局了。戲劇故事，大體上來自《東周列國志》這部小說。其真正的歷史，是否如此？那便是作者所要介紹的故事了。

二、使齊與受責的史實

范睢的真正故事，具載於《史記．范睢蔡澤列傳》與《戰國策》二書，《史記．范睢蔡澤列傳》說：

「范睢者，魏人也，字叔。游說諸侯，欲事魏王，家貧無以自資，乃先事中大夫須賈。須賈為魏昭王使於齊。范睢從留數月，未得報。齊襄王聞睢辯口，乃使人賜睢金十斤及牛酒，睢辭謝，不敢受。須賈知之，大怒，以為睢持魏國陰事告齊，故得此饋；令睢受其牛酒，還其金。」（《史記‧范睢蔡澤列傳》）

我們從上列的記載中，可以知道不僅范睢、須賈確有其人，而且使齊也確有其事，齊王送一筆禮給范睢而范睢不受，其事亦非虛構，但不載范睢對齊王的說詞耳。這一記載，表示了下列兩個事實，其一，魏國的政治，已經形成貪污橫行的風氣，試問范睢要在本國做公務員，但因「家貧無以自資」，只好先事須賈，這分明是說范睢沒有資力向魏相送紅包，所以只好暫時屈居於須賈之下。其二，范睢在當時已經是國際的知名人物，其口辯已為齊襄王所敬服，魏國有這樣的人才而不能任以大責重任，其政治風氣的惡劣，可想而知了。當時魏王是魏昭王，那時孟子見到的魏襄王已經是「望之不如人君，就之不見所畏」的庸碌之人，其子其孫，魏惠王的曾孫，魏襄王的則前功必棄矣。今魏方疑，可以少割收也。願之及楚、趙之兵未任於大梁也，亟以少割收。魏方疑，而得以少割為和，必欲之，則君得所欲矣。楚、趙怒於魏之先己講也，必爭事秦。從是以散，而君後擇焉。且君之嘗割晉國取地也，何必以兵哉？夫兵不用，而魏效絳、安邑，又為陰啟兩機，盡故宋，衛效尤憚。秦兵已令，而君制之，何求而不得？何為而不成？臣願君之熟計而無行危也。』穰侯曰：『善。』乃罷梁圍。」（《戰國策卷二十三・魏二》）

由上述的記載來看，須賈也有相當的才具，在首都被圍之中，他能夠往見秦國的當權大臣，以少割魏地來說服穰侯，天花亂墜，使穰侯聽從他的建議，這個人並不簡單，戲劇中把他演成一個愚而自私的角色，未免有點兒過分。范雎本來不敢接受什麼，而須賈則要他受牛酒而返金，戲劇中演作須賈竊取其禮單，亦與事實略有出入，由於須賈是一位愛國者，所以他疑心范雎以魏國的秘密情報告齊，因在回國以後向魏齊告發，戲劇中把須賈塑造為一個貪功害能的妒惡小人，也有其過分之處。所以這一段戲劇故事，大體上於史有據，但對須賈不免貶低過甚了。按秦伐魏，與魏戰於華陽而破之，斬首十五萬，芒卯敗走，魏割南陽以和，是秦昭襄王三十三年的事，見於《史記．秦本紀》。須賈說穰侯少取魏地，當指此事而言。又按昭襄王元年，以嚴君疾為相，十年以樓緩為相，十二年以穰侯魏冉為相，十六年魏冉免封，二十四年免相，二十六年復相魏冉。魏冉兩度相秦，凡歷二十餘年，權傾中外，威勢炙人，成震主之勢。須賈之說穰侯，經其一諾，即可存魏而少割地，其權勢之重，有如此者，至范雎入秦，而其權位就被雎所代，范雎之才能，由此可見一般了。

魏齊接受了須賈的告密，便也大怒，把范雎痛打一頓，范雎裝死而得免，並不是被打昏，戲劇與歷史亦略有出入。請看《史記》下面的一段：

「……既歸，（須賈）心怒雎，以告魏相，魏相魏之諸公子曰魏齊。魏齊大怒，使舍人笞擊雎，折脅摺齒。雎佯死，即卷以簀，置廁中，賓客飲者醉，更溺雎，故僇辱以懲，無從言者。雎從簀中謂守者曰：『公能出我，我必厚謝。』守者乃請出棄簀中死人，魏齊醉曰：『可矣。』范雎得出。後魏齊悔，復召求之。魏人鄭安平聞之，乃遂操范雎亡，伏匿，更名姓曰張祿。」（《史記・范雎蔡澤列傳》）

由此，可知戲劇所述被笞至死，棄於郊外，是略有根據的，但范雎所受之責罰，戲劇實有未盡之處，他被打斷了脅骨，打折了牙齒，裝死而不是昏死，在棄於郊外之前還有被棄於廁所而飽受尿灑之辱。協助范雎而匿者乃鄭安平而非陳瑜，戲劇家或以諧音而故示與史不同，其改名張祿，亦與史無異。

三、范雎入秦的經過

載范雎出魏而入秦者為王稽，也是史實。《史記》的記載是這樣的：

「當此時，秦昭王（即昭襄王）使謁者王稽於魏，鄭安平詐為王稽卒侍。王稽問：『魏有賢人可與俱西游者乎?』鄭安平曰：『臣里中有張祿先生，欲見君言天下事；其人有仇，不敢晝見。』王稽曰：『夜與俱來。』鄭安平夜與張祿見王稽，語未究，王稽知范雎賢，謂曰：『先生待我於三亭之南。』與私約而去。王稽辭魏去，過載范雎入秦。」（《史記・范雎蔡澤列傳》）

這裡，我們要把戲劇故事和歷史事實作一比較：第一，戲劇言秦王派王稽至各國訪求賢才，派王稽是事實，但王稽的使命是至魏而已，可能是外交的公務，而並不是專門訪賢，訪賢也許是他附帶的使命。第二，鄭安平是有計劃的混充王稽的侍者，非若戲劇言陳瑜與王稽偶然在酒樓相遇。其他的經過，大略相似。這裡，我們可以知道魏國執政當局之昏憒糊塗。王稽不過是一個謁者，但在范雎尚未畢陳其說時，已知其賢，決定載與俱歸；而魏齊、須賈面對國內的大能人，而毫無所知，甚且予以百般的蹂躪與侮辱。魏前有商鞅而不能用，任其至秦；後有范雎而不能盡其才，反挫辱幾死，魏之必亡，只此二事，已足見其梗概了。庸臣誤國，其此之謂乎?不過，話又得說回來，范雎如果始終在魏齊、須賈之下，試問怎麼能夠發揮其才能?所以魏齊、須賈之謀害范雎，正好成就了范雎。所以范雎在魏國吃點兒苦，還是范雎之大幸。「此處不留人，自有留人處」，戰國時代，列國紛爭如此劇烈，只要真正的才智之人，是不怕沒有出路的。

范雎入秦的周折，電視戲劇為了時間的限制，都略而未述。實際上也富有戲劇性，而且足以說明范雎的機智之高。歷史的事實，是這樣的：

「范雎入秦。至湖，望見車騎從西來。范雎曰：『彼來者為誰？』王稽曰：『秦相穰侯東行縣邑。』范雎曰：『吾聞穰侯專秦權，惡內諸侯客，此恐辱我，我寧且匿車中。』有頃，穰侯果至，勞王稽，因立車而語曰：『關東有何變？』曰：『無有。』又謂王稽曰：『謁君得無與諸侯客子俱來乎？無益，徒亂人國耳。』王稽曰：『不敢。』即別去。范雎曰：『吾聞穰侯智士也，其見事遲，鄉者疑車中有人，忘索之。』於是范雎下車走，曰：『此必悔之。』行十餘里，果使騎還索車中，無客，乃已。」（《史記・范雎蔡澤列傳》）

按上文的湖關，即後來的湖城，亦即漢時的湖縣，據《索隱》引〈地理志〉：「京兆有湖縣」，此即秦時的湖關，漢都長安，與秦都咸陽密邇，則湖關當在長安東方的不遠處。或云湖關在今河南閿鄉縣東四十里，則在崤函中，穰侯以秦相之尊，其循行直達崤函，似有問題。我們若以湖關為秦都東方的出入要道，當與事實不遠。我們試看范雎對穰侯的認識，知道他是秦國的權臣，必不歡迎來自諸侯的游說之士，以危及其地位而匿於車中，足證其智之高。穰侯離去，范雎知其必來搜車，因下車而步行，其結果，果然不出范雎之所料，范雎因而得免，足證其慮事之速與判斷之明。光是這幾點，已可說范雎的才能，實在穰侯之上。范雎斷定穰侯「見事遲」，其心思之細密與銳敏，由此可知。魏國失此人才，不也太可惜了嗎？

王稽帶范雎到了秦國，第一件事情，自然先向秦王報告使魏的任務，其次就要推薦范雎。他強調地說：「魏有張祿先生，天下辯士也，曰：『秦王之國，危於累卵，得臣則安，然不可以書傳也』，故臣載來秦。」秦王對於王稽誇大其詞的介紹，似乎不很相信，因此只是囑付他，把范雎帶到普通的招待所，以下等的伙食款待他。王稽所說的張祿對秦的看法，必是途中對王稽曾經說過的話，到底范雎向王稽說了些什麼？史書未予具載，戲劇家出以想像之詞，似可作為王稽對秦王含蓄之詞的註解，但終究是想像之詞，不足為據。

不過秦王有累卵之危，倒是有原因的。按秦昭王乃秦武王之弟，武王無子，故立昭王以為繼。秦武王之弟，不止一人，如涇陽君、高陵君、華陽君，都是昭王的同母弟。而昭王之母，即所謂宣太后者，乃楚國王室之女，楚大國，故宣太后的背景甚為扎實，所謂權傾中外的穰侯魏冉，就是宣太后的異母弟。昭襄王之被立，當然和宣太后與穰侯有關，而涇陽君與高陵君等也頗受宣太后的寵愛。我們但看前面所說的魏冉為秦相，免而復起，而且任職時間極長，便可知道這一股潛勢力之大。穰侯其時又要發動秦國的兵馬，越過魏國和韓國，向齊國的綱壽出兵，旨在增加他自己的封邑「陶」，昭襄王對此也無可奈何。范雎至此，乃直接向昭襄王上書：

「臣聞明主立政，有功者不得不賞，有能者不得不官，勞大者其祿厚，功多者其爵尊，能治眾者其官大。故無能者不敢當職焉，有能者亦不得蔽隱。使以臣之言為可，願行而益利其道；以臣之言為不可，久留臣無為也。語曰：『庸主賞所愛而罰所惡；明主則不然，賞必加於有功，而刑必斷於有罪。』今臣之胸不足以當椹質，而要不足以待斧鉞，豈敢以疑事嘗試於王哉！雖以臣為賤人而輕辱，獨不重任臣者之無反復於王邪？且臣聞周有砥砨，宋有結綠，梁有縣藜，楚有和樸，此四寶者，土之所生，良工之所失也，而為天下名器。然則聖王之所棄者，獨不足以厚國家乎？臣聞善厚家者取之於國，善厚國者取之於諸侯。天下有明主則諸侯不得擅厚者，何也？為其割榮也。良醫知病人之死生，而聖主明於成敗之事，利則行之，害則捨之，疑則少嘗之，雖舜禹復生，弗能改已。語之至者，臣不敢載之於書，其淺者又不足聽也。意者臣愚而不概於王心邪？亡其言臣者賤而不可用乎？自非然者，臣願得少賜游觀之閒，望見顏色。」（《史記‧范雎蔡澤列傳》）

由此，可知范雎在館舍中甚久，未得見秦王，趁穰侯飛揚跋扈的機會，上書求見秦王，只以普通政治上的至理明言說秦王，而以「不敢載之於書的至言」，需要面談，來看看秦王的意向，秦王如果對穰侯不滿意，一定會召見范雎的；否則，范雎便無法見到秦王，更不得以他的「至言」向秦王下說詞了，范雎這一封信，效果極佳，秦王見書，立即向王稽謝過，而以車載范雎入宮，並庭迎范雎，向范雎說明所以遲遲相見的原因，是因為「義渠之事急」，他要「日日自請於太后」，現在義渠事了，乃得「以身受命」。這裡，我們要說明所謂「義渠之事」，是一件怎樣性質的事？宣太后與義渠戎王相戀愛，誘義渠戎王出入於秦宮，與宣太后生子，秦在力足以破義渠的時候，一面潛兵赴義渠滅義渠國，一面等侯戎王在秦宮觀樂圍義渠王，使現今甘肅東部的義渠（縣名）一帶的戎地，盡入秦版圖。這一件事，宣太后對秦國領土的開闢是有其極大的貢獻。但以太后之尊，竟與戎王以秦宮為陽臺，王室引以為恥，是必然的；而且宣太后以後又與魏丑夫相戀，將死時，還下令要魏丑夫殉葬，可見這是一位淫亂之人，秦王對她當然也深不滿意，徒以既是母親、又有立位之德，所以積怒於心而不敢爆發；而其弟穰侯及其另外三個兒子的作威作福，當然更不滿意。

四、范雎對秦王的遊說

因此，昭襄王對范雎所謂不便載之於書的「至言」，感到高度的興趣，既「庭迎」，復執「賓主」之禮，使許多秦王左右的人，看到了這種情形，「無不變色」。秦王知道范雎將有極祕密的陳說，所以屏退左右，在宮中只有秦王和范雎兩個人的時候，便長跪於范雎之前，請教他怎樣治理秦國？這是一段極其精彩而富有戲劇性的故事，我們且看《戰國策》關於范雎秦宮陳詞的原文：

「宮中虛無人，秦王跪而請曰：『先生何以幸教寡人？』范雎曰：『唯唯。』有間，秦王復請，范雎曰：『唯唯。』若是者三。秦王跽曰：『先生不幸教寡人乎？』范雎謝曰：『非敢然也。臣聞始時呂尚之遇文王也，身為漁父而釣於渭陽之濱耳。若是者，交疏也。已一說而立為太師，載與俱歸者，其言深也。故文王果收功於呂尚，卒擅天下而身立為帝王。即使文王疏呂望而弗與深言，是周無天子之德，而文、武無與成其王也。今臣，羈旅之臣也，交疏於王，而所願陳者，皆匡君之事，處人骨肉之間，願以陳臣之陋忠，而未知王之心也，所以王三問而不對者是也。臣非有所畏而不敢言也，知今日言之於前，而明日伏誅於後，然臣弗敢畏也。大王信行臣之言，死不足以為臣患，亡不足以為臣憂，漆身而為厲，被發而為狂，不足以為臣恥。五帝之聖而死，三王之仁而死，五伯之賢而死，烏獲之力而死，奔、育之勇而死。死者，人之所必不免也。處必然之事，可以少有補於秦，此臣之所大願也。臣何患乎？伍子胥橐載而出昭關，夜行而晝伏，至於蔆水，無以餌其口，坐行蒲服，乞食於吳市，卒興吳國，闔閭為霸。使臣得進辯如伍子胥，加之以幽囚，重申不復見，是臣說之行也，臣何憂乎？箕子、接輿，漆身而為厲，被發而為狂，無意於殷、楚。使臣得同行於箕子、接輿，漆身可以補所賢之主，是臣之大榮也，臣又何恥乎？臣之所恐者，獨恐臣死之後，天下見臣盡忠而身蹶也，是以讀口裹足，莫肯即秦耳。足下上畏太后之嚴，下惑奸臣之態；居深宮之中，不離保傅之手；終身闇惑，無與照奸；大者宗廟滅覆，小者身以孤危。此臣之所恐耳！若夫窮辱之事，死亡之患，臣弗敢畏也。臣死而秦者，賢於生也。』（《戰國策卷五．秦三》）

我們從范雎對秦王這一段說詞中，真可以看到范雎的口辯之才。我們應該注意下列各點：其一，秦王把先前王稽的話和范雎上書所說的話，前後對照，知道范雎（不，他以為他是張祿）有關於他自己安危的話要說，屏退左右，長跪求教。其二，范雎採取欲擒固縱的原則，唯唯諾諾，直要等到秦王發急的時候，他才有所說明。其三，范雎初次發言，但他立場很堅定，因為他攻擊的是秦王的母親、舅舅和他三位兄弟，權勢既高，連秦王都受他們控制，一旦秦王不採用他的建議而把他的意見洩漏，那他必死無疑；所以重複地強調不怕死，但要死得有意義。其四，他用歷史故事來說明交疏不能言深，一定要聽話的人有採取建議的決心，才有意義。其五，他以伍子胥的故事來說明他對秦王的忠，一如子胥，子胥死得極有價值，他也願意如此，雖死猶賢於生。其六，最後，他吐露出他要說的是太后與穰侯等的問題，他願以生命來改善秦王的處境，把秦王的胃口弔足。可以說他是在最懂得掌握對方心理的。他的話說到這裡，便可以試探出秦王究竟要不要改善他的處境？結果范雎完全成功，秦王對於范雎的態度和所要說的問題，完全滿意。請看《戰國策》下面的一段：

「秦王跽曰：『先生，是何言也！夫秦國僻遠，寡人愚不肖，先生乃幸至此，此天以寡人恩（一作授）先生，幸而存先王之廟也。寡人得受命於先生，此天所以幸先王而不棄其孤也。先生奈何而言若此！事無大小，上及太后，下至大臣，願先生悉以教寡人，無疑寡人也。』」

（《戰國策卷五・秦三》）

秦王的答覆，正和范雎所預期的完全相同，於是「范雎再拜，秦王亦再拜」，范雎對秦國的問題，乃能暢所欲言而無所顧忌，即使所說有不合於秦王之處，也不會有性命之慮了。

范雎對秦國的處境和大臣的作法，先作一個綜合性的批評，他說：

「大王之國，北有甘泉、谷口，南帶涇渭，右隴、蜀，左關、阪，戰車千乘，奮擊百萬。以秦卒之勇，車騎之多，以當諸侯，譬若馳韓盧而逐蹇兔也，霸王之業可致。今反閉關不敢窺兵於山東者，是穰侯為國謀不忠，而大王之計，有所失也。」

按范雎這一段話，對穰侯有所抨擊，按昭襄王時代，也就是穰侯執政時的秦國向東方發展，甚有成就，楚國雖然是宣太后的娘家，但被白起打得落花流水，連國都都自郢東遷於陳，所謂「不敢東窺於山東」，是縱橫家誇大之言，無怪昭襄王要半信半疑了。不過昭襄王不願掃范雎的興，只是輕描淡寫的說：「願聞所失計。」但范雎之所謂失計，乃別有所指，是專指當時攻齊綱壽而言，他加以說明：

「大王越韓、魏而攻強齊，非計也！少出師，則不足以傷齊；多之，則害於秦。臣意王之計，欲少出師，而悉韓、魏之師，則不義矣。今見與國之不可親，越人之國而攻，可乎？疏於計矣！昔者，齊人伐楚，戰勝，破軍殺將，再辟千里，膚寸之地無得者，豈齊不欲地哉，形弗能有也。諸侯見齊之罷露，君臣之不親，舉兵而伐之，主辱軍破，為天下笑。所以然者，以其伐楚而肥韓、魏也，此所謂藉賊兵而齎盜食者也。王不如遠交而近攻，得寸則王之寸，得尺則王之尺也！今舍此而遠攻，不亦謬乎？」（《戰國策卷五・秦三》）

穰侯越韓、魏而攻齊之綱壽，從范雎的說詞中，可知當時以為可行，是靠韓、魏出兵相助；范雎認為越兩國而得綱壽，秦勢必無實際的利益；如果韓、魏出兵不多，作戰不力，將來勢出反覆，則秦國對綱壽更無染指之望；因此，他的結論，是「疏於計矣！」「不亦謬乎」，他的建議是遠交近攻，他這一番話雖然沒有直接攻擊穰侯，而事實上對穰侯的伐齊計劃，已經批評得有害無益了，何況穰侯此舉的出發點是在增加他自己的封地陶！他的建議是「遠交近攻」，以便秦國所占領的鄰國領土，即使是一寸一尺，都是秦國實際能夠控制的，這才是真正為秦國利益著想的計劃。

「遠交近攻」，是他的政策原則，他的具體建議是：

「王若欲霸，必親中國而以天下為樞，以威楚、趙。趙彊則楚附，楚彊則趙附，楚、趙附，則齊必懼，懼必卑辭重幣以事秦。齊附而韓、魏可虛也！」（《戰國策卷五‧秦三》）

在范雎的心目中，秦國的稱霸之道，必以韓、魏為首先攻擊的目標，而以緊接韓、魏的趙、楚為外交爭取的目標，暫置齊國於不問不聞之例。他認為趙、楚爭取到了，韓、魏必虛而易於下手，齊國亦必跟著結好於秦了。這本是連橫說的變相，秦王對於這一套，當然早已聞知其大略了。但是秦王對於韓、魏的攻取，有不同的看法，他希望能與魏國相親，而先對韓國下手。聰明的范雎，立即轉風使舵，使合秦王的心理，請看他們對於這一問題的對話：

「王曰：『寡人欲親魏，魏所變之國也，寡人不能秦。請問親魏奈何？』范雎曰：『卑辭重幣以事之。不可，削地而賂之。不可，舉兵而伐之。』於是舉兵而攻邢丘，邢丘拔而魏請附。曰：『秦、韓之地形，相錯如繡。秦之有韓，若木之有蠹，人之病心腹。天下有變，為秦害者莫大於韓。王不如收韓。』王曰：『寡人欲收韓，不聽，為之奈何？』范雎曰：『舉兵而攻滎陽，則成皋之路不通；北斬太行之到，則上黨之兵不下；一即著而攻滎陽，則其國斷而

為三。魏、韓見必亡，焉得不聽？韓聽而霸事可成也。』王曰：『善。』（《戰國策卷五・秦三》）

外交政策的討論，至此告一段，在原則上秦王都贊成范雎的意見，只有先攻韓而親魏的問題上，意見稍有不同，范雎犧牲自己主張的，遷就秦王的意願。得到的結果甚佳。於是進行第二個問題的商討。第二個問題，涉及到秦國人事問題的核心，范雎先提出外交問題，也是對秦王的一種試探。第一個問題，雙方意見如甚懸殊，則第二個問題，勢必無從談起。但是第一個問題，范雎是有把握的，因為遠交近攻，是范雎對當時國際問題的心得，而且對秦國確有益處，故以此為序幕的意見交換，容易達成協議，更容易獲得秦王的贊成與重視；不若第二個問題之棘手而易於使秦王發生反感。雖然已經得到秦王初步的信任，但是范雎在提出第二個問題的時候，還是兜著圈子作試探性的，他說：

「臣居山東，聞齊之內有田單，不聞其王。聞秦之有太后、穰侯、涇陽、華陽，不聞其有王。夫擅國之謂王，能專利害之謂王制殺生之威之謂王。今太后擅行不顧，穰侯出處不報，涇陽、華陽擊斷無諱，四貴備而國不危者，未之有也。為此四者，下乃所謂無王已。然則權焉得不傾，而令焉得從王出乎？臣聞：『善為國者，內固其威，而外重其權。』穰侯使者操王之重，決裂諸侯，剖符於天下，征敵伐國，莫敢不聽。戰勝攻取，則利歸於陶；國弊，御於諸侯；戰敗，則怨結於百姓，而禍歸社稷。《詩》曰：『木實繁者披其枝，披其枝者傷其心。大其都者危其國，尊其臣者卑其主。』淖齒管齊之權，縮閔王之筋，縣之廟梁，宿昔而死。李兌用趙，減食主父，百日而餓死。今秦，太后、穰侯用事，高陵、涇陽佐之，卒無秦王，此亦淖齒、李兌之類已。臣今見王獨立於廟朝矣，且臣將恐後世之有秦國者，非王之子孫也。」（《戰國策卷五・秦三》）

由此，可知范雎對於太后、穰侯、華陽諸人的攻擊，不是直接指陳他們的種種跋扈不法，而是用故事來打動秦王之心。他所用的田單的故事，以田單為權傾王室的大臣，與事實不合，但與李兌餓死主父的故事和淖齒纂位的故事，連在一起，不由得秦王不信。但主要的打動秦王之心，只在一個權字，只在一句「恐後世之有秦國者非王之子孫。」秦王對於這些人擅權跋扈，內心本覺不滿，經范雎這麼一說，頓覺毛骨悚然。於是「廢太后、逐穰侯、走高陵涇陽於關外」。我們但看這些人之被黜被逐，並未使秦國政府與社會秩序，發生什麼不安與騷動現象，可知他們擅作威福則有之，存心要纂奪秦國的政權，則亦為子虛烏有之事。但是這些人，已使秦王有大權旁落之感，再經范雎引經據典的一說，雖然輕描淡寫，但使秦王恍然而悟，因即對這些人採取行動，而對范雎備加信任。他自己對范雎說：「昔者齊公得管仲時以為仲父，今吾得子，亦以為父」。經此一席長談，范雎輕易地去了秦國的四大金剛，被秦王尊之為父，其口舌之能與慮事之深，實不是一個泛泛的游說之士所能及的。

《史記》對范雎入宮見昭王之事，所記與《戰國策》略有不同。《史記》的記載是這樣的：

「於是秦昭王大說（指見了范雎所上之書），乃謝王稽，使以傳車召范雎。於是范雎乃得見於離宮，佯為不知永巷而入其中，王來，而宦者怒，逐之，曰：『王至！』范雎繆應曰：『秦安得有王，秦獨有太后、穰侯耳。』欲以感怒昭王。」（《史記・范雎蔡澤列傳》）

我們從范雎初見秦昭王時那種委婉曲折的試探情形來看，他怎樣會尚未得見昭王，而當著宦者之面，作此狂悖之言乎？而且《史記》也明載秦王屏退左右，秦王長跽三請，范雎只是唯唯不語，前後互相矛盾，乃知史公此段記載之不實了。而且《史記》還說：

「范雎日益親，復說用，數年矣。因請間，說曰：『臣居山東時聞齊之有田文，……』」

由此，可知范雎說及太后等人時，已在首次見到秦王之後的數年，而且還是請間密言，那會初進宮，還未見到昭王，便言太后、穰侯之短乎？不過，這裡也有一點小問題，那就是他所說的齊國權臣，不是田單而是田文，田文即孟嘗君；他所說的秦國的大亨還有一位高陵君，說田文而不說田單，較為合理，田單在其復國以後，小心翼翼，未嘗專國政，則田文之說是矣。《史記》對范雎攻擊穰侯的話，不止這幾句，尚有下面的一段：

「且夫三代所以亡國者，君專授政，縱酒馳騁弋獵，不聽政事。其所授者，妒賢嫉能，御下蔽上，以成其私，不為主計，而主不覺悟，故失其國。今自有秩以上至諸大吏，下及王左右，無非相國之人者，見王獨立於朝。……」（《史記・范雎蔡澤列傳》）

穰侯先後為相逾二十年餘，位高權重勢大，其幹部遍布於朝，甚至也分布在秦王的左右。此者秦王之所深懼，《戰國策》雖無此段，而史公補之，足以說明秦王對穰侯深懷戒懼之心，而為范雎一語所道破，因而重用范雎，任以為相。史公補記此段，富有史料價值。這位穰侯魏冉，在這樣長期任首相，貪污所得，究竟有多少呢？《史記》有這樣的一段：

「秦王乃拜范雎為相，收穰侯之印，使歸陶。（穰侯封地）。因使縣官給車牛以徙，千乘有餘。到關，關閱其寶器，寶器珍怪，多於王室。」（《史記・范雎蔡澤列傳》）

「寶器珍怪，多於王室」，這是他貪污的成績，以視清乾隆朝之和珅，殆相彷彿。國民政府時代，某久鎮邊省之疆吏，及其離職，據說他的行囊，達十七大卡車之多，是亦近代的穰侯了。

五、任相以後的范雎

范雎既為秦相，封以應地，號稱應侯，是在秦昭襄王四十一年，他以張祿為名，世但知為魏人。他任職以後，對外政策，就是先攻韓、魏，秦兵即時向韓國移動，其攻取韓國的企圖，是顯而易見的。魏人對此，敏感甚深，認為秦之攻韓，乃攻魏之先聲；於是，以張祿為魏人之故，以為必仍有鄉誼可攀，魏人早已認定范雎死亡已久，初不料張祿就是范雎的化名。魏國與秦修好之使臣，確為須賈。須賈至秦，求見張祿而不獲，也是事實。〈范雎蔡澤列傳〉的記載如下：

「魏使須賈於秦。范雎聞之，為微行，敝衣閒步之邸，見須賈。須賈見之而驚曰：『范叔固無恙乎！』范睢曰：『然。』須賈笑曰：『范叔有說於秦邪？』曰：『不也。睢前日得過於魏相，故亡逃至此，安敢說乎！』須賈曰：『今叔何事？』范睢曰『臣為人庸賃。』須賈意哀之，留與坐飲食，曰：『范叔一寒如此哉！』乃取其一綈袍以賜之。須賈因問曰：『秦相張君，公知之乎？吾聞幸於王，天下之事皆決於相君。今吾事之去留在張君。孺子豈有客習於相君者哉？』范睢曰：『主人翁習知之。唯睢亦得謁，睢請為見君於張君。』須賈曰：『吾馬病，車軸折，非大車駟馬，吾固不出。』范睢曰：『願為君借大車駟馬於主人翁。』范睢歸取大車駟馬，為須賈御之，入秦相府。府中望見，有識者皆避匿。須賈怪之。至相舍門，謂須賈曰：『待我，我為君先入通於相君。』須賈待門下，持車良久，問門下曰：『范叔不出，何也？』門下曰：『無范叔。』須賈曰：『鄉者與我載而入者。』門下曰：『乃吾相張君也。』須賈大驚，自知見賣，乃肉袒厀行，因門下人謝罪。於是范睢盛帷帳，侍者甚眾，見之。須賈頓首言死罪，曰：『賈不意君能自致於青雲之上，賈不敢復讀天下之書，不敢復與天下之事。賈有湯鑊之罪，請自屏於胡貉之地，唯君死生之！』范睢曰：『汝罪有幾？』曰：『擢賈之發以續賈之罪，尚未足。』范睢曰：『汝罪有三耳。昔者楚昭王時而申包胥為楚卻吳軍，楚王封之以荊五千戶，包胥辭不受，為丘墓之寄於荊也。今睢之先人丘墓亦在魏，公前以睢為有外心於齊而惡睢於魏齊，公之罪一也。當魏齊辱我於廁中，公不止，罪二也。更醉而溺我，公其何忍乎？罪三矣。然公之所以得無死者，以綈袍戀戀，有故人之意，故釋公。』乃謝罷。入言之昭王，罷歸須賈。須賈辭於范睢，范睢大供具，盡請諸侯使，與坐堂上，食飲甚設。而坐須賈於堂下，置莝豆其前，令兩黥徒夾而馬食之。數曰：『為我告魏王，急持魏齊頭來！不然者，我且屠大梁。』須賈歸，以告魏齊。魏齊恐，亡走趙。匿平原君所。」（《史記・范睢蔡澤列傳》）

這一段歷史事實，與〈贈綈袍〉的戲劇故事，真可以說是大同而小異。我們試加以比較：其一，范睢微行，見須賈，須賈見其貧寒而贈以綈袍，兩者皆同。其二，范睢與須賈同至相府，范睢揚長而入，須賈候於門外，兩者皆同。其三，須賈問門者，始知范睢即張祿，因門者而請罪，戲劇則謂范睢盛宴各國使者，而令須賈坐於堂下；但歷史事實則為范睢盛幃帳而見，並數其罪，這一點是兩者不同的地方。至范睢設盛宴，款待各國使節，令須賈坐於堂下，也有此事，但在須賈辭行時為之，以飼料為款待須賈的飲食，事亦不虛，而且還是由兩個黔徒強迫喂他吃的，並不是須賈為兩國和好而自動的去吃，也沒有范睢在須賈臨吃時止之的事。這一點，戲劇把范睢的氣度，寫得比較寬大些。戲劇把范睢兩次見須賈併為一談，而且還有齊大夫王孫賈出來對質，都與歷史事實有其出入。范睢數說須賈的罪狀，第二、第三兩項，對須賈結怨甚深，尤其「醉而溺我」的這件事，憤恨不能自己，故雖以綈袍為贈，而免須賈之死，但仍當眾予以侮辱，以洩其恨。這一段真確的故事，說明范睢的氣度不怎麼寬大。

戲劇把贈綈的結局，以秦魏和好與范睢與陳瑜合家團圓為終了，此與歷史事實，完全不合。

我們上面已經說及范雎要須賈對魏王說的話和魏齊逃至平原君家的事。魏齊之至平原君家，仍是暫時的生存，其結果還是一段悲劇。原來，秦王重用范雎以後，實行遠交近攻之策，經過兩年的時間，已經攻取韓地甚多，信任更深。昭王知道范雎的真正仇人是魏齊，尚生存於趙國的平原君府上，於是想辦法結好平原君，要平原君赴秦就宴，他的請客的信，寫得十分風雅而客氣，信裡面說：「寡人聞君之高義，願與君為布衣之友，君幸過寡人，寡人願與君為十日之飲。」時秦國勢大力強，趙國對秦本有畏懼之心，平原君雖不願前往，但又無法可以拒絕秦王之約，因應邀入秦。秦昭王真的以盛宴款待平原君趙勝，一連招待了幾天，秦昭王的問題提出來了。他說：「昔周文王得呂尚以為太公，齊桓公得管夷吾以為仲父，今范君亦寡人之叔父也。范君之仇在君之家，願使人歸，取其頭來；不然，寡人不出君於關。」秦昭王一提這個問題，便以嚴重的威脅，加諸平原君。但是平原君也有他的道義，寧可不出秦國，也不願不辜負魏齊的患難相投。他說：「貴而為友者，為賤也；富而為交者，為貧也。夫魏齊者，勝之友也，在固不出也，今又不在臣所。」平原君硬是不買秦昭王的賬，不願交出魏齊。秦昭王乃以書告趙王，要趙王把魏齊的頭交出來，不然，平原君固然留秦不遣，而且秦國還要以大兵伐趙。趙孝成王接到秦王的警告信，便以兵圍平原君府，逮捕魏齊。但仍被魏齊乘夜逃出，至趙相虞卿家中求助。虞卿打量這個情形，知道向趙王關說，必無結果，因掛相印，與魏齊一同出奔，意欲暫投於信陵君魏無忌的門下，以便得間逃至楚國。

魏齊重至大梁，欲見信陵君，信陵君也害怕秦國的強大，不敢貿然接款這兩位逋逃客。但對虞卿這個人，倒是有點兒戀戀不捨，以虞卿為何如人的問題，問他的高等顧問侯嬴。侯嬴盛道虞卿的德行與才能，信陵君乃命駕至野外相迎。魏齊對信陵君原不欲相見，非常生氣，就自刎而死。趙王知道魏齊自殺身亡，仍向魏王索取其頭，奉獻給秦王，秦王乃釋平原君歸國。這是魏齊的真正結局。魏齊這個人，對范雎的案件之處理，悉聽須賈之言，其人似甚平庸，但他能與平原君與虞卿為友，而且能夠得到他們以放棄生命和富貴來相扶助的情形來看，似亦非等閒之輩？而戲劇家把他描寫成這樣的窩囊廢，似乎有點兒過分了。不過，信陵君也是以俠義結交著稱於當世，那麼魏齊如果是一個有能幹的人，怎麼會不知於信陵君呢？這個問題雖然不大，但是我們也不能不在此存疑！

我們從范雎對須賈的小德必報，大怨也必報來看，可知這個人的氣量不大。這一點，我們還有許多事實，足以證明他的個性確實是如此。一件事，是他對王稽的關係。謁者王稽發現范雎的才能，而冒著秦關稽查的危險而把范雎載入秦國，應該是范雎的恩人，而且王稽曾向秦王力薦，其言初未發生效力，使范雎在館驛中等了很久。從范雎的性格來看，前半段的事實，范雎應該有所報答；而後半段的事實，范雎對王稽不免有所誤會，或以為王稽在秦王面前保薦不力，以致使范雎焦等，因此范雎的內心，對王稽不無有怏怏之感。故范雎得意後對王稽不理不睬，若無其事，王稽仍為謁者如故。王稽對范雎如此相待，有點兒耐不住了，於是他直接向范雎提出三不可知與三不可奈何，要求范雎他所提攜。

他的三不可知是：「宮車（謂秦王）一日晏駕，是事之不可知之者一也；君卒然捐館舍，是事之不可知者二也；使臣卒然填溝壑，是事之不可知者三也。」他的三無奈何，是：「宮車一日晏駕，君雖恨於臣，無可奈何；君卒然捐館舍，君雖恨於臣，亦無可奈何。」王稽是秦國的謁者，也頗有他口才辯給，也許他等范雎提攜他，等得很久而毫無消息，所以說話有點激動。他的三不可知，便是說如果秦王死了，范雎要提攜他，沒有辦法了；如果范雎一旦死了，要提攜他，也沒有辦法了；如果王稽自己死了，那更無從提攜了。他的三無可奈何，是說范雎如果對他有所憎恨而要殺了他，那麼就趁現在，秦王在，范雎、王稽也在時行之，否則，只要有一個人不在，那就無可奈何了。他的話，不是憤激過甚，便是語無倫次。范雎對於這位恩人，心裡有點兒不愉快，但卻也無可奈何，終於為他向秦王保薦，在秦王面前說了幾句知恩報答的話，要秦王對他有所封賞。秦王於是召見王稽，拜為河東守，似乎不很稱職，任職後「三年不上計」。不上計就是不向政府統計報告，這一點，足以說明王稽恃有奧援而驕，或根本對范雎不滿意，但是無論屬於那一項性質，作為一個公務員，不論地位高低，總以負責盡職為第一要義，像王稽那樣，根本不足為法的，范雎胸襟狹小，我們從他睚眥必報和有德必酬的個性來看，他的人格修養不夠，不能稱為大政治家。請再看《史記》這樣的一段：

「又任鄭安平，昭王以為將。范雎於是散家財物，盡以報所償困厄者，一飯之德必償，睚眥之怨必報。」

我們已經看到范雎對須賈、對魏齊、對王稽、對鄭安平，乃至於對其他有小德小怨的人，都予以報復，實足的表現了小人得志的神氣。俗話說：「宰相肚裡好撐船」，容人之量的大小，足以說明這個人事業前途的遠近，以管仲的才能與德行，孔子尚且稱之為器小，范雎容人的器，未免太小了罷！這裡，我們又當注意一點，范雎在魏，本是寒家子弟，並沒有什麼財富；到了秦國以後，久處逆旅，生活當然仍是窮困的。他假使有錢，那一定是在見過秦昭王，得到昭王的寵信以後，一、二年間他的官俸收入，也一定有限；但是他卻是「散家財物，盡以報所嘗困厄者」，史公特別把這件事記載出來，足證他所散的財物，決非少數。這個並非少數的財產，從何而來？卻是問題。我們不敢說是由貪污而來，或許是由於秦王特別賞賜。如果是由於秦王的賞賜，那范雎的接受，也應該有一限度。我們從范雎不取齊王的黃金與牛酒，可知范雎不愛不義之財。因此，我們要為范雎洗刷他的清白，范雎之舉薦鄭安平，也是一件大失策之事。雖然任鄭安平為將，是出於秦王之意；可是鄭安平是一塊什麼材料？范雎應該十分明白，他怎可以個人的恩情來貽誤國家大事呢？後來范雎在秦王面前說不起響亮的話，以致逐漸在政治上失勢，毛病都出在鄭安平身上，不，也是出在范雎用人行政不能出於至公無私之所致。

范雎在見到秦昭王以後，即被重用，是由於他能夠抓住秦昭王的心病而能擴大運用之故；但是范雎對秦昭王所說的遠交近攻，確具至理，對秦國的霸王之業，確有重大的貢獻。此後，范雎屢向秦昭王進言，都不出於這個範圍，所以昭王對范雎愈久而信心愈增。

六、范雎的勳業之評價

這裡，我們再舉幾則范雎對秦昭王所作的諫諍或建議，請看《戰國策》的下面一段：

「秦攻韓，圍陘。范雎謂秦昭王曰：『有攻人者，有攻地者。穰侯十攻魏而不得（一作能）傷者非秦弱而魏強也，其所攻者地也。地者，人主所愛也；人主者，人臣之所樂為死也。攻人主之所愛，與樂死者鬥，故十攻而不能勝也。今王將攻韓圍陘，臣願王之毋獨攻其地而攻其人也。王攻韓圍陘，以張儀為言。張儀之力多，且削地，而以自贖於王，幾割地而韓不盡；張儀之力少，則王逐張儀，而更與不如張儀者市，則王之所求於韓者，言可得也。』」（《戰國策卷四・秦二》）

范雎這一說法，把攻人與攻地分開，連及穰侯專攻韓地之失策，力勸秦昭王兼攻韓人。所謂攻人，也就是當時諸侯招徠鄰國之民，以削滅鄰國的力量來增加自己力量的一種普遍的政策，商鞅所謂徠民者便是。孟子亦有「天時不如地利，地利不如人和」之說，這人和二字，通常作施仁政而得人心講，作者深疑此為儒家的徠民說。人力，是戰爭中最重要的國防力，今天科學發展到這樣的程度，但是製造飛彈、放射火箭還不是要靠人力？傳統戰爭，首先要掌握制空權與制海權，然戰爭之最後，仍有賴於陸上的決戰，人力豈不是仍占非常重要的地位！共軍作戰之獲勝，往往靠人海戰術。凡此種種，都足以說明人力對戰爭的重要性。范雎向秦昭王建議攻人，那是瓦解韓國抵抗力的基本要圖，這一見解，即在今日，仍有其重要性。

我們再看《戰國策》的另外一段：

「應侯曰：『鄭人謂玉未理者璞，周人謂鼠未臘者朴。周人懷璞（疑應作朴）遇鄭賈曰：『欲買朴乎？』鄭賈曰：『欲之。』出其朴，視之，乃鼠也，因謝不取。今平原君自以賢，顯名於天下，然降其主沙丘而臣之，天下之王，猶尚尊之；是天下之王，不如鄭賈之智也，眩於名，而不知其實也。』」（《戰國策卷四・秦二》）

這一段說詞，旨在說明人主不可棄實而重名，他以鄭賈之不以璞、朴同名而不買朴為喻，這是戰國策士通常應用的遊說詞。范雎這個建議，似乎指當時游說之士，爭以秦王為帝而說，范雎之意，實至名始歸之，無實而有名，毫無意義，鄭商人聞朴以為璞而欲買之，見為朴而拒之，謂其名實不相符也。故以鄭商人之智，說昭王而拒為帝耳。這也是范雎口才辯給的一個例。

范雎在秦執政前後，正是縱橫家在國際間興風作浪最厲害的時候。凡縱橫家都以舌辯為工具，用天花亂墜的辭令，說服國君，其要旨不外利害二字，其策略不外縱橫二字。他們把當時的七個強國，分成兩組：一組是秦國，一組是秦以外的六國，就是魏、韓、趙、齊、楚、燕。把六國聯合起來抵抗秦，稱之為縱，這是一種南北聯合的形勢，所以稱之為合縱。以秦國為中心，把關東一部分的國家聯合起來，把合縱的組織，予以破壞，這就叫連橫。首創合縱組織者，便是蘇秦，他是以趙國為中心而組成的。其後蘇秦雖死，而繼起的游說之士，仍用蘇秦的主張以困秦國。范雎任秦相的時候，合縱的策略，仍是一個很大的力量。故秦昭王頗以此為慮，范雎對此，認為其術易破，破之之道何在？請看《戰國策》的另外一段：

「天下之士，合縱相聚於趙，而欲攻秦。秦相應侯曰：『王勿憂也，請令廢之。秦於天下之士，非有怨也，相聚而攻秦者，以己欲富貴耳。王見大王之狗，臥者臥，起者起，行者行，止者止，毋相與鬥者，投之一骨，輕起相牙者，何則？有爭意也！』於是唐雎載音樂，與之五十金，居武安，高會相與飲，謂邯鄲人誰來取者？於是其謀者，固未可得予也；其可得與者，與之昆弟矣。公與秦計功者不問金之所之，金盡者功多矣。今令人復載五十金，隨唐雎行，行之武安散，不過三千金，天下之士大夫相與鬥矣。」（《戰國策卷四．秦二》）

范雎拆散合縱的游說之士，使之相鬥，其主要的辦法，是用黃金來收買他們。他認為游說之士所以要策動合縱的組織與秦為敵，不是有惡於秦，而是自謀富貴；因此，他建議對邯鄲主謀之士不予收買，專門收買在合縱的外圍分子或正相接觸實際主謀或執行合縱策略的人。這些人一被收買，勢必與主謀的合縱之士相鬥，用不到三千金，他們一定鬥得很厲害，合縱的組織，便將成為瓦解了。范雎自己也是以口舌逞能的游說之士，所以對他們的心理，了解得很清楚。他把他們比作狗，把他們的相鬥，比作犬之爭骨，真可謂謔而虐矣。范雎之鬼計多端，由此可知。但是我們從我國歷史主流的發展來看，那個時代，已經向統一之途邁進，合縱的組織是維持割據的舊日形勢，那是歷史主流的反動，也可以說是分裂的封建諸侯之迴光反照，故其勢異窮，其合易散；何況各國的利害關係，不相一致，其對秦的畏懼，程度上差別很大，大體上距秦近者恐秦心理深，距秦遠者恐秦心理淺。范睢擇其恐秦的心理病態淺者予以聯絡，便成為拆合散縱組織的有力途徑。所以他的遠交近攻的原則，從秦國的觀點來看，是十分正確的，而且是十分有力量的；而他的黃金收買政策，更是有力量的方法了。

范睢的國際政策，雖然旨在拆散合縱組織；但是，我們不要忘記他的恩怨之心極重，恩怨之心發之於個人的主觀，所以恩怨心重的人，必然要發展而為自私自利的行動。范睢的散縱政策，在這樣的時機中，便將如失舵之舟，不能把握其行動的方向，而為合縱的遊說之士所乘了。長平之役以後的范睢，便落入這一漩渦的苦惱中。我們再用簡單的詞句，回想一下長平之役的勝利因素，也就是趙失敗的因素，主要的是由於趙王臨陣易將，把老成持重而為秦軍所畏的廉頗撤換，代以不是真正知兵而少不更事的趙奢之子趙括，因而為秦軍所乘，喪趙卒四十萬人。這撤廉頗的主謀人，便是應侯范睢，用黃金攻勢把廉頗去了的。因此，我們可以知道長平勝利，是范睢與白起合作而成的。秦軍在長平勝利以後，長趨直入，進圍邯鄲，趙國危在旦夕。但圍趙秦軍，終於解圍而去，這是范睢的私利心為游士所乘的結果。請看《戰國策》下面的一段：

「謂應侯曰：『君禽馬服乎？』曰：『然。』『又即圍邯鄲乎？』曰：『然。』『趙亡，秦王

> 王矣，武安君為三公。武安君所以為秦戰勝攻取者七十餘城，南亡鄢、郢、漢中，禽馬服之軍，不亡一甲，雖周呂望之功，亦不過此矣。趙亡，秦王王，武安君為三公，君能為之下乎？雖欲無為之下，固不得之矣。秦嘗攻韓邢，困於上黨，上黨之民皆返為趙。天下之民，不樂為秦民之日固久矣。今攻趙，北地入燕，東地入齊，南地入楚、魏，則秦所得不一幾何。故不如因而割之，因以為武安功。』」（《戰國策卷五・秦三》）

這位向范雎下如此說詞的游說之士是誰？據《史記．趙世家》，則為蘇秦之兄蘇代，他們都是合縱家；趙亡，則合縱的基礎全毀，所以合縱家要保全趙國，作為合縱政策的復興基礎，這不是和范雎散縱政策完全相反嗎？但是范雎竟為蘇代的「武安君為三公，君能為之下乎」所惑，何況蘇代更進一步的激他一下：「雖欲無為之下，固不可得矣」，范雎便很自然的落入蘇代的圈套中而撤回圍趙的秦軍了。這裡充分地表示了范雎的自私心。范雎此項自私心，把秦國統一天下的時間，延後一些年代，而心胸並不怎樣寬大的白起，性命就斷送在范雎手裡，其失歡於秦王，雖未必因白起之被殺，然白起被殺以後，范雎以鄭安平為將而圍邯鄲，鄭安平兵敗降趙，王稽又以叛聞，范雎就不能自安於位了，這便是他自私心的結果。

王稽那時的叛，未必是事實，但是王稽自恃與秦王甚親，而又有范雎為後盾，因而有傲上慢下的行動，那是事實。王稽為河東守，三年不計，我們已經說過了。在後來的秦圍邯鄲之役中，王稽是從征的指揮官，此在《戰國策》中可以稽考而得，請看《戰國策》的下面一段：

「秦攻邯鄲，十七月不下。爭謂王稽曰：『君何不賜軍吏乎？』王稽曰：『吾與王也，不用人言。』莊曰：『不然。父之於子也，令有必行者，必不行者。曰『去貴妻，賣愛妾』，此令必行者也；因曰『毋敢思也』，此令必不行者也。守閭嫗曰，『其夕，某懦子內某士』。貴妻已去，愛妾已賣，而心不有。欲教之者，人心固有。今君雖幸於王，不過父子之親；君吏雖賤，不卑於守閭嫗。且君擅主輕下之日救矣。聞『三人成虎，十夫楺椎。眾抽所移，毋翼而飛』。故曰，不如賜軍吏而禮之。』王稽不聽。軍吏窮，果惡王稽、杜摯以反。秦王大怒，而欲兼誅范睢。范睢曰：『臣，東鄙之賤人也，開罪於楚、魏，遁逃來奔。臣無諸侯之援，秦習之故，王舉臣於羈旅之中，使職事，天下皆聞臣之深與王之舉也。今遇惑或與罪人同心，而王明誅之，是王過舉顯於天下，而為諸侯所議也。臣願請藥賜死，而恩以相葬臣，王必不失臣之罪，而無過舉之名。』王曰：『有之。』遂弗殺而善遇之。」（《戰國策卷五・秦三》）

由此，可知王稽是第二次邯鄲之圍的隨征指揮官，他負著相當重大的責任。但在〈秦本記〉與〈趙世家〉所發現的圍邯鄲之秦將為王齕、王齮，不知是不是王稽就是王齕或王齮，我們無從考證，但是邯鄲久圍不下，按照秦的軍律是要治罪的，所以這個姓莊或名字叫做莊的人，要王稽向軍吏送送紅包，打打招呼，而王稽仗著與秦王的特殊關係，不採取莊的建議，軍吏得不到好處，便向秦王舉發王稽、杜摯謀反。實際上王稽之反，事後證明其為無稽之談，但是秦王驟聞之，不由得勃然大怒，即欲治王稽之罪，並且要追究舉薦王稽的人，即范睢的責任。范睢以巧妙的說詞，要求秦王賜藥自盡，終於挽回秦王對范雎的信任，不但不殺范雎，而且還善遇之。

但是，一波甫平，一波又起，另一個從征指揮官鄭安平在秦軍大敗中，率其所部二萬秦軍，竟向趙國投降。王稽是秦王原來信任的人，故經范雎一說，秦王便釋然於懷，而鄭安平則為范雎的救命恩人，是范雎所保薦的。按照秦國的法律，鄭安平的保薦人要誅滅三族的。這一下，范雎可不得了。范雎自知罪無可逃，來一個自請處分，以槁為席，要秦王以治鄭安平之罪處罰范雎。秦王對於應侯，實在是無微不至的體恤他。秦王深怕范雎為了鄭安平之事，下不了臺，乃下令國中，禁言鄭安平事，如有言者，即以鄭安平之罪罰之。不僅如此，而且加范雎為相國，日賜食物，比以前更多。范雎總算又渡過了一個難關。那是昭襄王五十二年的事，范雎為秦相，已經快要十年了。

鄭安平之事才了，而王稽的另一罪狀又發覺了。原來，王稽在邯鄲敗回，仍任河東守。這個王稽，既負秦王厚恩，兵敗不究，而他又不知自己韜光養晦，反而不安於位，與諸侯相通。這樣，便牽又連到范雎。這是秦昭王五十二年的事。昭襄對范雎，似乎仍無誅僇之意，但是不滿意的表示，是不可避免的。一日，昭襄王臨朝而嘆。范雎心中，本已惴惴不安，因進曰：

「臣聞主憂臣辱，主辱臣死，今大王中朝而憂，臣敢請其罪！昭王曰：『吾聞楚之鐵劍利而倡優拙，夫鐵劍利則士勇，倡優拙則思慮遠。夫以遠思慮而御勇士，吾恐楚之圖秦也。夫物不素具，不可以應卒，今武安君死，而鄭安平等畔，內無良將，而外多敵國，吾是以憂

之。』」（《史記・范雎蔡澤列傳》）

秦昭王懷念白起而憎惡鄭安平，白起是范雎害死的，鄭安平是范雎重用的，昭王特別舉此二事，足證其對范雎的不滿之深，措辭雖甚委婉，而分量卻是很重，昭王所以要這樣的說，據太史公的看法，旨在「激勵應侯」；我們從昭王數免范雎應得之重罪來看，史公之說，不為無據；但是范雎至此，便惶恐得不知如何是好了。

七、范雎的急流勇退

正在范雎富貴利祿與環境煎迫的矛盾苦況中，另一游說之士乘機到達秦國了。這位游說之士，姓蔡名澤，本是燕國人，曾在趙、韓、魏等游說，都不能得志。他聽到秦國的政治行事，乃即入秦，先散布流言，以自高身價而激怒范雎。他散布的流言是這樣的：

「燕客蔡澤，天下駿雄弘辯之士也，彼一見秦王，秦王必相之，而奪君位。」（《戰國策卷五・秦三》，《史記・范雎蔡澤列傳》的一段，與此大同小異）

這一段流言中的「君」當指范雎，由此可見蔡澤故意把這段話托人傳到范雎的耳中。范雎本是氣量狹小的人，他聽到了這段話，便派人要蔡澤去談話。蔡澤一見范雎，長揖不拜，范雎更為不快，於是他們之間，展開了一場舌戰：

得少間，因曰：『商君、吳起、大夫種，其為人臣，盡忠致功，則可願矣。閎夭事文王，周公輔成王也，豈不亦忠乎？以君臣論之，商君、吳起、大夫種，其可願孰與閎夭、周公哉？』應侯曰：『商君、吳起、大夫種不若也。』蔡澤曰：『然則君之主，慈仁任忠，不欺舊故，孰與秦孝公、楚悼王、越王乎？』應侯曰：『未知何如也。』蔡澤曰：『主固親忠臣，不過秦孝、越王、楚悼。君者為主，正亂、披患、折難，廣地制谷，痼國足家、強主，威蓋海內，功章萬里之外，不過商君、吳起、大夫種。而君之祿位貴盛，死家之富過於三子，而身不退，竊為君危之。語曰：『日中則移，月滿則虧。』物盛則衰，天之常數也；進退、盈縮、變化，勝任之常道也。昔者，齊桓公九合諸侯，一匡天下，至葵丘之會，有驕矜之色，畔者九國。吳王夫差無適於天下，輕諸侯，凌齊、晉，遂以殺身亡國。夏育、太史啟叱呼駭三軍，然而身死於庸夫。此皆乘至盛不及道理也。夫商君為孝公平權衡、正度量、調輕重，決裂阡陌，教年耕戰，是以兵動而地廣，兵休而國富，故秦武帝於天下，立魏諸侯。功已成，遂以車裂。楚地持戟百萬，白起率數萬之師，以與楚戰，一戰舉鄢、郢，再戰燒夷陵，南並蜀、漢，又越韓、魏攻強趙，北坑馬服，誅屠四十餘萬之眾，流血成川，沸聲若雷，使秦業帝。自是之後，趙、楚懾服，不敢攻秦者，白起之勢也。身所服者，七十餘城。功已成矣，賜死於杜郵。吳起為楚悼罷無能，廢無用，損不急之官。塞私門之請，壹楚國之俗，南攻楊越，北並陳、蔡，破橫散從，使馳說之士無所開其口。功已成矣，卒支解。大夫種為越王墾草耕邑，必地殖谷，率四方士，上下之力，以禽近吳，成霸功。勾踐終棓而殺之。此四子者，成功而不去，禍至於此。此所謂信而不能詘，往而不能反者也。范蠡知之，超然避世，長為陶朱。君獨不觀博者乎？或欲分大投，或欲分功。此皆君之所明制也。今君相秦，計不下席，某不出廊廟，坐制諸侯，利施三川，以實宜陽，決羊腸之險，塞太行之口，又斬范、中行之途，棧道千里於蜀、漢使天下皆烏托邦秦。秦之欲得矣，君之功極矣。此亦秦之分功之時也！如是不退，則商君、白公、吳起、大夫種是也。君何不以此時歸相印，讓賢者授之，必有伯夷之廉；長為應侯，世世稱孤，而有喬、松之壽。孰與以禍終哉！此則君何居焉？』應侯曰：『善。』

《戰國策卷五．秦三》

這兩位大舌辯家，一問一答，一往一復的互相詰難，蔡澤始終是心平氣和的針對范雎的弱點，講原則、提問題，讓范雎承認其所提原則之正確。范雎在相見之初，頗惡蔡澤，不免聲色俱厲，但對蔡澤所提出的問題，也無法不承認其正確。蔡澤之來，是要向范雎下說詞，取代其相位，他把問題慢慢地牽到成功而身不退的古人如商鞅等之慘死，企圖打動范雎，辭職讓出相位，范雎警覺性很高，認為只要有功可成，雖死無憾。蔡澤則復以閎夭周公之既成功，又善終的故事，要范雎自己選擇。最後，盛稱范雎相秦之功，使范雎心花怒放，蔡澤趁他非常高興的時候，把閎夭、周公與商君、吳起、大夫種的故事，再度提出，而以「長為應侯，世世稱孤而有喬松之壽，孰與以禍終哉」的強調語氣，誘導范雎採取他的建議，范雎至此，不能不稱「善」，而把蔡澤延入，請其就座，尊以為上客了。這兩位舌辯家的一場問答，蔡澤完全勝利，范雎的政治生命，也跟著這一場辯論的終結，而不久告終了。

范雎的政治生命之告終是這樣的：

「後數日（即范雎與蔡澤相見後），（范雎）入朝，言於秦昭王曰：『客新有從山東來者，蔡澤，其人辯士，臣之見人甚眾，莫有及者，臣不如也。』秦昭王召見，與語，大說之，拜為客卿。應侯因謝病，請歸相印。昭王彊起應侯，應侯遂稱篤，因免相。」（《戰國策卷五・秦三》）

由此，可知范雎之得卸肩，完全由於和蔡澤的一席長談。昭王對於范雎，始終特別優容，但是范雎經過蔡澤一番啟發性的談話後，深深知道秦相的祿位，他不能再戀棧了，因以病篤的理由，堅請辭職，相位遂歸於蔡澤。所以蔡澤雖然奪走了范雎的相位，但卻成全了范雎的富貴壽考。我們如果把商鞅來和范雎相比較，趙良可以說是商鞅的蔡澤，但范雎能從蔡澤的諫勸，急流勇退，所以能全生命、保富貴，而商鞅不從趙良的諷諫，知進而不知退，終於被車裂而慘死。戰國時代平民知識分子對時代積極負責的精神，其本身常常產生有進無退，不得善終的壞結果，蔡澤原是一個善於見機的人，范雎之得以善終，實受蔡澤的影響。范雎辭了秦相以後，專為應侯，得享清福，其家居情況，史所不傳，這當然是由於他過著安分守己的清閒生活，不再興風作浪所致。但是，我們回顧范雎在秦相任內的擅作威福，私心用事，對秦國雖有貢獻，但不能發揮到極限，在白起死後的一段期間，紕漏百出，犯死罪者三次，而終於能安然渡過，足證秦昭王這個人是相當厚道的。范雎妒忌白起而置之於死地，可能是范雎勳業的轉捩點，後來秦昭王之思念白起，蔡澤又談起白起因功而死，這都使范雎內心非常感愧而追悔無及。政治家，尤其是身居高位的宰相，必須要度量寬宏，有成功不必在我的廣大胸襟，庶幾可以發揮其功能而不致有遺憾，范雎之善終，蓋亦幸事！

國家圖書館出版品預行編目資料

戰國風雲人物／惜秋著.——四版一刷.——臺北市:
三民，2023
面；　公分.——(歷史天空)

ISBN 978-957-14-7678-0 （平裝）
1. 傳記 2. 戰國時代 3. 中國

782.118　　112012254

歷史天空

戰國風雲人物

作　者	惜　秋
發行人	劉振強
出版者	三民書局股份有限公司
地　址	臺北市復興北路 386 號 (復北門市)
	臺北市重慶南路一段 61 號 (重南門市)
電　話	(02)25006600
網　址	三民網路書店 https://www.sanmin.com.tw
出版日期	初版一刷 1972 年 8 月
	三版一刷 1990 年 10 月
	四版一刷 2023 年 8 月
書籍編號	S780540
ISBN	978-957-14-7678-0

著作權所有，侵害必究
※ 本書如有缺頁、破損或裝訂錯誤，請寄回敝局更換。

三民書局